DA1

This book offers a comprehensive course in spoken and written Danish for those who have no previous knowledge of the language. Pronunciation and grammar are explained simply and clearly, and a basic everyday vocabulary is introduced. The text includes numerous exercises and examples—some of them taken direct from Danish literature —chosen to illustrate the different styles in use today and to introduce the reader to the life and culture of modern Denmark. Although intended primarily for study at home, this book should also prove useful to students learning Danish at school or university.

TEACH YOURSELF BOOKS

DANISH

H. A. Koefoed
cand. mag.
*Formerly Queen Alexandra Lecturer in Danish at
University College, London*

TEACH YOURSELF BOOKS
Hodder and Stoughton

First published 1958
Twelfth impression 1977

This volume is published in the U.S.A. by David McKay Company Inc., 750 Third Avenue, New York, N.Y. 10017

ISBN 0 340 05777 7

Printed in Great Britain
for Hodder and Stoughton Paperbacks,
a division of Hodder and Stoughton Ltd,
Mill Road, Dunton Green, Sevenoaks, Kent
(Editorial Office: 47 Bedford Square, London, WC1 3DP)
by Richard Clay (The Chaucer Press) Ltd, Bungay, Suffolk

PREFACE

THE present book is intended, in the first place, for the study of the Danish language at home, but it is hoped that it will also prove useful in School and University—and other places where Danish is taught.

The student should first read through the general introduction and then Part I, Notes (§§) 1–31, 40–54, on pronunciation.

The Danish texts in Part II should be translated with the help of the vocabulary. The texts are arranged so as to introduce the most common Danish words and expressions in a context which should be of interest to the average foreign student, whatever his personal motive for learning the language may be. Stress has been laid on introducing the student to aspects of Danish life and culture, as well as to the vocabulary and grammar of the language. A certain number of texts are not specially constructed for the purpose, but have been selected from Danish literature with very little revision so as to ensure an authentic picture of the Danish language to-day and of the different styles in use, but throughout, the emphasis has been laid on colloquial or conversational language.

Each text is followed by a small number of questions relating to the content, which the student should attempt to answer (preferably aloud) in order to ensure his understanding of the text and also to acquire some conversational practice.

The grammatical notes contain reference to the complete grammar in Part III, to which the advanced student may resort for more details, as well as to Part I. The exercises should be answered in writing.

It ought to be emphasized that the thirty-two text groups do not correspond to so many " lessons ". This is not a " Danish in 32 Hours " -book; it is left to the student himself to decide how many paragraphs he is able to cope with at a time according to his individual capacity. It is natural to spend rather a long time over the early texts, which involve essential parts of elementary grammar.

In the grammar, I have tried to pay due attention to recent grammatical theories without losing sight of the practical purpose of the book. Similarly, the general method adopted is a compromise between the modern " natural method " and more traditional ones. Experience has taught me that practice in translating from the native language into the

foreign tongue is the quickest and safest control of what has
been learnt in vocabulary and grammar.

In the Key to the Exercises, answers are suggested to the
questions in Part II (which does not mean that other answers
may not be equally correct), as well as a key to the gram-
matical exercises and translations into Danish.   At the end of
the book there is an index of about the 1,000 most common
Danish words with reference to the vocabularies.

For advanced study the following books might be recom-
mended:

H. A. Koefoed, *An Anthology of Modern Danish Prose*
(Annotated) (Høst & Søn, Copenhagen, 1956).

Stemann og Nissen: *Moderne dansk for udlændinge*.   Andet
trin (Gyldendal, Copenhagen).

Magnussen, Madsen og Vinterberg, *Dansk–Engelsk Ordbog*
and *Engelsk–Dansk Ordbog* (Gyldendal).

Gramophone records with readings in Danish are available.
The publishers and author have collaborated with the Lingua-
phone Institute Ltd., 207 Regent Street, London, W.1, in
producing a set of five gramophone records using material from
this book.

In conclusion I would like to thank Mr. George Waldo, Ph.D.,
Edinburgh, Mr. Raymond Whitehead, D.Sc., M.D., Manchester,
and Mr. E. Ottar Jensen, cand. mag., Copenhagen, for helpful
suggestions and valuable assistance in revising the manuscript,
and also Mrs. Gwen Smith, Copenhagen, for reading the proofs.

For permission to include passages from Broby-Johansen,
Kumbel, Storm Petersen and Finn Søeborg, I am much obliged
to the holders of the copyright.

H. A. KOEFOED

Copenhagen
March 1958

PREFACE TO 1973 IMPRESSION

IN this revised impression a few corrections and some minor
amendments have been made, mainly in order to bring the
practical information contained in the text up to date.

I am indebted to Mr. Otto Breinholt, Copenhagen, and Mr.
Leonard S. Davis, London, for helpful suggestions in connec-
tion with the revision.

H. A. K.

Odense, Denmark
October 1972

CONTENTS

PART III. GRAMMAR

Substantives   153
    Gender—The Definite and Indefinite Form—Number
    —Case

Adjectives   161

Adverbs   163
    Comparison

Pronouns   168
    Personal Pronouns—How to Address People—Pos-
    sessive Pronouns and Adjectives—Reflexive Pro-
    nouns—Reciprocal Pronouns—Demonstrative Pro-
    nouns and Adjectives—Interrogative Pronouns
    and Adjectives—Relative Pronouns—Indefinite Pro-
    nouns

Numerals   178
    Cardinals—Ordinals

Verbs   180
    The Present Tense—The Preterite—The Future—
    The Perfect and Pluperfect—The Passive Voice—
    The Imperative—The Subjunctive—The Infinitive
    —The Present Participle—The Past Participle—Use
    of the Past and Perfect Tense—The Passive Voice
    Circumscribed—Other Auxiliaries

Word-order   193

Prepositions   196

Conjunctions   202

Word Formation   203
    Compounds—Derivatives

LIST OF ABBREVIATIONS

abb., abbreviation
adj., adjective
adv., adverb
arch., archaic
art., article
coll., collective
com., common gender
comp., comparative
conj., conjunction
dat., dative
def., definite
Engl., English
gen., genitive
imp., imperative
indef., indefinite
inf., infinitive
intr., intransitive
irr., irregular

lit., literary
obj., object
pass., passive
pl., plural
p.p., past participle
prep., preposition
pron., pronoun
pr.p., present participle
pr.t., present tense
p.t., past tense
rel., relative
s., substantive
sg., singular
subj., subject
trans., transitive
transf., transferred or figurative
vb., verb

GENERAL INTRODUCTION

DANISH is a Scandinavian language which belongs to the Germanic group of languages. This is seen most clearly in the vocabulary, where its relationship to English is obvious, compare, e.g., words such as *arm*, arm; *hat*, hat; *mild*, mild; *under*, under. Therefore, in spite of the very different pronunciation, an attempt to learn the language should not appear immediately frightening to a British or American student.

The fact that many words are similar in Danish and English is due to the following circumstances:

A great number of words of common Germanic origin are still used both in Danish and English, such as *bringe*, bring; *fader*, father; *hus*, house; *komme*, come; *liv*, life; *mand*, man; *ride*, ride; *smile*, smile; *tænke*, think.

Further, in the Viking Age many Scandinavian loan-words entered into English, e.g., *brød*, bread; *dø*, die; *give*, give; *gæst*, guest; *kalde*, call; *lov*, law; *søster*, sister; *vindue*, window.

In other cases English and Danish have both borrowed words from the same foreign sources, especially from Latin and French, e.g., *bagage*, luggage; *garage*, garage; *humør*, humour; *kulør*, colour; *maner*, manner; *ordinær*, ordinary; *passere*, pass; *pære*, pear; *rose*, rose; *vin*, wine.

In recent years Danish has borrowed many English words, e.g., *film*; *koks*, coke; *kiks*, biscuit; *sport*; *strejke*, strike; *tennis*.

On the other hand, students must be warned against certain words which, although similar in form, differ considerably in meaning in Danish and English. Examples are:

altså [al'so], then	—Engl.	" also "	= *også* [ɔsə]	
fast [fasd], firm	— ,,	" fast "	= *hurtig* [hordi]	
kind [ken'], cheek	— ,,	" chin "	= *hage* [ha:ɣə]	
		" kind "	= *venlig* [vɛnli]	
sky [sgy'], cloud	— ,,	" sky "	= *himmel* [heməl]	
smal [smal'], narrow—	,,	" small "	= *lille* [lilə]	
stol [sdo'l], chair	— ,,	" stool "	= *skammel* [sgaməl]	
time [ti:mə], hour	— ,,	" time "	= *gang* [gaŋ]	
tælle [tɛlə], count	— ,,	" tell "	= *fortælle* [forˈtɛl'ə]	

Since the Middle Ages Germany has furnished Danish with a great number of loan-words, which can only be compared

with the influence of French on English, and the student with
a knowledge of German will therefore have the advantage of
being able to discover the meaning of a great many more
Danish words, such as *arbejde*, work; *frue*, lady; *handel*,
trade; *herre*, gentleman; *hurtig*, quick; *krig*, war; *luft*, air;
straks, at once; *træffe*, meet. Note in particular the many
derivatives in, e.g., *be-*, *er-*, *for-*, *ge-*, *und-*, *-bar*: *betale*, pay;
erindring, memory; *forstå*, understand; *'gevær*, gun; *undgå*,
avoid; *frugtbar*, fertile.

As regards grammar, however, German does not show any
more similarities to Danish than does English.

Characteristic of the Danish vocabulary are the many com-
pounds (usually written together without a hyphen) and
derivatives. Often the same basic word gives rise to a long
series of compounds and derivations whose mutual connection
is easily seen. This is quite different from English, which has
many disconnected roots and foreign borrowings. Thus from
hus, house, are derived: *huse*, accommodate; *huslig*, domestic;
husmoder, housewife; *hustru*, wife; *husfader*, master of the
house; *husmand*, smallholder. Usually the meaning of a
compound is easy to guess when the component parts are
known, but the student must beware of cases where the com-
pounds have a specific meaning, like *hvidtøl*, a kind of pale ale,
weak non-alcoholic beer; literally it means " white beer ", but
it is usually very dark, almost black. Cf. also *landmand*,
farmer, but *landsmand*, fellow countryman.

Sometimes very long combinations are made up of several
components, but even here it is fairly easy to resolve the com-
pound into its various parts and to discern the meaning, e.g.,
rødvinsflaske, bottle for claret (red wine). See further § 604.

The English student of Danish is likely to encounter some
difficulties when he comes to relate written Danish to the
spoken language.

Like English, Danish is very often pronounced differently
from the way in which it is spelt, and sometimes the same letter
may stand for different sounds in different conditions. Thus
the letter *d* is pronounced [d] in *dø*, die, but [ð] in *gade*,
street, and is mute in *mand*, man. On the other hand, the
same sound may be spelt in different ways, e.g., [ɛ] is spelt *e*
in *sende* [sɛnə], send, but *æ* in *tænde* [tɛnə], light (verb).

The rules for pronunciation of letters are not the same in
Danish as in English. Thus in Danish *k* is not mute in front
of *n* as in English; cf. *kniv* [kni'v] with Engl. knife [naif].
In English *d* is not mute after *n* as in Danish; cf. *land* [lan']
with Engl. " land " [lä:nd]. See further §§ 45 ff.

In order to overcome the difficulties of pronunciation, the student must realize from the start that a number of English sounds do not occur in Danish. These are: [ʌ] as in " up ", [þ] as in " third ", [w] as in " was ", [z] as in " zero ", [ʒ] as in " azure ". Furthermore, it should be noted that a number of Danish sounds do not occur in English. These are: [y] in *lyde* [ly:ðə], sound; [ø] in *møde* [mø:ðə], meet; [ɛu] in *evne* [ɛunə], ability; [œu] in *søvnig* [sœuni], sleepy; [ɣ] in *kage* [ka:ɣə], cake. For a description of these sounds see Part I. Finally, the sounds which the two languages have in common are not pronounced identically, e.g., the [r] in " red " and *rød*, or the [ð] in " bathe " and *bade*. See §§ 23, 29.

The next step is to learn the correct pronunciation of the Danish sounds. Here a phonetic description, as given in §§ 1–30, cannot quite replace oral demonstration by a teacher or native speaker (or a gramophone). When, in the following chapter, an English sound or word is quoted for purposes of comparison it should always be understood that the similarity is only approximate, but will suffice for the student who is not bent on removing all traces of " accent ".

When it comes to the pronunciation of individual words on the basis of the ordinary written form, the general rules in §§ 45 ff. will offer some guidance, but transcription into phonetic symbols in [] is used in this book whenever it is considered necessary or helpful. The value of the symbols will appear from the description of sounds in §§ 1–30. The phonetic script also makes it possible to express length ([:] after the long sound), stress (['] in front of the stressed syllable) and the glottal stop—see §§ 31 ff.—(['] after the sound which is affected).[1]

Danish pronunciation often gives foreigners the impression of being rather indistinct and slovenly, and for the untrained student this increases the difficulty of understanding the spoken language, which even when pronounced carefully and distinctly may be difficult enough to relate to the written form. This is due to various factors, of which the more important are the following:

First, the interval or distance between the narrowest and most open vowels is not very great; thus, e.g., long [a] is not a very open vowel, but comes close to (ɛ) in Danish. Furthermore, Danes are not very careful to observe the dis-

[1] Stress and glottal stop will be indicated by ' and ' respectively, in the vocabularies in Part II even when a full phonetic transcription is not used.

tinctive difference between vowels with and without lip-rounding; with many speakers [a] and [ɔ] are very much alike, *godt* well, often sounds like [gad] instead of [gɔd]; cf. §§ 1, 9, 12.

Secondly, the distinction between vowels and consonants tends to be weakened, as in the case of an '' open '' consonant such as the vocalic [r], see § 29.   Also in [ð] and [ɣ] the friction is not very pronounced, see §§ 23–24.

Thirdly, the distinction between voiced and unvoiced sounds does not appear in the case of the consonants [b, d, g] versus [p, t, k], see §§ 17–19.

Finally, a great number of short words are pronounced differently according to whether they occur: (1) in a stressed or weak position in the sentence; or (2) in careful literary speech or in colloquial language.   See further § 38 for examples.

PART I

PRONUNCIATION

PRONUNCIATION

Vowels

1. The Danish vowels are the following:

Front: [i e ɛ] and with rounded lips: [y ø œ]
Back: [a] —— rounded: [u o ɔ]
Neutral, " murmur "-vowel: [ə]

2. The following may be said in general:

All vowels are voiced. They may be short or long. When long, they may be combined with the glottal stop (§ 35).

When pronouncing the long variants, care must be taken not to diphthongize them as in English, i.e., making a glide from a low tongue position towards a higher tongue position as [o] in Engl. " rose " [rouz]; the Danish sound is identical throughout: *rose* [ro:sə].

On the whole, Danish vowels are slightly more closed than the English equivalents.

With a few exceptions the quality of the long and short variants is identical, but in immediate connection with *r*, especially when preceding it, certain vowels tend to be opened (and retracted) when short. For details see below.

3. [i] Long in *bide* [bi:ðə], bite. Like Engl. " ee " in " bee "; never like " i " in Engl. " abide ".

Short in *liter* [lidər], litre.

4. [e] Long in *mere* [me:rə], more, with the same quality—but lengthened—as " i " in Engl. " bit ".

Short in *fedt* [fed], fat, almost identical with the vowel in Engl. " fit ".

5. [ɛ] Long in *bære* [bɛ:rə], carry. Like " e " in Engl. " bed ".

Short in *let* [led], light, easy. After [r] short [ɛ] is opened: *præst* [prɛsd], priest, and before [r] even more so *værre* [vɛrə], worse, approaching " a " in Engl. " van ".

6. [y] Long in *byde* [by:ðə], offer.

Short in *lytte* [lydə], listen. This sound has no equivalent in English. It is never pronounced like " y " in Engl. " by ", but it is found in German *über* and French *unir*. It may be described as a rounded [i], and to practise it, one may begin saying *bide* [biːðə] and repeating the word with the tongue still in position for [i] push the lips forward energetically (into position for [u]); the result will then automatically be *byde* [byːðə]. Similarly, *liter* [lidər] becomes *lytter* [lydər] when the lips are pointed.

7. [ø] Long in *købe* [køːbə], buy.

Short in *øl* [øl], beer; *tynd* [tøn'], thin. Neither has this sound any exact equivalent in English. It is found in German *hören* and French *feu*. It is a rounded [e], and may be produced in a similar way from this sound as [y] from [i].

8. [œ] Long in *høne* [hœːnə], hen. The vowel in Engl. " bird " sounds very similar.

Short in *høns* [hœn's], poultry. An [r] tends to open short [œ]: *drømme* [drœmə], dream; *først* [fœrsd], first; but *føre* [føːrə], lead.

9. [a] Long in *bade* [baːðə], bathe. Often heard like " a " in Engl. " bad ", but should be slightly more open. Never like " a " in Engl. " face ".

Short in *hat* [had], hat. The short sound is slightly more open and retracted than long [a], so that Danish *hat* sounds different from Engl. " hat ".

Before and after [r] both long and short [a] is always pronounced even more open and retracted, rather like " a " in Engl. " far ". Long in *far* [faːr], father; *grave* [graːvə], dig; short in *var* [var], was; *straks* [sdrags], at once.

10. [u] Long in *pude* [puːðə], pillow. Like Engl. " oo " in " pool ".

Short in *nu* [nu], now. Of the same quality as the long vowel.

11. [o] Long in *skole* [sgoːlə], school. Rather like a lengthened " u " in Engl. " put ".

Short in *bonde* [bonə], farmer. Short [o] is slightly more open than the long sound, approaching the quality of long [ɔ], cf. below.

12. [ɔ] Long in *åben* [ɔːbən], open. A little more closed than " o " in Engl." or ". In connection with [r] as in *årlig* [ɔːrli], yearly, the sound is about the same as in " or ".

Short in *godt* [gɔd], well (adverb). The short variant is much more open than long [ɔ], but not quite as retracted as " o " in Engl. " got ".

13. [ə] is the neutral " murmur "-vowel with very vague

articulation like " e " in Engl. " open ". It occurs only short and unstressed: *læse* [lɛːsə], read; *gammel* [gaməl], old.

Diphthongs

14. There are two [i]-diphthongs and eight [u]-diphthongs in Danish. The first element is pronounced as indicated for single vowels above. The second element never reaches the pure [i] or [u], but only approaches it to something between [e]–[i] and [o]–[u].

    [ai] in *eje* [aiə], own (verb). Like the vowel in Engl. " fine ".

    [ɔi] in *øje* [ɔiə], eye. The first part is short [ɔ], i.e., not quite as far retracted as the diphthong in Engl. " oil ".

    [au] in *hav* [hau], sea. Almost the same sound as in Engl. " cow ".

    [ɔu] in *lov* [lɔu], law. Rounded equivalent to [au].

    [ɛu] in *evne* [ɛunə], ability.

    [œu] in *søvnig* [sœuni], sleepy.

With less frequency occur:

    [eu] in *peber* [peuər], pepper.

    [iu] in *livlig* [liuli], lively.

    [yu] in *syvtal* [syutal], figure seven.

    [øu] in *øvrig* [øuri], remaining.

Consonants

15. The Danish consonants are the following:

Occlusives: (unvoiced) [p, t, k, b, d, g]
               (voiced and nasals) [m, n, ŋ]

Spirants: (unvoiced) [f, s, ʃ, h]
            (voiced) [v, ð, ɣ, j, l, r]

16. All Danish consonants are short. Thus voiced consonants at the end of a word are less prolonged than in Engl. The voiced consonants may be combined with the glottal stop (§ 35). Voiced consonants may become unvoiced under the influence of a neighbouring unvoiced consonant.

17. [p, t, k] Only in an unstressed position are these sounds identical with the Engl. equivalent sounds as in " pet ", " take ", " come ": *patient* [pa'ʃɛn'd]; *telegram* [telə'gram']; *kontor* [kɔn'to'r], office.

Otherwise in a stressed position, i.e., at the beginning of a stressed syllable, they are strongly aspirated, i.e., pronounced with a forcible expulsion of breath, strong enough to blow out a burning match: *pude* [pu:ðə], pillow; *tale* [ta:lə], speak; *ko* [ko'], cow.

18. [b, d, g] differ in Danish from the Engl. equivalents in " bed ", " dog ", " go " in being unvoiced. In the initial position they are kept apart from [p, t, k] in not being aspirated and also more relaxed so as not to be confused with Engl. (or French) [p, t, k] either. Cf. *pude* [pu:ðə] and *bude* [bu:ðə], messengers; *tale* [ta:lə] and *dale* [da:lə], valleys; *ko* [ko'] and *god* [go'(ð)], good.

19. Apart from the initial position, however, the difference between [p–b, t–d, k–g] is usually neutralized so that *lække*, leak, sounds exactly like *lægge*, lay, as [lεgə] with the non-aspirated version of the sound. Other examples are: *ebbe* [εbə], low tide; *stoppe* [sdɔbə], stop; *bredde* [bre'də], width; *sætte* [sεdə], put; and after [s]: *spare* [sba:rə], save; *sten* [sde'n], stone; *hest* [hεsd], horse; *vaske* [vasgə], wash.

20. [m, n] are identical in Danish and English: *med* [mεð], with; *komme* [kɔmə], come; *nat* [nad], night; *land* [lan'], land.

21. [ŋ] is the same sound as in Engl. " song ". It never occurs at the beginning of a syllable: *bange* [baŋə], afraid.

22. [f, v] differ little from the Engl. equivalents, except that [v] is produced less distinctly in Danish, where there is no [w] with which to confuse it: *farlig* [fa:rli], dangerous; *vare* [va:rə], last.

23. [ð] is the equivalent of " th " in Engl. " bathe ", but differs in articulation from the Engl. sound. In Engl. [ð] is produced with the tip of the tongue against the back of the upper teeth; in Danish the tip remains behind the lower teeth, and the blade or front part of the tongue approaches the gums of the upper teeth or the front palate. Further, it is produced much less energetically than in English. In Danish [ð] never occurs at the beginning of a word, and only after vowels: *side* [si:ðə], side; *mad* [mað], food.

24. [ɣ] has no equivalent in English. This " open [g] " is a spirant which is formed in the same place as [g], but the tongue only approaches the palate, without closing the passage as for [g]. It is the voiced equivalent of [x] in German *Bach*. [ɣ] does not occur at the beginning of words: *kage* [ka:ɣə], cake; *vælge* [vεlɣə], select.

25. [j] is the same sound as " y " in Engl. " yes "; never " j " in " Jennifer ". It occurs only at the beginning, never at the end of a syllable: *ja* [ja], yes.

26. [s] is the same sound as " s " in Engl. " send ". Danish has not got the voiced equivalent [z] as in Engl. " nose ": *sende* [sɛnə], send; *næse* [nɛːsə], nose.

27. [ʃ]. There are different individual ways of forming this sound, some like " sh " in Engl. " shell ", others like the initial [s] + [j] in " sue ": *sjælden* [ʃɛlən], seldom; *gage* [gaːʃə], salary.

28. [l], whether at the beginning or the end of a syllable, resembles " l " in Engl. " leave ". It never has the " dark " sound of " l " in Engl. " tell ": *lille* [lilə], small; *vel* [vɛl], well.

29. [r] in Danish is a sound very different from Engl. [r]. At the beginning of a stressed syllable and after a consonant it is produced with the root of the tongue against the uvula or pharynx (the throat)—almost the same position as for [ɔ] in Engl. " got "—NOT with the front of the tongue as in English. There is no vibration or " trill " in standard Danish, and there is very little friction altogether: *rose* [roːsə], rose; *berømt* [beˈrœmˈd], famous; *vred* [vreˈð], angry.

A variant of [r] is the " vocalic " [r], where the tongue only approaches the uvula with no friction at all. It occurs after vowels: *lære* [lɛːrə], learn; *værre* [vɛrə], worse. After [a] it sounds exactly like the same combination in Engl. " far ": *farlig* [faːrli], dangerous.

Unstressed [ər] combine to form a simple sound very much like [ɔ] in Engl. " got ", only unstressed, or " or " in Engl. " mortality ". Thus *læser* [lɛˈsər], reads, is distinguished from *læse* [lɛːsə], read. Similarly, *lære* [lɛːrə], learn, and *lærer* [lɛːrər], teacher.

30. [h] is identical with " h " in Engl. " heaven ": *have* [haːvə], garden.

The Glottal Stop

31. The so-called glottal stop, *stød* (in phonetic script [ˈ]) is a characteristic feature of Danish pronunciation. It consists in an interruption of the phonation of a voiced sound through the closing or usually only the near-closing of the vocal cords in the throat, the effect being something like the closure that begins a cough. Sometimes there is a short echo of the sound after the stop.

Note. A glottal stop occurs in English dialects, e.g., Cockney when " water " is pronounced [wɔˈə], but whereas here the stop replaces the consonant, as a complete closure of the vocal cords, that is not the case in Danish, where the stop is only a kind of accent in connection with the articulation of a sound. The same may occasionally be heard in English when spelling, e.g., BE as [biːʼiː] or JA as [dʒeiʼei].

The proper pronunciation of the glottal stop in Danish can hardly be learnt without the help of an oral demonstration.

32. A number of words are distinguished in Danish by the presence or absence of the glottal stop, e.g.:

mand [manʼ], man; *man* [man], one, indef. pron.
hund [hunʼ], dog; *hun* [hun], she
mord [moʼr], murder; *mor* [moːr], mother
sandet [sanʼəð], the sand; *sandet* [sanəð], sandy

33. The glottal stop falls on the vowel and the consonant respectively in word-pairs like:

mil [miʼl], mile; *mild* [milʼ], mild
fugl [fuʼl], bird; *fuld* [fulʼ], full

34. Usually there is another feature (besides spelling) to distinguish words in addition to the glottal stop; the vowel carrying the glottal stop has a certain length: *tal* [taʼl], speak, might be transcribed [taʼːl], distinct from *tal* [tal], number. Consequently the system of the language will not break down even if the glottal stop is not used, and there are, in fact, parts of southern Denmark where no glottal stop occurs in the local dialects. It is therefore not essential for foreign students at an early stage to concentrate on learning it, the more so as the rules for its use are rather complicated. Danes, of course, use the stop automatically, and as for the foreigner, it will gradually develop in the course of hearing and imitating spoken Danish.

35. The glottal stop occurs only under the following conditions:

1. The sound it accompanies must be voiced (vowel and diphthong or voiced consonant).
2. A vowel must be long to take the glottal stop.
3. The sound must occur in a stressed syllable. In an unstressed position the glottal stop is lost: *gå* [goʼ], go, but *gå ud* [gɔ ʼuʼð], go out.

If these conditions are present, the glottal stop belongs to words of one syllable: *hus* [huʼs], house; *mand* [manʼ], man. Under the same conditions the glottal stop does NOT belong to words of more than one syllable: *læse* [lɛːsə], read; *modig* [moːði], brave. There are, however, numerous exceptions to this main rule.

Note. The glottal stop is preserved in the definite form of a noun: *huset* [hu'səð], the house, and the stop is added if the indefinite form has not got it: *sønnen* [sœn'ən], the son, from *søn* [sœn], son. With the plural *-e* and usually *-er*, the glottal stop is normally lost: *huse* [hu:sə], houses; *geder* [ge:ðər], goats, from *ged* [ge'ð], goat.

Stress

36. In Danish, as in other Germanic languages, the stress is usually on the first syllable of a word, including compounds. Only if the stress differs from this normal position is it indicated in phonetic script by ['] in front of the stressed syllable when the isolated word is quoted: *forældre* [fɔr'ɛl'drə], parents. In long compounds there may be more than one stressed syllable; here [ˌ] indicates subordinate stress, considerably weaker than the preceding main stress: *bedsteforældre* [bɛsdəfɔrˌɛl'drə], grandparents.

37. Exceptions to the main rule about stress on the first syllable are:

1. Certain place-names: *København* [købən'hau'n], *Helsingør* [hɛlseŋ'ø'r], *Lemvig* [lɛm'vi'].

2. Some personal names of foreign origin: *Kristoffer* [kri'sdofər], *Katrine* [ka'tri'nə], *Marie* [ma'ri'ə].

3. Certain compounds or word groups which are felt as a unit: *århundrede* [ɔr'hunrəðə], century; *efterhånden* [ɛfdər-'hɔn'ən], gradually; *undertiden* [onər'ti'ðən], sometimes. Cf. prepositional groups like *i går* [i'gɔ'r], yesterday, and separated compound verbs: *stå op* [sdɔ'ɔb], get up; *gå ud* [gɔ 'u'ð], go out.

4. A great number of derivatives of more than two syllables: nouns in *-inde* and especially adjectival derivations in *-(l)ig* and *-som*: *veninde* [vɛn'enə], girl friend; *tålmodig* [tɔl'mo'ði], patient; *opfindsom* [ɔb'fen'sɔm], inventive.

5. The prefixes *be-*, *er-*, *ge-* are unstressed: *betale* [be'ta'lə] pay; *erklære* [ɛr'klɛ'rə], declare; *gevær* [ge've'r], gun.

For- is unstressed as a prefix, but stressed when part of a compound (see § 611, Note): *forleden* [fɔr'le'ðən], the other day, but *formiddag* [fɔrmeda], forenoon. Notice *forbud* [fɔrbuð], prohibition, but *forbyde* [fɔr'by'ðə], prohibit.

U- and *mis-* are usually stressed, but become unstressed in adjectival derivatives: *uvejr* [uve'r], storm; *uheldig* [u'hɛl'di], unlucky; *misforstå* ['misfɔrˌsdå'], misunderstand; *misundelig* [mis'on'əli], envious.

6. A great number of loan-words of Romance or Greek origin. The following words, which do not make a complete list, differ in stress from the English equivalents: *appetit*

[abə'tid], appetite; *balance* [ba'laŋsə]; *barometer* [baro-'me'dər]; *demokrati* [demokra'ti'], democracy; *direktør* [direg-'tø'r], manager; *diskussion* [disgu'ʃo'n], discussion; *familie* [fa'mi'liə], family; *interesse* [endə'rɛsə], interest; *minut* [mi'nud], minute; *model* [mo'dɛl']; *moderne* [mo'dɛrnə], modern; *nation* [na'ʃo'n]; *natur* [na'tu'r], nature; *nervøs* [nɛr'vø's], nervous; *passager* [pasa'ʃe'r], passenger; *patient* [pa'ʃɛn'd]; *person* [pɛr'so'n]; *privat* [pri'va'd], private; *problem* [pro'ble'm]; *restaurant* [rɛsdo'raŋ']; *sekund* [se'kon'd], second; *servere* [sɛr've'rə], serve; *social* [so'ʃa'l]; *station* [sda'ʃo'n]; *student* [sdu'dɛn'd]; *system* [sy'sde'm]; *telefon* [telə'fo'n], telephone; *tradition* [tradi'ʃo'n]; *trafik* [tra'fig], traffic; *transport* [trans'pord].

38. As in Engl., words may lose their stress in certain positions in the sentence, cf. *gå ud* ['gɔ''u'ð], walk out, and *gå ud* [gɔ'u'ð], go out, leave. The loss of stress also affects the pronunciation of the individual sounds; a great number of words have a special weak form, cf. Engl. " and " pronounced [änd] and [ənd]: *jeg* [jai] or [jɛ], I, *og* [ɔɣ] or [ɔ], and. In colloquial Danish the weak form of a number of words is also used in a stressed position, e.g., *blive* [bli'və] or [bli(')], stay; *hvad* [vað] or [va], what; *kan* [kan] or [ka], can; *også* [ɔɣsɔ] or [ɔsə], also.

Length

39. Length is connected with stress in the sense that long vowels occur only in stressed syllables, sometimes in connection with the glottal stop. In an unstressed position long vowels are shortened: *læse* [lɛːsə], read, but *læse højt* [lɛsə'hɔi'd], read aloud.

Long vowels are often shortened (and the glottal stop lost) in the first part of compounds and derivatives: *hus* [hu's], house, but *husmand* [husman'], smallholder; *huslig* [husli], domestic.

The Danish Alphabet

40. A, a [a'], B, b [be'], C, c [se'], D, d [de'], E, e [e'], F, f [ɛf], G, g [ge'], H, h [hɔ'], I, i [i'], J, j [jɔð], K, k [kɔ'], L, l [ɛl], M, m [ɛm], N, n [ɛn], O, o [o'], P, p [pe'], Q, q [ku'], R, r [ɛr], S, s [ɛs], T, t [te'], U, u [u'], V, v [ve'], W, w ['dɔbəld,ve'], X, x [ɛgs], Y, y [y'], Z, z [sɛd], Æ, æ [ɛ'], Ø, ø [ø'], Å, å [ɔ'].

41. *å* as well as *æ* and *ø* are letters which are not used in English. *å* is originally an *a* with a ring over it to indicate that it is a rounded vowel. *æ* is a ligature formed of *a* + *e*; *ø* is *o* + *e*.

c, q, w, x, z are used only in foreign words and proper names.

42. Before the spelling reform of 1948, *Aa*, *aa* was used instead of *Å*, *å* and placed first in the alphabet; in dictionaries, etc., after 1948 *Å*, *å* is indexed at the end.

Besides introducing *å*, the spelling reform of 1948 abolished the use of capitals in nouns except proper names, although even now some authors and newspapers use them as well as *aa* for *å*.

43. The rules for the use of capitals are, on the whole, similar to those applying to English, with a few exceptions, e.g., derivatives from proper names are spelt with small initials: *England* [ɛŋlan'] but *engelsk* [ɛŋ'əlsg], English, and *englænder* [ɛŋlɛn'ər], Englishman.

In many books printed before 1900 German print was used.

44. The prevalent practice of punctuation, in the use of commas, adheres more strictly to syntactic analysis than in English. A colon is used instead of a comma to introduce direct speech.

Spelling and Pronunciation

45. The pronunciation of individual words will appear from the phonetic transcriptions in the vocabularies in Part II. Below, attention will only be drawn to a few general points regarding spelling and pronunciation.

A double consonant usually serves to indicate a preceding short vowel: *læsse* [lɛsə], load, but *læse* [lɛːsə], read.

46. In general, the letters used in spelling correspond to the sounds indicated by the equivalent phonetic symbols; but as the number of letters and symbols is different, there must be some overlapping; [ɛ] thus covers *e* and *æ*: *let* [lɛd], easy; *længe* [lɛŋə], long; [ɔ] covers *o* and *å*: *godt* [gɔd], good, well; *måtte* [mɔdə], may, must. Notice that [œ] corresponds to *ø*: *børn* [bœr'n], children; [ə] corresponds to *e*: *gammel* [gaməl], old.

Unstressed *-e* at the end of words is always pronounced in Danish: *leve* [leːvə], live; *rose* [roːsə], rose (cf. Engl. [liv], [rouz]).

47. In a great many words *e, i, o, u, y*, when representing short sounds, are pronounced more open than the letters indicate: *let* [lɛd], easy; *finde* [fenə], find; *nok* [nɔg], enough (but *bonde* [bonə], farmer); *tung* [toŋ'], heavy (but *guld* [gul'], gold; *hund* [hun'], dog); *kys* [køs], kiss (but *fylde* [fylə], fill). Notice the different pronunciation of *e* in the pronouns: *den* [dɛn'], *det* [de], it; *de* [di], they.

48. Notice also the spelling of the diphthongs [ai] as *ig*

(*mig*, me), *eg* (*leg*, game) and *ej* (*eje*, own)—and [ɔi] as *øg*
(*løgn*, lie) and *øj* (*øje*, eye). *v* is pronounced [u] in diphthongs:
hav [hau], sea (but *havet* [haˈvəð], the sea), *lov* [lɔu], law; *evne*
[ɛunə], ability, etc.

49. *d* is pronounced [d] at the beginning of a word or
syllable: *dag* [daˈ], day; [ð] after a vowel at the end of a
word or before unstressed *e* and *i*: *mad* [mað], food; *gade*
[gaːðə], street; *modig* [moːði], brave. Notice also *bedre*
[beðrə], better.

d is mute: (1) Before *t* and *s* in the same syllable: *godt* [gɔd],
good, well; *plads* [plas], place. (2) In the combinations *nd*,
ld in a final position or before unstressed *e*: *mand* [manˈ]
man; *guld* [gul], gold; *sende* [sɛnə], send; but *andre* [andrə],
others; *forældre* [fɔrˈɛlˈdrə], parents. (3) In the combina-
tion *rd* usually only in a final position: *jord* [joˈr], ground,
earth; *fjerde* [fjɛirə], fourth, but *færdig* [ferdi], finished;
verden [vɛrdən] world. (4) In a number of individual words
for which reference is made to the vocabularies.

50. *g* is pronounced [g] at the beginning of a word or
syllable: *gå* [gɔˈ], go; [ɣ] usually after a (long) vowel at the
end of a word or before unstressed *e*: *smag* [smaˈɣ], taste;
kage [kaːɣə], cake. Notice also *vågne* [vɔːɣnə], awake.
Further in the combinations *lg* and *rg* in a final position or be-
fore unstressed *e*: *valg* [valˈɣ], election; *vælge* [vɛlɣə], select;
Børge [bœrɣə], proper name. Cf. below under mute *g*.
For the pronunciation of *g* in diphthongs, cf. above, § 48.

g is mute: (1) Usually after *i*, *y*, sometimes after *u*, *o* and *a* in
a final position or before unstressed *e*: *sige* [si(ˈ)ə], say; *ryge*
[ry(ˈ)ə], smoke; *rug* [ruˈ], rye (but *byg* [byg], barley), *nogen*
[nɔːn], some; *dag* [daˈ], day. (2) Colloquially in the combina-
tions *lg* and *rg* before unstressed *e* and before a consonant:
sælge [sɛlə], sell; *morgen* [mɔːrn], morning; *spurgte* [sboːrdə],
asked; *fulgte* [fuldə], followed. Further, reference is made to
the vocabularies.

51. *h* is mute before *j* and *v*: *hjem* [jɛmˈ], home; *hvem*
[vɛmˈ], who.

52. The combination *ng* is pronounced [ŋ] at the end of
words or before unstressed *e*: *lang* [laŋˈ], long; *længe* [lɛŋə],
long (of time).

53. *t* is colloquially pronounced ð in the unstressed ending
-et: *huset* [huˈsəð], the house.

54. Below is printed the first passage of Part II in phonetic

Exercise: Read the passage aloud. Compare the pro-
nunciation with the spelling on pp. 13ff.

If the purpose of the student is not just to acquire a reading
knowledge of Danish, each of the Danish passages in Part II
should be read aloud in due course.

[faˈmiˈliən (faˈmilˈjən)

mid ˈnauˈn ɛ jɛns ˈhanˈs(ə)n—dɛr ɛ ˈmaŋə ˈmɛnəsgər dɛ(r)
heðər ˈhanˈsən i ˈdanmarg

jai (jɛ) ɛ(r) ən ˈmanˈ

[1]va ˈheðˈər dɛrəs ˈkoːnə

hun heðər ˈliːsə—hun ɛ(r)ən ˈkvenə—ˈjai ɛ(r) henəs ˈmanˈ
ˈfrɛməðə kalər ˈmai ˈhɛr [1] ˈhanˈs(ə)n ɔ ˈhenə ˈfru [1] ˈhanˈs(ə)n

vi har ˈtreˈ ˈbœrˈn—ən ˈsœn pɔ ˈfɛmˈ ˈɔˈr ɔ ˈtoˈ ˈdødrə pɔ
ˈsyuˈ ɔ ˈniˈ ˈɔˈr—ˈdrɛŋˈən heðər ˈoːlə—ˈpi(ː)ərnə ˈɛlsə ɔ
kaˈtriˈnə—vi ɛ fɔrˈɛlˈdrə te ˈbœrˈnənə

min ˈfaːr ɛ døˈð mɛn min ˈmoːr ˈlɛivər eˈnu (iˈnu, ɛˈnu)—
di ɛ ˈbɛsdəfɔrˌɛlˈdrə te vɔ(ː)rəs ˈbœrˈn

har di ˈnɔːn ˈsøsgənə

ˈja ˈjɛ har ən ˈbroːr ɔ min ˈkoːnə har ən ˈsøsdər—ˈhan ɛ(r)
ˈoŋˈgəl te vɔ(ː)rəs ˈbœrˈn ɔ ˈhun ɛ ˈtandə te dəm—hun ɛ(r)
ˈegə ˈgifd ɔ heðər frøgən ˈjɛnsən

min ˈbroːr ɛ ˈgifd ɔ har ˈtoˈ ˈdrɛŋə—[1]di ɛ ˈfɛdrə te [1]ˈmi(ː)nə
ˈbœrˈn—ˈmiːnə ˈpi(ː)ər ɛ kuˈsiːnər te ˈhans ˈdrɛŋə

vi ɛ(r) ˈalə i faˈmiˈliə (faˈmilˈjə) mɛ hinˈan(ə)n

ˈnaiˈ ˈegə ˈjai

mi(ː)nə ˈdaːmər ɔ ˈhɛrər]

---

[1] *hr.* and *fru* are normally unstressed: [hɛr ˈhanˈsən, fru ˈhanˈsən].

PART II

TEXTS AND EXERCISES

PART II

TEXTS AND EXERCISES

1. FAMILIEN

55. —Mit navn er Jens Hansen. Der er mange mennesker, der hedder Hansen i Danmark.

—Jeg er en mand.

—Hvad hedder Deres kone?

—Hun hedder Lise. Hun er en kvinde. Jeg er hendes mand. Fremmede kalder mig hr. Hansen og hende fru Hansen.

Gloser [glo:sər] (vocabulary):

familie [fa'mi'liə, fa'mil'jə], *-n, -r,*[1] family; *familien* is the def. form, the family

min, mit, mine [mi'n, mid, mi:nə], my

navn [nau'n], *-et, -e,* name

er [ɛr, ɛ, ə], is (am, are), pr.t. of *være* [vɛ:rə], be

Jens [jɛns], John

der [dɛr], 1. there; 2. who, which

mange [maŋə], many

menneske [mɛnəsgə], *-t, -r,* man, human being; pl., people

hedde [heðə], irr.,[2] be called; *hedder* is pr.t.

i [i], in, into

Danmark [danmarg], Denmark

jeg [jai, ja, jɛ, jə], I

en [ən], *et* [əd], indef. art., a

mand [man'], *-en, mænd* [mɛn'], 1. man; 2. husband

hvad [va], what

Deres [dɛrəs], your

kone [ko:nə], *-n, -r,* 1. (elderly) woman; 2. wife

hun [hun], she

Lise [li:sə]

kvinde [kvenə], *-n, -r,* woman

hendes [henəs], her

fremmed [frɛməð], strange; here pl., used as s., strangers

kalde [kalə], *-te,*[3] call

mig [mai], me

hr. [hɛr], abb. of *herre,* Mr.

og [ɔ], and

hende [henə], her

fru [fru], Mrs.

56. —Vi har 3 børn, en søn på 5 år og to døtre på 7 og 9 år.

[1] *-(e)n* or *-(e)t* after nouns indicate the def. form, com. or neuter gender respectively. *-(e)r, -e* or - indicate the plural form.

[2] Irr. indicates irregular vb. For inflection, see § 624.

[3] *-te* or *-(e)de* indicate past tense of weak verbs, see § 496.

Drengen hedder Ole, pigerne Else og Katrine. Vi er forældre
til børnene.

—Min fader er død, men min moder lever endnu. De er
bedsteforældre til vores børn.

Gloser

vi [vi], we

har [ha'r], have (has), pr.t. of
have [ha:və, ha⁽'⁾], have

3 [tre']

barn [bar'n], *-et*, *børn* [bœr'n],
child

søn [sœn], *-nen* [sœn'ən], *-ner*,
son

på [pɔ⁽'⁾], on; here: of

5 [fɛm']

år [ɔ'r], *-et*, *-*, year

to [to'], two

datter [dadər], *-en*, *døtre*,
daughter

7 [syu']

9 [ni']

dreng [drɛŋ'], *-en*, *-e*, boy;
drengen is the def. form sg.

pige [pi(:)ə], *-n*, *-r*, girl;
pigerne is the def. form pl.

Else [ɛlsə]

Katrine [ka'tri'nə], Cather-
ine

forældre [fɔr'ɛl'drə], pl., par-
ents

til [tel, te], to; here: of

børnene, def. form pl.

fader or *far* [fa:r], *-en*, *fædre*
[fɛðrə], father

død [dø'ð], dead

men [mɛn], but

moder or *mor* [mo:r], *-en*,
mødre [møðrə], mother

leve [le:və], *-de*, live

endnu [e'nu], still; *lever end-
nu*, is still alive

de [di], they

bedsteforældre [bɛsdəfɔr‚ɛl'drə]
grandparents

vores [vɔ:rəs], our

57. —Har De nogen søskende?

—Ja, jeg har en broder, og min kone har en søster. Han er
onkel til vores børn, og hun er tante til dem. Hun er ikke gift
og hedder frøken Jensen.

—Min broder er gift og har to drenge. De er fætre til mine
børn. Mine piger er kusiner til hans drenge.

—*Vi er* alle *i familie* med hinanden.

—Nej, ikke jeg!

Mine damer og herrer!

Gloser

De [di], you

nogen [nɔ:n], any

søskende [søsgənə], pl., brothers
and sisters

ja [ja], yes

broder or *bror* [bro:r], *-en*,
brødre [brœðrə], brother

søster [søsdər], *-en*, *søstre*,
sister

han [han], he

onkel [oŋ'gəl], *onklen*, *onkler*,
uncle

tante [tandə], *-n*, *-r*, aunt

dem [dɛm, dəm], them

ikke [egə], not

gift [gifd], married; *gifte sig* [sai], marry

frøken [frø'gən], *frøknen, frøkner*, Miss

fætter [fɛdər], *-en, fætre*, (male) cousin

kusine [ku'si:nə], *-n, -r*, (female) cousin

hans [hans], his

alle [alə], pl. of *al* [al'], all

i fa'mil'ie, related

med [mɛð, mɛ], with; here: to

hinanden [hin'anən], each other

nej [nai'], no

dame [da:mə], *-n, -r*, lady

herre [hɛrə], *-n, -r*, gentleman

58. Spørgsmål [sbœrsmɔ'l] (questions):

Hvad hedder manden?

Hvad hedder hans kone?

Hvor mange (how many) børn har de?

Har børnene nogen fætre eller kusiner?

Er De i familie med dem?

59. Ordsprog [oːrsbrɔ'ɣ] (proverbs):

Lige børn leger bedst.

Kvinde er kvinde (dat. obj.) værst.

En mand er en mand, og et ord er et ord.

lige [li(ː)ə], straight; here: like

lege [laiə], *-de*, play

bedst [bɛsd], best

værst [vɛrsd], worst; a woman is worst to a w.

ord [o'r], *-et, -*, word

60. —Jeg hører, De er gift.

—Ja.

—Bare det var mig!

—Ja.

høre [høːrə], *-te*, hear

bare [baːrə], adv., I wish

det [de], it, that

var [var], p.t. of *være*, here used for the subjunctive: were

mig, me

61. Grammatical Notes

1. Notice the special Danish letters *å* (*år*), *æ* (*forældre*), *ø* (*børn*). §§ 40–42.

2. Notice the pronunciation of *ng* as ŋ (*mange*), and the mute *d* in the combinations *nd* (*mand*), *ld* (*kalde*) and *rd* (*ord*), §§ 49, 52.

3. Danish nouns are distributed between two genders, *common gender* and *neuter*. The gender is revealed through the inflection of connected words, *-n* indicating common gender: *en mand, min fader, -t* neuter: *et barn, mit barn.* § 347.

4. The indefinite article (Engl. " a, an ") is *en* (com.) and *et* (neuter). § 352.

5. The Danish personal pronouns are:

SINGULAR

	1st person	2nd person	3rd person
Nominative (subj. case)	*jeg* [jai], I	*du* [du]} *De* [di]} you	*han* [han], he *hun* [hun], she *den* [dɛn⁽'⁾]} *det* [de]} it
Accusative (obj. case)	*mig* [mai], me	*dig* [dai]} *Dem* [dɛm]} you	*ham* [ham], him *hende* [henə], her *den*} *det*} it

PLURAL

Nominative	*vi* [vi], we	*I* [i]} *De*} you	*de* [di], they
Accusative	*os* [ɔs], us	*jer* [jɛr]} *Dem*} you	*dem* [dɛm], them

Han, hun are used of human beings according to sex; *den, det* of animals and things according to gender. In the plural only *de* is used. §§ 422–423.

6. In Danish (like German and French) two pronouns of address are used: *du*, plural *I* when talking to friends, relatives, and children. Otherwise the polite form *De* is used both in the singular and the plural. §§ 430–431.

7. The present tense of Danish verbs adds *-r* (in all persons singular and plural) to the infinitive (i.e., the form in which verbs are quoted in dictionaries): *jeg (du, han, vi,* etc.) *hedder,* I am (you are, etc.) called. The present tense of the auxiliaries *være*, be, and *have*, have, is *er* and *har.* §§ 491, 493.

8. The numerals 0–10 are:

nul [nol]

en [e'n], *et* [ed]

to [to']

tre [tre']

fire [fiːrə]

fem [fɛm']

seks [sɛgs]

syv [sy'v, syu']

otte [ɔːdə]

ni [ni']

ti [ti']

Exercises

62. State the definite form singular of (cf. vocabulary): barn, fætter, menneske, navn, pige, søn.

63. State the plural (cf. vocabulary) of: broder, familie, kone, mand, navn, ord, søn, søster.

64. Insert the correct forms:

(barn): Der er 3 ——.
(onkel *or* tante): Han er min ——.
(være): Hun —— en pige.
(have): Han —— to brødre.

65. Tæl [tɛl'] (count) til 10.

66. Oversæt til dansk [ɔuərsɛd te dan'sg] (translate into Danish):

I am called John. I am married. I have five children, two girls and three boys. My wife has a sister. Her husband is dead. She has a son, but no (not any) daughters. He is (a) cousin of my children. My parents are still alive.

2. HR. OG FRU HANSEN OG OLE

67. Fru Hansen er endnu en ung kvinde, og hendes mand er heller ikke gammel.

Hr. Hansen er høj og tynd; *det har han efter sin far.* Hans mor er nemlig lille, og hun hører heller ikke til de tynde.

Fru Hansen er hverken særlig høj eller særlig tyk.

Børnene er endnu små. Når de bliver store, skal vi se, hvem de kommer til at ligne: deres far eller deres mor.

Gloser

ung [oŋ'], young
heller [hɛl'ər] *ikke*, neither, nor
gammel, old
høj [hɔi'], high, tall
tynd [tøn'], thin
efter, after; *det har han efter ...*, he takes after his father in that
sin [si'n], here: his
nemlig [nɛmli], added as an explanation: you see, because
lille [lilə], little, small; pl., *små* [smɔ']
høre [hø:rə], *til*, belong to (fig.)
de '*tynde*, thin people

hverken [vɛrgən] . . . *eller*, neither . . . nor
særlig [sɛrli], especially, very
eller, or
tyk [tyg], thick, fat
når [nɔ(')r], when
blive [bli:və, bli(')], irr., become, here: grow
stor [sdo'r], big
skal [sga(l)], pr.t. of *skulle*, shall
se', irr., see
hvem [vɛm'], who
komme [kɔmə], irr., come; *komme til at*, here: will
ligne [li:nə], look like

68. Hr. og fru Hansens dreng hedder Ole. Han er en rask lille fyr, der sjælden græder. Han er ikke mere nogen baby med tykke arme og ben, men han er bred i kroppen og rund i hovedet. Han har en morsom lille næse i et rundt ansigt med bløde, røde kinder. Han har mørke øjne og kort lyst hår. Ørerne stritter, og munden står ofte åben.

Gloser

rask, 1. well, healthy; 2. here: brave, plucky
fyr [fy'r], *-en, -e*, fellow
sjælden [ʃɛlən], rare(ly)
græde [grɛ:ðə], irr., weep, cry

mere [me:rə], more; *ikke mere*, no longer
baby [bɛ:bi], *-en, -er*, baby
arm [a'rm], *-en, -e*, arm
ben [be'n], *-et, -,* 1. bone; 2. here: leg

bred [bre'ð], broad

krop [krɔb], *-pen*, *-pe*, body;
 han er bred i kroppen, he has
 a stout body

rund [ron'], round

hoved [ho:ðə], *-et*, *-er*, head

morsom [mo(:)rsɔm], funny,
 amusing

næse [nɛ:sə], *-n*, *-r*, nose

ansigt [ansegd], *-et*, *-er*, face

blød [blø'ð], soft

rød [rø'ð], red

kind [ken'], *-en*, *-er*, cheek

mørk, dark

øje [ɔiə], *-t*, *øjne*, eye

kort, short

lys [ly's], light

hår [hɔ'r], *-et*, -, hair

øre [ø:rə], *-t*, *-r*, ear

stritte, *-de*, stick out

mund [mon'], *-en*, *-e*, mouth

stå [sdɔ'], irr., stand

ofte [ɔfdə], often

åben, open

69. Jeg møder ofte Ole på gaden, og han ser sjov ud i grøn
frakke, med et gult tørklæde bundet om halsen, lange blå
bukser og gule vanter på hænderne. Han fryser ikke om
fingrene. Han har brune sko eller sorte støvler på fødderne
og en hvid hue på hovedet. Farve/kombinationen [1] i hans
tøj er altså *mere sjælden end køn*. Jeg møder ham nok i
morgen; så siger vi goddag til hinanden.

Gloser

møde [mø:ðə], *-te*, meet

gade [ga:ðə], *-n*, *-r*, street;
 på gaden, in the street

ud [u'ð], out; *se 'ud*, look

sjov [ʃɔu'], funny

grøn [grœn'], green

frakke, *-n*, *-r*, coat

gul [gu'l], yellow

tørklæde ['tœr˛klɛ:ðə], *-t*, *-r*,
 scarf

om [ɔm], about, round

hals [hal's], *-en*, *-e*, neck

bundet [bonəð], tied, p.p. of
 binde [benə], irr., tie

lang [laŋ'], long

blå [blɔ'], blue

bukser [bogsər], pl., trousers

vante, *-n*, *-r*, mitten

hånd [hɔn'], *-en*, *hænder*
 [hɛn'ər], hand

fryse [fry:sə], irr., freeze, be
 cold

om, here: on, or: his fingers
 will not be cold

finger [feŋ˛ər], *-en*, *fingre*, finger

bru'n, brown

sko [sgo'], *-en*, -, shoe

sort [sord], black

støvle [sdœulə], *-n*, *-r*, boot

fod [fo'ð], *-en*, *fød'der*, foot

hvid [vi'ð], white

hue [huə], *-n*, *-r*, cap

farve, *-n*, *-r*, colour

kombination [kɔmbina'ʃo'n],
 -en, *-er*, combination

tøj [tɔi], *-et* [tɔi'əð], *(-er)*,
 clothes

altså [al'sɔ], thus

end [ɛn], than

køn [kœn'], pretty

nok [nɔg], 1. enough; 2. cer-
 tainly, here: probably

morgen [mɔ:rn], *-en*, *-er*, morn-
 ing; *i morgen*, to-morrow

---

[1] / Indicates in this book the elements of long compounds.

så [sɔ], then
sige [si(:)ə], irr., say
god [goꞌ(ð)], good

dag [daꞌ], *-en, -e*, day; *god* ꞌ*dag*, good morning, how do you do, hello, etc.

70.

hverken—eller
enten—eller
både—og

goddag!
farvel!

Jeg kan ikke se uden briller.

en bløb hud
et hårdt ben

Her er drenge nok.
Han kommer nok.

Vi mødte hende og hendes mand.

Gloser

enten, either
både [bɔːðə], both
farvel [farꞌvel], good-bye
kan [ka(n)], pr. t. of *kunne*, irr., can
uden [uːðən], without
brille [brelə], *-n, -r*, usually only pl., spectacles

hud [huꞌð], *-en*, skin
hård [hɔꞌr], hard
her [hɛꞌr], here
drenge nok, enough boys
han kommer nok, he is sure to come, he will probably come

71. Spørgsmål

Er hr. Hansen ung eller gammel?
Hører fru Hansen til de tykke eller de tynde?
Hvem er Ole?
Hvorꞌdan (how) er hans ansigt?
Hvad farve har hans tøj?

72. Ordsprog

Mands vilje er mands himmerig.

vilje, -n, -r, will
himmerig(e), -t, arch. for *himmel* [heməl], *himlen, himle*, heaven

73. Lille Peters bedstemor har klippet håret kort, og nu spørger hun drengen, hvad han synes om det.
   —Godt, siger Peter. Nu ligner du ikke mere en gammel dame.
   —Nå, hvad ligner jeg så?
   —Nu ligner du en gammel herre, siger lille Peter.

klippet, p.p. of *klippe* [klebə], *-de*, cut (with scissors)
nu, now
spørge [sbœrə], irr., ask
synes [syːnəs, synꞌs], *-tes*, think; *hvad han synes* ꞌ*om*ꞌ *det*, how he likes it

godt [gɔd], well, all right; I like it
du, you, § 61, 6
nå [nɔ], well

74. Grammatical Notes

1. Notice the mute *d* in the combinations *ds* (*bedst(emor)*) and *dt* (*godt*). § 49.

2. The definite form of nouns is indicated in Danish through the ending -(*e*)*n* in common gender, -(*e*)*t* in the neuter, -(*e*)*ne* in the plural both genders: *drengen*, the boy; *barnet*, the child; *pigerne*, the girls. § 349.

3. There are three plural forms for Danish nouns; some nouns take -*e*, others -(*e*)*r* and others *no ending* in the plural: *drenge*, boys; *støvler*, boots; *ord*, words. In many words change of vowel goes with the plural ending: *datter—døtre*, *fod—fødder*, *barn—børn*. §§ 358–360.

4. Danish nouns take the ending -*s* in the genitive: *mands*, man's. The -*s* is added without an apostrophe to other possible endings, definite or plural: *drengens ansigt*, the boy's face; *de tre pigers mor*, the three girls' mother. §§ 373–376.

5. Danish adjectives have a special plural form in -*e*: *Han er stor*, he is big; *de er store*, they are big, and in the singular they add -*t* in the neuter: *et rundt ansigt*, a round face. §§ 383–384, 386.

6. The Danish possessive pronouns are shown overleaf.

The possessive pronouns in Danish are also used as possessive adjectives: *min bog*, my book; *bogen er min*, the book is mine.

Deres is used in polite address corresponding to the personal pron. *De*. §§ 434–436.

Exercises

75. Combine by means of the genitive:

min mor—hat: min mors hat.
dreng—mor: drengens mor, etc.
vore drenge—kusiner:
pige—tante:
børn—forældre:
små børn—tøj:
en lille dreng—krop:
en ung kvinde—mand:

76. Replace the plural (of nouns, pronouns and adjectives) with the singular, and vice versa:

Han er sød: de er søde, etc.
Hun er ung:
Hans broder er rask:
Ørerne er små:
Jeg har en brun og en sort sko på:

SINGULAR FORMS (referring to a person in the singular)

	1st person		2nd person		3rd person [1]		
	com.	neuter	com.	neuter	com.	neuter	
SINGULAR	*min* [mi'n]	*mit* [mid]	*din* [di'n]	*dit* [did]	*sin* [si'n]	*sit* [sid]	*hans* [hans], his *hendes* [henes], her
	my, mine		your, yours		his, her, its		*dens* [den(')s] *dets* [deds] } its
PLURAL .	*mine* [mi:ne]		*dine* [di:ne]		*sine* [si:ne]		

PLURAL FORMS (referring to a group of persons)

	1st person		2nd person	3rd person
SINGULAR	(*vor*) [vɔr] (*vort*) [vɔrd] our, ours *vores* [vɔːres]		*jeres* [jeres], (*eders*) [e:ðərs] your, yours	*deres* (*Deres*) [deːrəs] their, theirs (your, yours)
PLURAL .	(*vore*) [vɔːre]			

1 See § 438.

77. Insert the correct forms:

(gammel): Hr. Hansen er ikke ——.
(rød): Fru Hansen—halstørklæde er ——.
(mørk): Han har —— hår.
(lille, rask): —— børn er ——.

Find and underline the possessive pronouns in §§ 55–57, 67–69.

78. Oversæt til dansk:

How do you do. John is old and fat. He has a little boy. The boy's face is funny. Peter's wife has a brown coat and black mittens. Have you (got) a white scarf? Are you coming (pr. t.) to-morrow?

3. FAMILIEN HANSENS LEJLIGHED

79. —Goddag, og velkommen, hr. og fru Smith. *Værsågod*
at komme indenfor.—Ole og Else, I må gerne gå ned og lege,
medens far og mor taler med de fremmede; men Katrine, du
må blive oppe; du kan hjælpe (din) mor med at dække bord
til kaffe.

Gloser

velkom'men, welcome, usual
   way to greet visitors
så, so; *værsågod* [vɛrsgo'],
   please
at [ɔ], to, cf. § 521
indenfor ['enən⁽ⁱ⁾fɔr], inside
I, you
må', pr. t. of *måtte*, irr., may,
   must
gerne [gɛrnə], 1. usually; 2.
   willingly; *må gerne* may,
   § 558
gå [gɔ'], irr., go, walk
ne'd, down

medens [mɛn⁽ⁱ⁾s], while
tale, *-te*, speak, talk
kan, here: may
blive, here: stay
oppe, up, cf. *op*, § 405, 1,
   Note 2
hjælpe [jɛlbə], irr., help
dække (*-de*) *bord*, lay the table;
   hjælpe med at d.b., help lay-
   ing the table
bord [bo'r], *-et*, *-e*, table
til, here: for
kaffe, *-n*, coffee

80. —Ja, nu skal De først se vores nye lejlighed. Fra
entreen går vi gennem døren ind i den store opholdsstue; den
er både vores spise- og dagligstue. Der er ikke højt til loftet,
men den har et stort vindue. Der er tæppe på gulvet og
billeder på væggene. Og her er soveværelset. Der er to
gode kamre i lejligheden; pigerne har det store kammer, det
andet er Oles lille værelse. Så er der naturligvis også køkkenet.

Gloser

ja, here: well
først [fœrsd], first
ny [ny'], new
lejlighed [lailihe'ð], *-en*, *-er*,
   1. flat; 2. occasion
fra, from
entré [aŋ'tre], *entreen*, *entreer*,
   hall
gennem, through

dør [dœ'r], *-en*, *-e*, door
ind [en'] *i*, into
stue, *-n*, *-r*, room
opholdsstue [ɔbhɔls-], living-
   room
spise, *-te*, eat
spisestue, dining-room
dagligstue [daɣli-], sitting-
   room

24

loft [lɔfd], *-et, -er,* ceiling
vindue [vendu], *-t, -r,* window
tæppe, -t, -r, 1. blanket; 2. here: carpet
gulv [gol(v)], *-et, -e,* floor
billede [beləðə], *-t, -r,* picture
væg [vɛ'g], *-gen, -ge,* wall
sove [souə], irr., sleep
værelse, -t, -r, room
soveværelse, bedroom

kammer [kam'ər], *-et, kamre,* small room
anden [anən], *andet, andre* [andrə], 1. second; 2. other
naturligvis [na'tu'rli₁vi's, na'turs], of course
også [ɔsə], also
køkken [kœgən], *-et, -er,* kitchen

81. Det er ikke nogen stor lejlighed, men den er moderne med central/varme, badeværelse med wc og praktiske indbyggede skabe. Vi er glade for den. Mange familier i Danmark har kun to eller tre værelser, og gammeldags lejligheder har ikke centralvarme, men kakkelovne, så man må bære kul og koks op fra kælderen. De fleste huse har nu oliefyr.

Gloser

moderne [mo'dɛrnə], modern
varme, -n, heat
centralvarme [sɛn'tra'lvarmə], central heating
bade [ba:ðə], *-de,* bathe, take a bath
badeværelse, bathroom
wc ['ve'₁se'], *-et, -er*
praktisk, practical, convenient
indbygget, built in
skab [sga'b], *-et, -e,* cupboard
glad [glað], glad, happy
for [fɔr], for, of; *for at,* in order to
den, it, § 61, 5

kun [kon], only
gammeldags [gaməl₁da's], old-fashioned
kakkelovn [-ɔu'n], *-en, -e,* stove
så (at [a]), so that
man, one, indef. pron.
bære, irr., carry
kul [kol], *-let* [kol'əð], -, coal
koks [kɔgs], pl. coke
op [ɔb], up
kælder [kɛlər], *-en, kældre,* cellar, basement
flest [fle'sd], most (in number)
hus [hu's], *-et, -e,* house
oliefy'r, -et, -, oil-heating

82. De fleste mennesker i København bor i lejligheder, men i udkanten af byen er der villaer og rækkehuse. I provinsen har de fleste mennesker deres eget lille hus.

—Vil De ikke også gerne have Deres eget hus?

—Jo, vi vil gerne flytte til et hus med have. Børnene kan lege i haven, og min kone og jeg kan nyde den friske luft derude om sommeren.

Gloser

København [købən'hau'n], Copenhagen
bo', *-ede*, live
udkant [uðkan'd], *-en*, *-er*, outskirts
by', *-en*, *-er*, town
villa, *-en*, *-er*, villa, house
rækkehu's, terrace house
provins [pro'ven's], *-en*, *-er*, country, provincial town(s)
egen [aiən], *eget*, *egne* [ainə], own, § 453, 4

ville, irr. will, want to; *vil gerne*, would like to
jo (used instead of *ja* after negative questions), yes
flytte [fløðə], *-de*, move
have [ha:və], *-n*, *-r*, garden
nyde, irr., enjoy
frisk [fresg], fresh
luft [lofd], *-en*, air
derude, out there
sommer [sɔmər], *-en*, *somre*, summer; *om sommeren*, in (the) summer

83.

leje—lejlighed
lege—leg
spille klaver, kort

En treværelses lejlighed.
Jeg kan se huset ved en anden lejlighed.

Jeg vil gerne komme.
Han kommer gerne om sommeren.

Er du gift?—Ja.
Er du ikke gift?—Jo.

først—sidst

åben—lukket
åbne (døren)
  = lukke (døren) op
  —lukke

Gloser

leje [laiə], *-de*, rent, let
leg [lai'], *-en*, *-e*, game
spille [sbelə], *-de*, play (games or musical instrument)
klaver [kla'veˈr], *-et*, *-er*, piano
kort [kɔrd], *-et*, *-*, card

ved [ve(ð)], 1. at, by; 2. here: on
sidst [sisd], last
lukket [logəð], closed
åbne, *-de*, = *lukke op*, open
lukke [logə], *-de*, close

84. Spørgsmål

Hvor mange værelser er der i familien Hansens lejlighed?
Er det en gammeldags eller moderne lejlighed?
Hvem bor i lejligheder i Danmark?
Hvad vil familien Hansen gøre (do) med deres have?

85. Ordsprog

Lejlighed gør tyve.

    gør pr. t. of *gøre*, irr., do; here: make
    tyv [ty'v, tyu'], *-en*, *-e*, thief

86. En student ser på værelse. Han siger til værtinden:
" I annoncen står, at der er varmt og koldt vand på værelset? "
Værtinden: " Ja, varmt om sommeren, koldt om vinteren! "

student [sdu'dɛn'd], *-en, -er,*
   student
se' på, look at
værtinde [vɛrd'enə], *-n, -r,*
   landlady, hostess
annonce [a'nɔŋsə], *-n, -r,* ad-
   vertisement

står, here: it says
var'm, hot, warm
kold [kɔl'], cold
vand [van'], *-et, (-e),* water
vinter [ven'dər], *-en, vintre,*
   winter

87. Grammatical Notes

1. The definite article *den* (common gender), *det* (neuter), *de* (plural) is used with nouns instead of the endings -(e)n, -(e)t, -(e)ne only when the noun is preceded by an adjective: *den store stue,* the big room (but: *stuen er stor,* the room is big), *det lille værelse, de fleste mennesker.* §§ 351, 451.

2. After the def. article or other pronouns, the adjective takes the ending *-e* in Danish in both genders and in the singular as well as the plural: *min, vores nye lejlighed;* cf. also examples above. This also applies after the genitive (*mandens brune hat,* the man's brown hat), numerals (*tre store drenge*) and in address (*kære Peter,* dear Peter). § 385.
Some adjectives are uninflected, like *moderne, gammeldags. Lille* has no neuter form. In the plural it is replaced by *små.* §§ 391-393.

3. The present tense of the auxiliaries *kunne, skulle, ville, burde,* ought to, *turde,* dare, *måtte* is: *kan, skal, vil, bør, tør, må.* § 492.

4. In Danish the present tense of verbs also serves to indicate future: *Jeg møder ham nok i morgen*—I shall probably meet him to-morrow. §§ 494-495.

5. Most Danish verbs end in unstressed *-e* in the infinitive: *lege.* A few of them are monosyllables, ending in a stressed vowel: *se, bo.* The infinitive mark is *at,* to. The use of the infinitive with or without *at* roughly corresponds to Engl. usage. Thus it occurs without *at* after the auxiliaries mentioned above: *Du kan hjælpe din mor.* §§ 520-525.

6. The normal Danish word-order in a sentence has the subject before the verb as in Engl., but in the following cases the verb precedes the subject:

   (a) In questions (as in Engl.): *Har De nogen søskende?*
   (b) When the sentence begins with a stressed part other

than the subject: *Så siger vi god dag. Nu skal De først
se vores lejlighed. Fra entreen går vi ind i den store stue.*

(c) When a principal clause is preceded by a sub-
ordinate one: *Når de bliver store, skal vi se . . .*—We
shall see . . . This also includes after direct speech:
" *Godt* ", *siger Peter.* §§ 560, 562–563.

Exercises

88. Insert the correct forms:

(def. art.): Hun er i —— store stue.
(do.): Hun er i —— gamle have.
(rød): Det —— hus har kakkelovne.
(hvid): Hvor er drengens —— halstørklæde?
(din or Deres): Hvor er —— mor, Peter?
(ja or jo): Kan du komme? ——; er du ikke glad? ——.

(lang): de —— frakker; frakken er ——; en —— frakke.
(rund, lille): det —— bord; bordet er ——; et —— bord.
(gul): den (min) —— vante; vanten er ——; en ——
vante.
(gammeldags, moderne): den —— lejlighed; en ——
lejlighed.

89. Insert the missing endings:

Kaffe- er god; den god- kaffe.
Kammer- er lille; de flest- værelser.
Øje- er blå-; de brun- øjne; det hvid- tørklæde.

90. Insert appropriate infinitives:

I må gerne —— oppe.
Du kan —— mig med at dække bord.
De skal —— vores hus.
Vil du —— ind?
Må vi gå ud og ——?

91. Oversæt til dansk:

We have a flat in Copenhagen. It has three nice rooms.
There is central heating in it. My brother lives in a house
with (a) garden in a provincial town. I would like to be
there in the fresh air in the summer (time). Would you like
to see the children's new room? Our own children. Where
is the hot water? When I grow old, I shall look like my
husband's mother. Now we (shall) say good-bye.

4. OM AT LÆRE DANSK

92. —Kan De dansk?
—Ja, lidt. Jeg læser om familien Hansen i min bog.
—Kan De også tale dansk?
—Ikke så godt endnu. Jeg gør mange fejl, men jeg håber,
at det bliver bedre med tiden. Udtalen er meget svær at
lære; jeg kan ikke sætte tungen rigtigt ved visse lyde, og
grammatikken er heller ikke så let, men jeg kan forstå det
meste, når jeg læser dansk.

Gloser

om, about
lære, *-te*, 1. learn; 2. teach
dansk [dan'sg], Danish
kunne, here: know, § 557
lidt [led], a little
læse, *-te*, read
bog [bɔ'ɣ], *-en*, *bøger*, book
ikke end'nu, not yet
fejl [fai'l], *-en*, -, mistake
håbe, *-de*, hope
at [a], that
bedre [bɛðrə], better
tid [ti'ð], *-en*, (*-er*), time;
  med tiden, in time
udtale [uðta:lə], *-n*, pronuncia-
tion

meget [maiəð], very, much
svæ'r, difficult
sætte, irr., place, put
tunge [toŋə], *-n*, *-r*, tongue
rigtig [regdi], correct; *rigtigt*,
  adv.
vis [ves], certain
lyd [ly'ð], *-en*, *-e*, sound
grammatik, *-ken*, (*-ker*), gram-
  mar
let [led], 1. light; 2. here:
  easy
forstå [fɔr'sdɔ'], irr., under-
  stand
mest [me'sd], most (in quality)

93. —Det er godt. De skal bare være tålmodig og øve
Dem på at læse teksten højt og tydeligt mange gange. Det
bedste er, hvis De kender en dansker, der kan hjælpe Dem
med udtalen, så skal De snart blive dygtigere.
De må prøve at svare på spørgsmålene efter hvert stykke.
Endelig må De have et stykke papir og en blyant eller pen og
blæk, så De kan skrive øvelses/stykkerne og oversættelsen fra
engelsk til dansk.
—Jeg skal nok være flittig. Jeg synes, dansk er et interessant
sprog.

Gloser

bare, only, just

tålmodig [tɔl'moˈði], patient

øve [øːvə] (*sig*), *-de*, practice

tekst, *-en*, *-er*, text

høj', here: loud; *læse* ˈhøj't,
  read aloud

tydelig, clear, distinct; *tyde-
ligt* adv.

gang [gaŋ'], *-en*, *-e*, time

hvis [ves], if

kende [kɛnə], *-te*, know

dansker, *-en*, *-e*, Dane

sna'rt, soon

dygtigere [døgdiərə], cleverer,
  comp. of *dygtig*

prøve [prœːvə], *-de*, try

svare, *-de*, (*på*), answer

spørgsmå'l, *-et*, *-*, question

hver [veˈr], each, every

stykke [sdøgə], *-t*, *-r*, piece;
  here: text

endelig [enəli], finally

papir [pa'piˈr], *-et*, (*-er*), paper

blyan't, *-en*, *-er*, pencil

pen [pɛn'], *-nen*, *-ne*, pen

blæk, *-ket*, ink

skrive, irr., write

øvelse, *-n*, *-r*, = *øvelsesstykke*,
  exercise

oversættelse [ɔuərsɛdəlsə], *-n*,
  -r, translation

engelsk [ɛŋ'əlsg], English

jeg skal ˈ*nok*, I shall (will)
  (certainly)

flittig [flidi], diligent

interessant [entrə'san'd], in-
teresting

sprog [sbrɔ'ɣ], *-et*, *-*, language

94.

Danmark—dansk—dansker
England—engelsk—englænder

god—bedre—bedst
meget—mere—mest
mange—flere—flest

Jeg lærer dansk.
Han lærer mig dansk.
Der er mange nye ord at lære.
Der er meget nyt at lære.
Det er meget interessant.

meget svært
ikke særlig let

Engelsk " know ":

  Kender De familien Hansen?
  Kan De engelsk?
  Jeg ved ikke, om han kom-
  mer.

Har De en fyldepen?—Må
  jeg låne den?
Kan De låne mig en blyant?
Vil De også låne papir af mig?

Gloser

englænder [ɛŋlɛn'ər], English-
man

ved [veˈð], pr. t. of *vide*, irr.,
know

om, here: whether, if, § 600,
Note 3

fylde [fylə], *-te*, fill; *fyldepen*,
fountain pen

låne, *-te*, 1. borrow; 2. lend

af [a], of, here: from

95. Grammatical Notes

1. Most nouns in *-el, -en, -er* drop the *e* before the plural ending: *en onkel, onkler; en frøken, frøkner; en søster, søstre.* But: *en dansker, danskere; en englænder, englændere.* § 359, Note 3.

2. There are no clear or easy rules for the distribution of nouns among the three types of plural formation (*-e -(e)r, no ending*). The plural form has to be learnt with the word. For details §§ 361–367 may be consulted.

3. Most adjectives ending in a stressed vowel are not inflected in the plural or definite form: (*de*) *blå bukser.* Adjs. in *-t* or *-sk* are not inflected in gender: *en let bog, et let sprog, en engelsk ordbog, et engelsk leksikon,* dictionary. § 388–389.

4. In the inflection of adjs. the following changes take place before the ending *-e*:

   (*a*) A single consonant is doubled after short vowel: *en morsom bog, morsomme bøger.*

   (*b*) Adjs. in unstressed *-el, -en, -er* drop the *e*. A preceding double consonant is simplified: *gammel, gamle; sikker, sikre,* sure; *voksen, voksne,* grown up.

   (*c*) Adjs. in unstressed *-et* change the *-t* into *-d*: *døren er lukket, den lukkede dør.* § 397.

5. Notice the irregular comparison of the following adjectives:

   gammel—ældre—ældst (old—older—oldest)
   god—bedre—bedst
   lille—mindre—mindst
   mange—flere—flest. § 409

6. The numerals 11–20 are:

   elleve [ɛlvə]   *seksten* [saisdən]
   tolv [tɔl']   *sytten* [sødən]
   tretten [trɛdən]   *atten* [adən]
   fjorten [fjoːrdən]   *nitten* [nedən]
   femten [fɛmdən]   *tyve* [tyːvə]

7. The imperative form of verbs is identical with the stem of the word, i.e., the infinitive minus *-e*: *læs, vær,* cf. *værsågod.* In verbs where the inf. ends in a stressed vowel, the imp. is identical with the infinitive: *gå, bo.* § 515.

Exercises

96. State the def. form of: barn, ben, broder, frue, gade, hoved, hus, kind, køkken, mand, navn, søn, tøj, vand, øre.

97. State the plural of: ansigt, arm, barn, bord, by, dame, dansker, datter, englænder, fader, frøken, hår, have, hoved, hus, kammer, moder, køkken, onkel, ord, sko, student, sommer, søster, tyv, vinter, væg, år.

98. Insert a word for colour:

en —— bog
et —— stykke papir
den —— pen
de —— blyanter

99. Insert the correct forms:

(høj): Manden er ——.
(stor): Huset er ——.
(lille): Børnene er ——.

100. Inflect the following adjectives:

				neuter:	pl. and def. form:
blå	.	.	.	?	?
let	.	.	.	?	?
frisk	.	.	.	?	?
gammel	.	.	.	?	?
rask	.	.	.	?	?
tyk	.	.	.	?	?

101. Tæl til 20.
Læs: 3, 4, 13, 14, 6, 16, 8, 18, 19.
Hvor mange ord er der i denne linie (this line)?
Kan De regne (do sums)?

$3 + 1 = 4$, tre og en er fire (tre plus en er lig [li'] fire).
$5 + 3 = 8$, fem og tre er otte (fem plus tre er lig otte).
$8 - 2 = 6$, to fra otte er seks (otte minus to er lig seks).
$2 \times 5 = 10$, to gange fem er ti (. . . er lig ti).
$9 : 3 = 3$, tre i ni er tre (ni divideret [divi'de'rəð] med tre er lig tre).

Hvad er $10 + 4$?
$7 + 6$?
4×3?
$17 - 1$?
$15 - 4$?
$18 : 3$?

7,5 læs: syv komma fem, Engl. 7·5, seven point five (§ 487, Note). Notice the minus symbol in Danish — or ÷, and the division symbol : .

5. FAMILIEN HANSENS HVERDAG

102. Vi står op klokken 7 om morgenen. Så er vi søvnige. Ingen af os kan lide at stå tidligt op, men *vi er nødt til det* om hverdagen, ellers når pigerne ikke at komme i skole, og jeg *kommer for sent* på kontoret. Om søndagen kan vi ligge længe.

Når vi har vasket os og klædt os på, og jeg har barberet mig, er morgenmaden parat, og vi sætter os til bords. Børnene spiser en tallerken havregrød med mælk; min kone og jeg drikker et par kopper kaffe og spiser nogle stykker brød med smør på.

Gloser

hverdag [vɛrda'], weekday

stå ˈ*op*, get up; ˈ*stå op*, stand up

om morgenen, in the morning

søvnig [sœuni], sleepy

klokke [klɔgə], -*n*, -*r*, bell, clock; *klokken 7*, at 7 o'clock

ingen [eŋən], no (one), none

kunne lide [li'], irr., like

tidlig [tiðli], early

være nødt [nø'd], *til* (*det*), have to

om hverdagen, on weekdays

el'lers, otherwise

nå [nɔ'], -*ede*, 1. reach; 2. be in time for

skole, -*n*, -*r*, school; *i skole*, to school (also: at, in s.)

sen [se'n], late; *komme for sent*, be late

på, here: for

kontor [kɔnˈto'r], -*et*, -*er*, office

søndag [sœn'da], Sunday; *om søndagen*, on Sundays

ligge, irr., lie, be, stay in bed

længe [lɛŋə], long, about time

vaske, -*de*, wash; *vaske sig*, wash (oneself)

klæde [klɛ(ː'ðə)] (*sig*) ˈ*på*', dress

barbere [barˈbeˈrə], -*de sig*, shave

morgenmad, -*en*, breakfast

parat [paˈra'd], ready

sætte sig, sit down

til bords [teˈbo'rs], to table, § 382, Note 1

tallerken [taˈlɛrgən], *tallerknen*, *tallerkner*, plate

*havre*ˌ*grø'd*, -*en*, (oatmeal) porridge

mælk [mɛl'g], -*en*, milk

drikke [dregə], irr., drink

par, -*ret* [par'əð], -, pair

kop, -*pen*, -*per*, cup

nogle [nɔːn], pl., some

brø'd, -*et*, (-), bread, loaf

smør [smœr], -*ret* [smœr'əð], butter

33

103. Når vi har spist, skynder børnene sig i skole. Skolen begynder klokken 8, og Katrine kommer hjem klokken 2 næsten hver dag. 3 gange om ugen, nemlig mandag, tirsdag og torsdag er Else kun 2 timer i skole. Hun går i første klasse, men Ole er endnu for lille til at gå i skole, så han er i børnehave hver formiddag.

Jeg skal begynde på kontoret klokken 9. Efter at vi andre er gået, bliver der fred i huset, så min kone kan begynde på alt det, en husmor skal gøre i hjemmet.

Gloser

sig [sai], oneself
skynde [sgønə] *sig, -te*, hurry
begynde [be'gøn'ə], *-te*, begin
hjem [jɛm'], here adv., home;
  komme hjem, return home
næsten, almost, nearly
uge [u(:)ə], *-n, -r*, week
nemlig [nɛmli], here: namely
mandag [man'da], Monday
tirsdag [ti'rsda], Tuesday
torsdag [tɔ'rsda], Thursday
time [ti:mə], *-n, -r*, hour
klasse, -n, -r, class(room),
  form; *gå i første k.*, be in
  the first form

for '*lille*, too small
til at gå, to go
børnehave, kindergarten
formiddag [fɔrmeda], morning,
  forenoon
på kon'to'ret, in, at the office
efter at, after
andre, others, pl. of *anden*
bli'ver der, there will be
fred [freð], *-en* [fre'ðən], peace
al't, neuter of *al*, all
husmor, housewife
hjem', -met, -, home

104. Jeg kommer hjem klokken 5, når *jeg er færdig* med mit arbejde. Jeg kører som regel med bus, men hvis vejret er godt, går jeg noget af vejen.

I dag er det lørdag. Så har jeg fri fra kontoret, og vi vil tage i skoven i eftermiddag, som vi plejer, når det er godt vejr.

søndag, mandag, tirsdag, onsdag, torsdag, fredag, lørdag.
  om mandagen, hver mandag, på mandag.
Hvad ugedag (= dag i ugen) er det i dag?

gå i skole, gå en tur	den ene—den anden
Hun er gået.	den første—den anden
Han går i første klasse.	Jeg 'står op
Jeg går ikke, jeg kører.	Jeg står 'op
Skal vi tage i skoven?	Familien Hansen bor på 3. sal.
Skal vi tage til byen i dag?	Vi bor i stuen.
Vil du gerne rejse til England?	Huset har 5 etager.

Gloser

færdig [fɛrdi], ready, finished; *være færdig*, have finished

arbejde [arbai'də], *-t*, *-r*, work

køre [kœːrə], *-te*, ride, drive

regel [re ɣəl], *reg(e)len*, *regler*, rule; *som regel*, as a rule

bus-ser [bus-ər]

vejr [vɛ'r], *-et*, weather

noget af, part of

vej [vai'], *-en*, *-e*, way, road

i 'da'g, to-day

lørdag (lœrda], Saturday

fri', free

tage [ta('')], irr., 1. take; 2. here: go—used about a short trip

skov [sgɔu'], *-en*, *-e*, wood, forest

eftermiddag, afternoon; *i eftermiddag*, this afternoon

som, here: as

pleje [plaiə], *-de*, usually do

onsdag [on'sda], Wednesday

fredag [fre'da], Friday

på 'man'dag, on Monday

tu'r, *-en*, *-e*, trip; *gå en t.*, take a walk

rejse [raisə], *-te*, travel

den ene, one

sal [sa'l], *-en*, (*-e*), here: floor

stue, here: ground floor

etage [e'ta'ʃə], *-n*, *-r*, floor, storey

105. Spørgsmål

Hvor'når (when) står De op om morgenen?

Hvad spiser De til morgenmad?

Hvornår kommer De hjem fra arbejde?

Hvad gør familien Hansen lørdag eftermiddag?

106. Ordsprog

Morgenstund har guld i mund.

    morgenstund [-₁sdon'], *-en*, (*-er*) = *morgen*

    guld [gul'], *-et*, gold

107. Nogle mennesker læser avis ved morgen/bordet.

Han (bag morgen/avisen): Hvad siger du?

Hun: Ikke noget. Det var i går.

avis [a'vi's], *-en*, *-er*, newspaper

bag [ba'ɣ], behind

hvad 'siger du? what do you say?

ikke noget, nothing

var p.t. of *være*

i går [i 'gɔ'r], yesterday

108. Grammatical Notes

1. Notice the use of the definite article in Danish in cases like: *om hverdagen*, on weekdays; *om mandagen*, on Mondays; *tre gange om ugen*, three times a week; *tage til byen*, go to

town. Further: *om sommeren,* in summer; *om natten,* at night, *om dagen,* in the daytime. § 354.

2. The Danish reflexive pronoun is *sig.* It is used only in the 3rd person sg. and pl. corresponding to Engl. oneself, himself, herself, itself, themselves: *han slog sig,* he hurt himself. In the 1st and 2nd persons it is replaced by the object case of the personal pronoun: *jeg slog mig,* I hurt myself; *du slog dig.* A number of Danish verbs are constructed reflexively where Engl. uses an intransitive verb; *barbere sig,* shave; *klæde sig på,* dress; *skynde sig,* hurry; *sætte sig,* sit down; *vaske sig,* wash. §§ 442–445.

3. The past participle of Danish verbs ends in *-et* or *-t.* *-et* is added to the stem of most strong (irregular) verbs: *gået,* and weak verbs that take *-ede* in the past tense: *vasket.* *-t* is added to the weak verbs that take *-te* in the past tense: *spist.* The past participle of *have* is *haft.* § 537.

4. Both the auxiliaries *have* and *være* are used in the present tense together with the past participle of verbs to form the perfect tense; *have* is used with transitive verbs (i.e., verbs that can take an object): *jeg har spist,* I have eaten, and a few intransitive verbs (i.e., verbs that do not take an object): *jeg har sovet,* I have slept. *Være* is used with most intransitive verbs, in particular verbs of movement: *han er kommet,* he has arrived; *han er gået,* he has left. Notice: *har været,* has been; *er blevet,* has become. § 543.

5. In Danish the present tense is used also for the Engl. continuous tense (ing-form): *Jeg barberer mig,* I am shaving. § 494.

Exercises

109. Insert the perfect tense:

(spise): Vi —— —— morgenmad.
(gå): Han —— ikke —— endnu.
(blive): Ole —— —— vasket.
(sove): —— I —— længe i dag?

110. Oversæt til dansk:

Do you know Mr. Hansen and his family? Do you know that they get up every morning at seven? The children have gone to school. Mr. Hansen must go to his office. They return home when they have been to school or finished their work. We get up late on Sundays. Most people are sleepy in the morning. It is the second piece of bread you have eaten. I am hurrying. He is washing himself. Are you (*du, De, I*) dressing? They are shaving.

6. OM AFTENEN

111. Når jeg kommer hjem fra arbejde, er vi alle sultne, og så spiser vi til middag.

I går aftes spiste vi kl. 6. Bagefter hørte jeg presse i radioen, medens min kone vaskede op. Pigerne hjalp hende. Inden børnene gik i seng, læste jeg en historie højt for dem. Sommetider synger vi en sang.

Efter at børnene er i seng, plejer jeg at læse ved lampen, eller vi ser fjernsyn, medens jeg ryger en pibe tobak eller en cigar, og min kone syr og stopper. *Vi holder* også *af* at gå i biografen eller teatret en gang imellem og se en god film eller et skuespil. Det sker gerne en gang om måneden. *For ca. tre uger siden* var vi i teatret og så et udmærket moderne skuespil.

Gloser

aften, -en, aftner, evening; *om aftenen,* in the evening, at night

sulten, hungry

middag [meda], 1. midday; 2. dinner; *spise til middag,* have dinner, dine

i (gå'r) aftes, yesterday evening, last night

kl., abb. from *klokken*

bagefter [ba'γɛfdər], afterwards

høre, -te, here: listen (to)

presse, -n, news

ra'dio, -en, -er, radio, wireless

vaske ¹*op,* wash up

hjal'p, p.t. of *hjælpe*

inden [en(ə)n], before

gik, p.t. of *gå*

seng [sɛn'], *-en, -e,* bed; *gå i seng,* go to bed

historie [hi'sdo'riə], *-n, -r,* story

for, here: to

sommetider, sometimes

synge [sønə], irr., sing

sang [san'], *-en, -e,* song

lampe, -n, -r, lamp

fjernsyn [fjɛrn₁sy'n], *-et, -,* T.V.

ryge [ry(ː)ə], irr., smoke

pibe [piːbə], *-n, -r,* pipe

tobak [to'bag], *-ken, (-ker),* tobacco

cigar [si'ga'r], *-en, -er,* cigar

sy', -ede, sew

stoppe, -de, darn, mend (stockings, etc.)

holde [hɔlə], irr., hold; *holde* ¹*af,* like

biograf [bio'gra'f], *-en, -er,* cinema; *gå i biografen,* go to the pictures

teater [te'a'dər], *teateret, teatre,* theatre

en ¹*gan'g* (i'mel'lem), once (in a while)

fil'm, -en, - or *-s,* film

ca. [serga], about

skuespil [sguəsbel], *-let, -,* play

ske [sge'], *-te,* happen

måned [mɔːnəð], *-en*, *-er*,   *så* [sɔ'], p.t. of *se*, irr.
  month   *udmærket* [uðmɛrgəð], excel-
siden [siːðən], since, ago;   lent
  for . . . siden, ago

112. "Skal vi ikke gå i biografen i aften?" sagde jeg til min kone i dag. "Der går en morsom engelsk film i Dagmar Bio."

Når vi går ud, plejer fruen i lejligheden ved siden af at se efter børnene. Så behøver vi ikke have nogen baby-sitter. Det er så dyrt, og vi ser til gengæld efter naboens børn, når de er alene hjemme.

Vi kommer sjælden i seng før midnat.

Jeg har ikke sovet i nat.
i dag—i går—i forgårs
i morgen—i overmorgen—i morgen tidlig
i (går) aftes—i (går) morges

om dagen—om formiddagen—om eftermiddagen
om natten—om morgenen—om aftenen
om søndagen
en gang om dagen, ugen, måneden, året

god morgen—god aften—god nat	Hvis bog er det?
middag—midnat	Drengen, hvis bog jeg læste.
For tre dage siden kom han.	Læs bogen, hvis du vil.
Det er tre dage, siden han kom.	Børnene og de voksne.
En høj mand.	se—så [sɔ']—set
Du må tale højt, ellers kan jeg ikke høre.	så [sɔ] spiser vi
Han læste en historie højt.	

Gloser

sagde [saː], p.t. of *sige*
i aften, to-night; *nu i a.*, this evening
der ˈgåˈr, here: they are show-ing
Dagmar [daymar] *Bio*, a cine-ma in Copenhagen
frue, -n, -r, 1. lady; 2. wife
side [siːðə], *-n, -r*, side: *ved siden af*, beside, next door
se efter, look after
behøve [beˈhøˈvə], *-de*, need
dyˈr, expensive

til gengæld [gɛngɛl'], in re-turn
nabo [naːboˈ], *-en, -er*, neigh-bour
alene [aˈleːnə], alone
hjemme [jemə], at home
komme i ˈsenˈg, get to bed
føˈr, before, formerly
midnat [miðnad], midnight
i ˈforgåˈrs, the day before yesterday
i ˈovermorgen, the day after to-morrow

i morgen '*tidlig*, to-morrow   *nat, -ten, nætter*, night
   morning   *om* '*natten*, at night
i '*morges*, this morning; *i* '*gå'r*   *hvis* (bog), whose (book)
   morges, yesterday morning   *vokse, -de*, grow;   *voksen,*
om '*da'gen*, in the daytime   grown up

113. Spørgsmål

Hvornår spiste familien Hansen til middag?

Hvad gjorde (did . . . do) hr. og fru Hansen efter mid-
dagen?

Hvad gør de også en gang imellem om aftenen?

Hvem ser efter børnene, når hr. og fru Hansen går ud?

114. Ordsprog

Dagen er aldrig så lang, at det ikke bliver aften.

   aldrig [aldri], never

115. Den unge frue: Peter! Kan vi ikke tage de penge, vi
har sparet sammen i banken for at købe en bil, og gå i biografen
i aften *i stedet for*?

Peter [pe'dər]   *købe* [kø:bə], *-te,* buy
penge [peŋə], pl., money,   *bil* [bi'l], *-en, -er,* motor car
  § 367   *sted* [sdɛð], *-et* [sdɛ'ðəd], *-er*
spare, -de '*sam'men,* save up   [sdɛːðər], place; *i stedet*
bank [baŋ'g], *-en, -er,* bank   (*for*), instead

116. Grammatical Notes

1. The neuter form (in *-t*) of adjectives is used as an adverb,
like Engl. *-ly*: *han talte højt,* he spoke loudly. § 387.

2. The interrogative pronouns are in Danish *hvem*, who,
whom; *hvad*, what; *hvis*, whose: *Hvem kommer der ?*—Who
is coming there? *Hvem mødte du ?*—Whom did you meet?
Hvis bog er det ?—Whose book is that? § 455.

3. The past tense (preterite) of weak verbs is formed by
adding *-te* or *-ede* to the stem of the verb: *spiste, vaskede.* No
clear rules can be given as to which verbs take which of the
two endings; this has to be learnt with the verb. The past
tense of *have* is *havde.* The past tense of *være* is *var.* §§ 496,
498.

Exercises

117. Insert an interrogative pronoun:

    —— kommer hjem fra arbejde?

    —— så I i biografen?

    —— dreng er du?

118. Form the preterite of: begynde, dække (bord), kalde, køre, lukke, lære, læse, møde, svare, øve, åbne.

119. Insert the preterite:

(kende): Jeg —— en familie Hansen.
(have): Hr. Hansen —— en søn, der hed Ole.
(bo): De —— i København.
(være): —— du i skole i går?
(pleje, vaske): Børnene —— at høre radio, medens de —— op.

120. Oversæt til dansk:

To-night we had dinner at 6 p.m. After we had eaten, I read a story to the children. Then they went to bed. " Shall we go to the pictures to-night? " I said to my wife. If we go, Mrs. Jensen will look after the children, instead of a baby-sitter. We went to the theatre two weeks ago. To-morrow. This morning. At night. On Sunday. In the afternoon.

7. HASTVÆRK

121. Forleden aften var min kone og jeg ude at danse. En
sports/forening i byen, som jeg er medlem af, holdt bal, og
skønt det ellers ikke er en vane hos mig at gå til bal, gjorde
jeg det *for min kones skyld*; hun fortjener at komme ud og
more sig en gang imellem, når hun har så meget at ordne i
hjemmet. Hun holder også af at være klædt smukt på, og
nu har hun lige skaffet sig en ny kjole, hun gerne ville prøve.

For mig var det imidlertid en lidt uheldig aften. *Vi var
sent på den*, og jeg måtte barbere mig en ekstra gang, for mit
skæg vokser hurtigt, og nu skar jeg mig, fordi jeg skulle skynde
mig, så der kom blod på min rene skjorte. Da jeg ville tage
en anden på i stedet for, så jeg, at der var hul på ærmet.
Slipset kunne jeg ikke *få til at* sidde pænt, og jeg knækkede
en kam, da jeg skulle rede mig. Det ærgrede mig, at min
kone havde hjerte til at le ad mig.

Gloser

hastværk, *-et*, hurried work,
haste, hurry

forleden [fɔrˈleˈðən], the other
(day)

ude, out

danse, *-de*, dance; *ude at (og)
danse*, out dancing, § 521

sport, *-en*, sport

forening [fɔrˈeˈneŋ], *-en*, *-er*,
club, society

som [sɔm], who, which

af [aˈ)], of

medlem [ˈmɛðˌlɛm'], *-met*,
-mer, member; *som jeg er
medlem af*, that I am a
member of

bal [bal'], *-let*, *-ler*, ball, dance;
holde bal, have a ball

skønt, although

vane [vaːnə], *-n*, *-r*, habit

hos, with, at

gjorde [gjoːrə], p.t. of *gøre*

skyld [sgyl'], *-en*, guilt, sake;
for . . . skyld, for . . . sake

fortjene [fɔrˈtjɛˈnə], *-te*, de-
serve

more -de sig, amuse, enjoy
oneself, have a good time;
komme ud og more sig,
§ 521

ordne [ɔrdnə], *-de*, arrange, do

smuk [smog], beautiful

lige, just

skaffe -de (sig), provide, get

kjole [kjoːlə], *-n*, *-r*, dress

imidlertid [iˈmiðˈlərˌtiˈð], how-
ever

uheldig [uˈhɛlˈdi], unfortu-
nate

være ˈseˈnt på den, be late

ekstra, extra

skæg [sgɛˈg], *-get*, *-*, beard

hurtig [hordi], quick

ska'r, p.t. of *skære*, irr., cut

41

fordi [fɔr'di'], because
blod [blo'ð], *-et*, blood
ren [re'n], clean
skjorte [sgjo:rdə], *-n*, *-r*, shirt
da, when
tage '*på*', put on
hul [hol], *-let* [hol'əð], *-ler*, hole
ærme, *-t*, *-r*, sleeve
slips [slebs], *-et*, *-*, neck tie
få', irr., get; *få til at*, make

sidde [seðə], irr., sit
pæn [pɛ'n], nice; here adv.
knække, *-de*, break
kam [kam'], *-men*, *-me*, comb
rede [re'], *-te sig*, comb one's hair
ærgve [ɛryrə], *-de*, annoy;
   det ærgrer mig, I am annoyed
hjerte [jɛrdə], *-t*, *-r*, heart
le', irr., laugh; *le ad*, laugh at

122. Det var et meget livligt bal. Der var dobbelt så mange mennesker, som vi havde ventet. Det var en forskel fra tidligere lejligheder.

Da vi gik hjem, var månen fremme, og vi blev helt romantiske i sindet. Men da vi nåede vores egen gadedør og begyndte at gå op ad trappen, fik jeg en slem forskrækkelse: Jeg havde glemt nøglen til lejligheden! Nu fik min kone igen grund til at le. Heldigvis havde hun en nøgle i tasken, men det sagde hun først, da vi nåede det øverste trin.

I fremtiden vil jeg være så fornuftig at *give mig bedre tid*, når vi skal (gå) ud, og ikke være så sent på den, for hastværk er lastværk.

ren—snavset.
op ad trappen—ned ad trappen
han er ovenpå—hun er nedenunder

Gloser

livlig [liuli], lively
dobbel [dɔbəl], double
vente, *-de*, wait, expect
forskel', *-len*, *-le*, difference
måne, *-n*, *-r*, moon
fremme, out
hel [he'l], whole, quite; here adv.
ro'*man'tisk*, romantic
sind [sen'], *-et*, *-*, mind
gadedø'r, front door
trappe, *-n*, *-r*, staircase; *gå op ad trappen*, walk upstairs
slem [slɛm'], bad
for'*skrækkelse*, *-n*, *-r*, shock

glemme, *-te*, forget, leave behind
nøgle [nɔilə], *-n*, *-r*, key
igen [i'gɛn], again
grund [gron'], *-en*, *-e*, reason
heldigvis ['hɛldi₁vi's], fortunately
taske, *-n*, *-r*, bag
først, here: not until
øverst [ø'vərsd], top
trin [trin], *-net* [trin'əð], *-*, step
fremti'd, future
fornuftig [fɔr'nofdi], sensible
give, irr., give; *give mig bedre tid*, be more patient, take my time

lastværk, *-et*, work to be   *snavset* [snausəð], dirty
blamed; *hastværk er last-*   *ovenpå'*, upstairs
værk, more haste less speed   *nedenun'der*, downstairs

123. Spørgsmål

Hvor var hr. og fru Hansen forleden aften?
Hvorfor (why) gik hr. Hansen til ballet?
Hvad skete der, da hr. Hansen barberede sig?
Hvad gjorde hans kone?

Hvordan var ballet?
Hvorfor fik hr. Hansen en forskrækkelse?
Hvad vil hr. Hansen i fremtiden?

124. Ordsprog

Bedre sent end aldrig.

125. Grammatical Notes

1. When the personal pronoun *De* is used in address, it is treated as the 2nd person and takes *Dem* instead of the reflexive: *Slog De Dem?*—Did you hurt yourself? Cf. *Slog du dig?* and *de slog sig*, they hurt themselves. § 444.

2. Notice the irregular past tense of the following weak verbs: *spørge—spurgte, sætte—satte, tælle—talte, lægge* (put)— *lagde, sige—sagde, gøre—gjorde, vide—vidste*. The past tense of the auxiliaries *kunne, skulle, ville, måtte* is identical with the infinitive. § 496, Notes 2, 3, 5. For pronunciation § 624.

3. Strong verbs add no ending in the past tense, but in most cases there is a change of the vowel: *se—så, hjælpe—hjalp.* Like the present tense, there is no inflection in person or number in the past tense of weak or strong verbs. §§ 497, 499–501.

4. In sentences and principal clauses in Danish with normal word-order (§ 87, 6), short adverbs like *ikke, ofte, aldrig*, never; *altid*, always, are placed immediately after the verb: *Han kom ikke (ofte, aldrig).* In compound tenses after the auxiliary: *Han er ikke kommet.*—In sentences with inversion, the adverb comes after the subject: *I dag kommer jeg ikke.*

In subordinate clauses the adverbs concerned are placed immediately before the verbal forms: *Når han ikke kommer ...* —Since he does not arrive ... *Hvis han ikke er kommet til kl. 8, går jeg*—If he has not arrived by 8 o'clock, I shall leave. §§ 570–571. Cf. § 564 for sentences with an object.

Exercises

126. Conjugate in all persons, present and past tense (cf. § 448): barbere sig, give sig tid, rede sig, skynde sig, skære sig, sætte sig:

jeg skærer mig	jeg skar mig
du skærer dig	du skar dig
De skærer Dem	etc.
han skærer sig	
etc.	

127. Form the past tense of (cf. § 624): give, gøre, hedde, komme, le, ligge, sige, skrive, tage.

128. Insert the past tense:

(gå): Hvornår —— du?
(hjælpe): Han —— sin kone.
(se): Vi —— en god film.

129. Change into the present tense:

Foreningen holdt bal.
Jeg gjorde det for min kones skyld.
Han lo ad mig.
Jeg skar mig ofte.
Jeg kunne ikke få slipset til at sidde.
Vi gik hjem.
Han sagde ikke, hvad han hed.

130. Insert *ikke*:

Det er en vane hos mig at gå til bal.
Hun fortjener at komme ud at more sig.
Jeg skar mig, da jeg var sent på den.
Det ærgrede mig, at min kone lo ad mig.

131. Oversæt til dansk:

The other day I was out dancing. It was an unfortunate evening. I cut myself when I was shaving, and I could not comb my hair because I had no (translate had not any) comb. I had left it behind in the office. I was annoyed that my wife laughed at me and said, " More haste less speed." It was a lively ball; there were many people there. When we came home I saw that I had forgotten my key. But fortunately my wife had an extra one in her bag.

8. PÅ LANDET

132. Min broder har en lille gård på landet. Der plejer vi at tilbringe vor sommerferie. For os, der bor i en gade i byen, er livet på landet en anden og roligere verden, og vi elsker den frie natur.

Min broders gård ligger for sig selv i sognet, omgivet af marker på alle sider og med en lille skov i nærheden. Der er flere hundrede meter til det nærmeste hus. En kilometer længere borte ligger der en landsby med huse og gårde omkring den hvide kirke, hvis tårn man kan se *på lang afstand*.

Gloser

land [lan'], *-et, -e*, country;
   på landet, in the country
gård [gɔ'r], *-en, -e*, farm
tilbrin'ge, irr., spend (time)
fe'rie, -n, -r, holiday
li'v, -et, -, life
roligere, comp. of *rolig*, quiet
   peaceful
verden [vɛr:dən], (*-en*), *-er*,
   world
elske, -de, love
natur [na'tu'r], *-en*, (*-er*),
   nature, scenery
ligge, irr., here: be situated
for sig 'selv [sɛl'], by itself
sogn [sɔy'n], *-et, -e*, parish
omgive [ɔmgi'], irr., surround

af, here: by
mark, -en, -er, field
nærhe'd, -en, neighbourhood
flere, here: several
hundrede [hunrəðə], hundred
meter [me'dər], *-en, -*, yard
nærmest, nearest
kilo'me'ter, kilometre
længere borte, farther away
landsby [lansby'], village
omkring [ɔm'kreŋ'], round,
   about
kirke, -n, -r, church
tårn [tɔr'n], *-et, -e*, tower
afstan'd, -en, -e, distance; *på
   lang a.*, from a great dis-
   tance

133. De fleste danske bondegårde ligger ligesom min broders frit i landskabet. De er altid meget velholdte og som oftest hvide. Nogle steder i landet ser man mange ældre gårde af bindingsværk med stråtag. Bygningerne ligger gerne i en firkant omkring gårdspladsen. Til gården hører en stor have.

De danske bønder ejer i reglen selv deres gård og jord, hvad enten de er gårdmænd eller husmænd. Der er ret få store godser i Danmark.

Vi bor på landet.   altid—aldrig
Der er mange byer her i landet.

en landmand = en bonde
Alle danskere er landsmænd; men de er ikke alle landmænd.

Haven hører til gården.
Gården tilhører min broder.

Gloser

bondegå'rd, pl., see § 369, farm
ligesom [lisɔm], like
landskab [lansga'b], *-et*, *-er*, landscape
altid [al'ti'ð], always
velhol'dt, well kept
(*som*) *oftest*, most often
ældre, comp. of *gammel*
bindingsværk [benəŋsˌvɛrg],-*et*; *af b.*, half-timbered
stråtag [sdrɔta'ɣ], *-et*, *-e*, thatched roof
bygning, *-en*, *-er*, building
firkan't, *-en*, *-er*, square
gårdsplads, *-en*, *-er*, courtyard
tilhøre, belong to
bonde [bonə], *-n*, *bøn'der*, farm-er, peasant

eje [aiə], *-de*, own
i re'g(e)len = *som regel*
selv, self; here: themselves
jord [jo'r], *-en* (*-er*), earth, soil, ground; here: land
hvad enten, whether
gårdman'd = *gårdejer*, *-en*, *-e*, farmer, farm owner
husman'd, small-holder
ret [rɛd], rather
få', few
gods [gos], *-et*, *-er*, estate
her i lan'det, in this country
landman'd, farmer
landsman'd, fellow country-man

134. Danske landmænd *lægger* mest *vægt på* at producere mælk, smør og ost, flæsk og æg. De holder derfor mange køer og svin samt høns. De dyrker dog også meget korn: rug, hvede, byg og havre. Der vokser mange roer på markerne; de bruges til foder. Hvor jorden er let og tør, som f.eks. i Vestjylland, dyrker man kartofler.

Gloser

vægt, *-en*, (*-e*), weight
lægge, irr., lay, trans., put; *lægge vægt på*, emphasize
producere [produ'se'rə], *-de*, produce
ost, *-en*, *-e*, cheese
flæsk, *-et*, bacon
æg [ɛ'g], *-get*, *-*, egg
holde, here: keep
derfor, therefore
ko', *-en*, *køer* [kø'r], cow
svi'n, *-et*, *-*, pig

samt, and, besides
høns [hœn's], pl., chicken, coll.
høne [hœːnə], *-n*, *-r*, hen
dyrke, *-de*, cultivate, grow, trans.
dog [dɔɣ], yet, however
ko'rn, *-et* (*-*), corn, cereal
rug [ru'], *-en*, rye
hvede [veːðə], *-n*, wheat
byg [byg], *-gen*, barley
havre [haurə], *-n*, oats
roe [roə], *-n*, *-r*, turnip

bruge [bruːə], *brugte* [brogdə], use; *bruges*, pass., here: are used

foder [foˈðər], *-et*, fodder

hvor [vɔˈr], where

tør [tøˈr], dry

f.eks. abb. from *for eksempel* [for ɛkˈsɛmˈbəl], for instance

Vestjyllan'd, West Jutland

kar'toffel, kartof(fe)len, kartofler, potato

135. Landbruget i Danmark er stærkt mekaniseret. Alle større gårde, (som) jeg kender, har den mest moderne traktor i stedet for heste til at trække de mange forskellige redskaber og maskiner. Det er mere praktisk, men derved går meget af landlivets gamle poesi tabt, hvad mange beklager. Man bruger næsten heller ikke mere hestevogne på landet. Alle gårdejere har bil, og selv husmændene kører ikke med heste.

Jeg ligger i sengen.
Jeg lægger bogen på bordet.
Jeg lægger mig (ned).

Jeg sidder på stolen.
Jeg sætter hatten på hovedet.
Jeg sætter mig på stolen, cf. § 489, Note.

Kan du se manden dér [dɛˈr]?
Manden, der [dɛr] kommer, er min fætter.
Der [dɛr] kommer en mand.

Gården, som ligger her.
Jorden er let som luft.

Er du her endnu?
Er du ikke gået endnu?

køre med bus
køre (i) bil
køre med heste
ride

Gloser

landbrug [lanbruˈ], *-et*, agriculture

stærk, strong, *stærkt*; here adv.

mekani'se're, mechanize

større, comp. of *stor*; here: rather big

traktor [tragtɔr], *-en*, *-er* [tragˈtoːrər], tractor

hest [hɛsd], *-en*, *-e*, horse

trække, irr., pull

forskellig [fɔrˈsgɛlˈi], different

redskab [reðsgaˈb], *-et, -er*, tool, implement

maskine [maˈsgiːnə], *-n*, *-r*, machine

derved, thereby

tabe [taːbə], *-te* [tabdə], lose, drop; *gå tabt*, be lost

landli'v, country life

poe'si', *-en* (*-er*), poetry

hvad [va], here rel., which

mange, here: many people, cf. § 399

beklage [beˈklaˈɣə], *-de*, regret

hestevogn [hɛsdəvɔuˈn], *-en*, *-e*, horse cart

selv, here: even

stol [sdoˈl], *-en*, *-e*, chair

hat [had], *-ten*, *-te*, hat

som, 1. who, which; 2. as, like

ride, irr., ride on horseback

136. Spørgsmål

Har du nogen familie på landet?
Beskriv (describe) en dansk bondegård.
Hvordan ligger bygningerne?
Nævn (mention) nogle af dyrene på en bondegård.
Hvad producerer de danske landmænd?

137. —Hvad gør I på landet?

Bonden: Vi sidder og tænker.
—Men I kan vel ikke tænke hele tiden?
Bonden: Nej, men så sidder vi bare.

tænke, -te, think   *hele ti'den*, all the time, cf.
vel [vɛl], I suppose   § 351

138. Grammatical Notes

1. Most Danish adjectives add -(*e*)*re* in the comparative,
-(*e*)*st* in the superlative: *høj, højere, højest; morsom, morsom-
mere, morsomst.* Notice the following adjectives which change
the vowel:

> *lang—længere—længst* (long)
> *stor—større—størst*
> *ung—yngre—yngst*

Certain long adjectives compare with the help of *mere* and
mest: *moderne—mere moderne—mest moderne.* §§ 407–408,
411–413, 418.

2. The relative pronouns *hvem,* who, whom; *hvis,* whose;
hvad, hvilken, what, which, are used in literary style only,
apart from the following exceptions: *hvis* must be used in the
genitive: *Kirken, hvis tårn man kan se,* and *hvem, hvad* when
the relative has an indefinite or general meaning: *Hvem der
kan, må prøve*—Whoever can may try. *Gør hvad du vil*—Do
what you like.

In ordinary speech, however, the conjunction *som* or the
adverb *der* are used for the relative pronouns: *Vi,* $\frac{som}{der}$ *bor i
byen.* *Som* may be used both for the subject and the object,
and in the latter case it may be omitted: *Alle gårde, (som) jeg
kender. Der* can be used only for the subject, and cannot be
omitted. §§ 458–459.

Exercises

139. Insert the comparative or the superlative:

(stor): Min broders gård er —— end min.
(morsom): Det er —— at bo i byen end på landet.

(let): Det bliver —— og ——.
(velholdt, moderne): Det er den —— gård, jeg har set.
(godt): Det er —— at køre i bil.
(tidlig): Ved —— lejlighed.

140. Insert *der*, *som*, *hvem* or *hvis*:

Drengen, —— boede på landet.
Bonden, —— vi mødte.
Manden, —— hat jeg så.
Gården, —— vi kan se på lang afstand.

141. Oversæt til dansk:

I usually spend my summer holiday on a farm in the country. It belongs to my brother who is (a) farmer. The farm is not small, nor is it the biggest in the parish. It has four half-timbered buildings which are white. My brother has twelve cows and twenty pigs but no horses, which annoys me, because I would like to ride on horseback. He himself grows corn and potatoes in his fields. He who will not ride must walk. Do what you wish (translate will).

9. DEN GRIMME ÆLLING

142. Der var så dejligt ude på landet. Det var sommer. Kornet stod gult, havren grøn, høet var rejst i stakke nede i de grønne enge, og der gik storken på sine lange, røde ben og snakkede ægyptisk, for det sprog havde den lært af sin moder. Rundt om marker og enge var der store skove, og midt i skovene dybe søer; jo, der var rigtignok dejligt derude på landet.

Midt i solskinnet lå der en gammel herregård med dybe kanaler rundt om, og fra muren og ned til vandet voksede store skræppeblade, der var så høje, at små børn kunne stå oprejst under de største. . . . Her lå en and på sin rede. Hun skulle ruge sine små ællinger ud, men nu var hun næsten *ked af det*, fordi *det varede så længe*, og hun sjælden fik visit. De andre ænder holdt mere af at svømme om i kanalerne end at løbe op og sidde under et skræppeblad for at snakke med hende.

Gloser

grim [grem'], ugly
ælling, *-en*, *-er*, duckling
dejlig [daili], wonderful, lovely, cf. § 390
kornet, here: the wheat
ude [u:ðə], out
sto'd, p.t. of *stå*, irr.
hø [hø'], *-et*, hay
rej'st, p.p. of *rejse*, here: raise, put (in stacks)
stak, *-ken*, *-ke*, stack
nede [ne:ðə], down
run'dt om', round (it)
eng [εŋ'], *-en*, *-e*, meadow
stork, *-en*, *-e*, stork
snakke, *-de*, talk
æ'gyptisk, Egyptian
for, for, because
lært [lε'rd], p.p. of *lære*
midt [med], middle; *midt i*, in the middle of
sø', *-en*, *-er*, lake
jo, here: indeed

rigtignok, really, certainly
so'l, *-en*, *-e*, sun
solskin [-sgen], *-et* [-sgen'əð], sunshine
herregå'rd, manor
kanal [ka'na'l], *-en*, *-er*, canal
mur [mu'r], *-en*, *-e*, wall
blad [blað], *-et* [bla'ðəd], *-e*, leaf
skræppeblad, dockleaf
oprej'st, upright
and [an'], *-en*, *æn'der*, duck
rede [re:ðə], *-n*, *-r*, nest
ruge [ru(:)ə], *-de (ud)*, hatch
ke'd af det, 1. sad; 2. here: tired of it
vare [va:rə], *-de*, last; *vare længe*, take a long time
visit [vi'sid], *-ten*, *-ter*, visit
svømme [svœmə], *-de*, swim
om [ɔm'], here adv. = omkring: about
løbe [lø:bə], irr., run
under [on⁽'⁾ər], under

50

143. Endelig knagede det ene æg efter det andet. " Pip, pip! " sagde det, alle æggeblommerne var blevet levende og stak hovederne ud.

" Rap, rap! " sagde hun, og så rappede de sig alt hvad de kunne, og så til alle sider under de grønne blade, og moderen lod dem se, så meget de ville, for det grønne er godt for øjnene.

" Hvor dog verden er stor! " sagde alle ungerne. For de havde nu meget bedre plads, end da de lå inde i ægget.

" Tror I, det er hele verden? " sagde moderen, " den strækker sig langt på den anden side (af) haven, lige ind i præstens mark; men der har jeg aldrig været."

(H. C. Andersen)

solskin—Solen skinner fra en klar himmel

Jeg går hen til min søster.
Hvor er du henne?

Ægypten—ægyptisk

Gloser

knage [knaːɣə], *-de*, creak

(ægge) blomme, -n, -r, yoke

levende [leːvənə], alive

stak, p.t. of *stikke*, irr., put

rap, quack

rappe, -de, sig, hurry up. Here a pun with *rap* = quick

lo'd, p.t. of *lade*, irr., let

dog, here not to be translated, cf. § 406

unge [oŋə], *-n, -r*, young one

plads [plas], *-en, -er*, here: room

inde [enə], in

tro', -ede, believe

strække, irr., *sig*, stretch

lan'gt, far

præst [presd], *-en, -er*, priest, vicar

været, p.p. of *være*

skinne, -de, shine

klar [klaˈr], clear

hen, henne [hɛn, hɛnə], adv. to indicate direction, not to be translated, § 405, 1, Note 2

144. Spørgsmål

Hvem havde storken lært ægyptisk af?

Hvorfor lå anden på sin rede?

Hvorfor var den ked af det?

Hvad gjorde ællingerne, da de kom ud af ægget?

Beskriv herregården og dens omgivelser (surroundings)

145. Grammatical Notes

1. As in Engl., Danish adjectives may be used as substantives in the plural of a group of persons (*de fattige*, the poor) and in the neuter in general sense: *Det grønne er godt for øjnene.* But in Danish adjectives may also be used substantivized in the

singular common gender and in the plural about individuals:
Den syge er blevet rask—The sick person has recovered. *De
gamle er på udflugt*—The old people are on an outing. § 398–
400.

2. A number of Danish adverbs of place have a double form,
the shorter to indicate movement from one place to another,
the longer to indicate rest or movement within an area, like
bort—borte, away; *hen—henne, hjem—hjemme, ind—inde,
ned—nede, op—oppe, ud—ude*. § 405, 1, Note 2.

3. The use of the adverb *der* and the pronoun *det* corresponds
roughly to the use of Engl. *there* and *it*. Different from Engl.
usage, *der* is also used:

(a) In sentences and clauses with an indefinite noun as
the subject: *Midt i solskinnet lå der en gammel herregård.*

(b) In impersonal constructions with *være* and *blive* +
adjective + indication of place: *Der var så dejligt ude på
landet.*

(c) In indirect questions and relative constructions
such as: *Jeg ved ikke, hvem der har gjort det*—I do not know
who has done it. *Jeg tager, hvad der kommer*—I take what
comes.

Det is used where Engl. would require a personal subject in
expressions like: *det ringer*, the bell rings; *det glæder mig*, I
am glad; *det ærgrer mig*, I am annoyed. §§ 405, 1, Note 1,
428.

4. *Han* and *hun* are used only of animals in fairy-tales and
fables, where they are treated as human beings: *Her lå en
and på sin rede. Hun skulle ruge ællinger ud.* In ordinary
speech *den* and *det* are always used. § 423, Note.

5. The numerals 30–100 are:

> *tredive* [trɛðvə]
> *fyrre(tyve)* [fœrəty:və]
> *halvtreds(indstyve)* [hal'tresənsty:və]
> *tres(indstyve)* [tresənsty:və]
> *halvfjerds(indstyve)* [hal'fjɛrsənsty:və]
> *firs(indstyve)* [fi'rsənsty:və]
> *halvfems(indstyve)* [hal'fɛm'sənsty:və]
> *hundrede* [hunrəðə]

The long forms (indicated by brackets) are old-fashioned.

In Danish the units come before the tens: *enogtredive*,
thirty-one; *femoghalvtreds*, fifty-five. §§ 475–477.

6. In Danish the preterite is used like the present tense also
for the Engl. continuous tense: *Her lå en and på sin rede*—
. . . was lying . . . § 505.

Exercises

146. Insert the short or the long form of the adverb, such as

(ud): Han gik ud; hun er ude, etc.

(ind): Peter kom ——.
Anna sidder —— i stuen.

(ned): Anden svømmer —— i søen.

(op): Solen står —— (is rising)
Er mor —— endnu?

(bort): Han gik ——.
Bogen er ——.

(hjem): Er der nogen ——?

(hen): Hvor skal du ——?

147. Insert *der* or *det*:

—— er mange gårde på landet.

—— er som oftest varmt om sommeren.

Er du ked af ——?

—— kom mange ællinger ud af æggene.

—— knager.

Så du, hvem —— kom?

Er —— let at lære dansk?

148. Tæl: 20—30—40—50—60—70—80—90—100.

149. Oversæt til dansk:

It was (out) in the country. There were large green woods round the fields, and green is good to look at. By the old manor a young duck was sitting on her nest. She was hatching ducklings, but it took a long time before they came out. The old ducks were swimming about in the canals or were eating, and would not come and talk to her. The young (duck) was very sad.

10. DYRENE

150. Foruden husdyrene, hunde, katte, køer, heste, høns, gæs og ænder, som er tamme, lever der også vilde dyr i Danmark, dels pattedyr, dels fugle og fisk, foruden insekter som fluer og myg.

Bortset fra rotter og mus og nogle fugle, som f.eks. gråspurvene, lever de fleste vilde dyr ude i naturen. På markerne kan man om efteråret se mange harer, i skovene er der egern og undertiden hjorte. Ræven er et rovdyr; den trænger undertiden ind i hønsehuse og stjæler høns eller kyllinger.

Af de vilde fugle må man blandt andet nævne sangfuglene, der glæder menneskene med deres smukke sang; der er stæren, nattergalen og lærken. Andre almindelige fugle er svaler og måger.

Gloser

dyr [dy'r], *-et, -*, animal
foruden [fɔr'u:ðən], besides
husdy'r, domestic animal
hund [hun'], *-en, -e*, dog
kat [kad], *-ten, -te*, cat
gå's, -en, gæs, goose
tam', tame
vild [vil'], wild
de'ls, partly
pattedy'r, mammal
fugl [fu'l], *-en, -e*, bird
fisk [fesg], *-en, -*, fish
insekt [en'sɛgd], insect
flue, -n, -r, fly
myg, -gen, -, gnat
bortse't fra, apart from
rotte, -n, -r, rat
mu's, -en, -, mouse
grå', grey
gråspur'v, -en, -e, house sparrow
efterå'r, autumn
hare, -n, -r, hare
egern [e'yərn], *-et, -*, squirrel

undertiden [onər'ti'ðən], sometimes
hjort [jɔrd], *-en, -e*, deer, stag
ræv [rɛ'v], *-en, -e*, fox
rovdyr [rɔudy'r], beast of prey
trænge [trɛnə], *-te 'in'd*, force one's way into
hønsehu's, hen-coop
stjæle, irr., steal
kylling, -en, -er, chicken
blandt 'andet, amongst others, other things
nævne [nɛunə], *-te*, mention
sangfu'gl, singing bird
glæde, -de, please
stær [sde'r], *-en, -e*, starling
nattergal [-ga'l], *-en, -e*, nightingale
lærke, -n, -r, skylark
almindelig [al'men'əli], common
svale, -n, -r, swallow
måge, -n, -r, gull

151. Nogle fugle er trækfugle og flyver til de varme lande hver vinter. I tidligere tid kom der mange storke til Danmark

om sommeren, og folk satte et gammelt vognhjul op på taget
af deres hus, for at storken kunne bygge rede der. Storkene
lever især af frøer, som de fanger i søer og moser; men nu er
der næsten ingen storke tilbage i Danmark, fordi moser og
enge *er ved* at udtørres, så *de har svært ved* at finde nogen føde.

I havet omkring Danmark findes mange fisk, navnlig sild,
torsk, rødspætter og laks. Alle disse dyr er jo meget vigtige
som føde for menneskene og danner grundlaget for et af
Danmarks vigtigste erhverv ved siden af landbruget, nemlig
fiskeri.

et øje—to øjne	Fiskene er døde.
et katteøje, -øjer	Fisk er godt.
et koøje, -øjer	Spis mere fisk.
en fisk—mange fisk	
lidt fisk—meget fisk	

Gloser

trækfu'gl, migration bird
flyve, irr., fly
i tidligere ti'd, in former days
fol'k, *-et*, *-*, people
vogn [vɔu'n], *-en*, *-e*, cart,
  carriage, waggon
vognhjul, [-ju'l], *-et*, *-*, cart
  wheel
tag [ta'ɣ], *-et*, *-e*, roof
bygge, *-de*, build
især [i'sɛ'r], especially
frø', *-en*, *-er*, frog
fange [faŋə], *-de*, catch
mose, *-n*, *-r*, bog, moor
tilbage [te'ba:ɣə], left
er ved at, are in the process of
udtør'res, pass. of *udtør're*, *-de*,
  dry out
har ˈ*svæ'rt ved*, have diffi-
  culties (in)
finde [fenə], irr., find
føde, *-n*, food
hav [hau], *-et* [ha'vəð], *-e*, sea

findes, pass. of *finde*; *der
  findes*, there are, § 512
navnlig [naunli], especially
sild [sil'], *-en*, *-*, herring
torsk[tɔrsg], *-en*, *-*, cod
rødspætte, *-n*, *-r*, plaice
laks, *-en*, *-*, salmon
disse, *these*
jo, here weak adv.: as you
  know, or not to be trans-
  lated
vigtig [vegdi], important
danne, *-de*, constitute, form
grundlag [gronla'ɣ], *-et*, *-*,
  basis
erhverv [ɛr'vɛr'v], *-et*, *-*, in-
  dustry
fiskeri [fesgə'ri'], *-et*, fishing
katteøje, *-t*, *-r*, reflector on
  bicycle
koøje, *-t*, *-r*, porthole, cf. § 363,
  Note 2

152. Spørgsmål

Nævn nogle husdyr.
Hvilke (what) dyr lever f.eks. i skoven?
Hvilke danske fugle kender De?

Hvilke danske fisk kender De?

Hvordan hjalp folk i gamle dage storken med at bygge rede?

Hvorfor er der ikke så mange storke tilbage i Danmark?

153. Ordsprog og talemåder (figures of speech):

fiske i rørt vande.

Det er hverken fugl eller fisk.

Enhver fugl synger med sit næb.

fiske, -de, fish

i '*rø'rt vande,* in troubled waters, § 382, Note 2

næb [nɛ'b], *-bet, -,* beak

154. I Zoologisk Have finder man endnu flere dyr, hvoraf mange ikke mere lever vildt i Danmark, f.eks. ulve, bjørne og ørne. Endvidere dyr fra de varme lande: løver, tigre, elefanter, slanger og krokodiller; og fra koldere egne: isbjørne og sælhunde. Det plejer at være en stor oplevelse for ens børn at komme i Zoologisk Have og se på dyrene i bur. Jeg kender ikke nogen, der morer sig mere over aberne med deres leg og menneskelige opførsel.

To små drenge stod i Zoologisk Have og så længe på zebraen. —Hvorfor mon den har striber? sagde den ene tankefuldt. —Jo, for ellers var det vel en hest, sagde den anden. Og så gik de begge videre.

Gloser

Zoologisk [so(o)'lo'ɣisg] *Have,* the Zoo, § 355, A 4

endnu flere, even more

hvoraf [vɔr'a'], of which

ulv [ul'v], *-en, -e,* wolf

bjørn [bjœr'n], *-en, -e,* bear

ør'n, -en, -e, eagle

end'*videre,* further

løve [løːvə], *-n, -r,* lion

tiger [tiːɣər], *-en, tigre,* tiger

elefant [ɛləˈfan'd], *-en, -er,* elephant

slange [slaŋə], *-n, -r,* snake

kroko'*dille, -n, -r,* crocodile

egn [ai'n], *-en, -e,* part (of the world, country)

isbjør'n, polar bear

sælhun'd, seal

det '*plejer at være,* it usually is

oplevelse [ɔble'vəlsə], *-n, -r,* experience, thrill

e'ns, one's, § 460

over, over, at

bur [bu'r], *-e,, -e,* cage

abe [aːbə], *-n, -r,* monkey

menneskelig, human

opførsel, -slen, behaviour

zebra [seːbra], *-en, -er,* zebra

mon, (adv.) I wonder

stribe [sdriːbə], *-n, -r,* stripe

tankeful'd, thoughtful

jo, here: well, § 405, 3, Note 3

begge, both

videre, on

155. Ræven er kendt af enhver, for sin listighed; men den kan også tit blive narret, således som det fortælles i mange fabler:

Ræven var i hønsehuset for at hente sig en steg, men fik halen i klemme i en fælde.—" Sidder du der? " galede hanen. —" Tys, tys! Hold da op med den galen," stønnede ræven; " vil du ikke nok i stedet for bruge dit næb til at hakke fælden, som jeg er fanget i, itu? "

Det nyttede nu alt sammen ingenting. Hanen galede videre og så højt, at bonden kom løbende og slog ræven ihjel. Han var vred og skød den med sit jagtgevær. Ræven fik kun lige råbt: " At jeg dog kunne være så dum at bede hanen om hjælp, som jeg efterhånden har taget så mange koner fra! "

en steg—at stege

Hvad er du for en? = Hvem er du?

Gloser

ken'dt, p.p. of kende

en'hve'r, everybody, anybody

listighe'd, -en, cunning

tit, often

blive, here auxiliary, be, with p.p. to form the passive

narre, -de, fool

således, thus, as

fortæl'les, pass. of fortæl'le, irr., tell, relate

fabel [fa'bəl], fablen, fabler, fable

hente, -de, fetch

steg [sdai'], -en, -e, roast

hale [ha:lə], -n, -r, tail

klemme, -n, squeeze; få i k., get jammed

fælde [fɛlə], -n, -r, trap

gale [ga:lə], -de, crow

hane [ha:nə], -n, -r, cock

tys [tys] or [s:] or [ʃ:], hush

holde 'op (med), stop, finish

da, then, here emphatically: do stop . . .

galen, com. gender, not used in the def. form, crowing, cf. § 618

stønne, -de, groan

nok, here: please

hakke, -de, hack, peck, chop, here: cut

i'tu', to pieces

nytte, -de, be of any good

nu, here: however

sammen [sam'ən], together; alt sammen, all

ingentin'g, nothing

løbende, pr.p. of løbe

slå ihjel [i'jɛl], kill

vred [vre'ð], angry

skø'd, p.p. of skyde, irr., shoot

jagtgevær, [-ge'vɛ'r], -et, -er, sporting gun

råbt, p.p. of råbe, -te, shout; få . . . råbt, manage to shout, cf. § 551

at jeg dog kunne være, how could I be . . .

dum [dom'], foolish

bede, irr., ask; bede om, ask for

hjælp [jɛl'b], -en, help

efter'hån'den, gradually, by now

stege [sdaiə], -te [sdegdə], roast

156. Spørgsmål

Hvad for (= hvilke, which) dyr er der i Zoologisk Have?
Hvilke dyr er de morsomste at se på dér?
Hvorfor ville hanen ikke hjælpe ræven, da den var fanget i
fælden?

157. Talemåder

Han har en ræv bag øret—He is up to some trick.

158. Grammatical Notes

1. Typical of colloquial Danish is the extensive use of un-
stressed adverbs, such as *vel, jo, da, dog, mon, nok, nu,* to
modify the meaning of a sentence: *Hvor dog verden er stor!
Hvorfor mon den har striber? Ellers var det vel en hest.* § 406.

2. The indefinite pronoun in the singular *nogen*, neuter
noget corresponds to Engl. " some " (" somebody ", " some-
thing ") and " any " (" anybody ", " anything "): *Er her
nogen? Giv mig noget vand.* In the plural, *nogle* [nɔ:ɣlə] or
[nɔ:n] corresponds to Engl. " some ", etc., *nogen* to " any ",
etc.: *Nogle fugle er trækfugle. Jeg kender ikke nogen.* § 465.

3. *Ingen, intet,* nobody, nothing, no, none, are literary forms:
Jeg kender ingen. Her er intet vand. In ordinary language
they are replaced by *ikke nogen, ikke noget* or *ingenting: Det
nyttede alt sammen ingenting (ikke noget, intet).* §§ 466–468.

4. In Danish the passive voice of verbs may be formed by
the ending *-s: I havet findes mange fisk. Moser og enge er ved
at udtørres.* §§ 508–509.

Exercises

159. Insert *da, dog, jo, mon, nok, nu* or *vel:*

—— der er nogen hjemme?
De er —— gået ud.
Det nyttede —— ingenting.
Du har —— været i Zoologisk Have?
Ræven er —— kendt for sin listighed.
Det var —— mærkeligt.

160. Insert forms of *nogen* and *ingen:*

Fortæl mig —— om dyrene.
Det ved jeg —— om.
Kender du —— fabler?
Nej, jeg kan —— fabler om dyr.
Det var ikke —— lang samtale.
Giv mig —— mælk at drikke.
Her er —— flasker mælk.

161. Oversæt til dansk:

Apart from domestic animals like dogs and cats, one finds most animals out in the country, in the fields and in the woods. There are, amongst others, many birds. In former days there were many storks in Denmark, but now there are only (a) few left, because they have difficulty (plur.) in finding food here.

There is always something amusing to see at the Zoo. Each cage has an interesting animal which one does not otherwise see in this country: a lion, a tiger, a crocodile or a polar bear. Yet the monkeys often give (translate are) the greatest thrill to both children and grown-ups.

11. FABLER OM DYR

162. En hund, der løb over en bro med et kødben i munden, så sit spejlbillede i vandet. "Hvem er det?" tænkte den, "det er nok en anden hund. Den har et kød/ben, der er bedre end mit." Den snappede efter den fremmede hunds kødben og tabte derved sit eget.—Vil man have alt, får man ingenting.

En okse, en ged, et får og en løve sluttede sig sammen for at gå på jagt. *De var ikke længe om* at få fat på en hjort, som de ærligt delte i fire lige store dele. Løven sagde så til sine kammerater: "Den første del tager jeg, fordi jeg er løve og alle dyrs konge; jeg vil også have den anden, fordi jeg er større og stærkere end jer; og jeg vil også have den tredje, fordi det *først og fremmest* var mig, som dræbte hjorten. Og hvis nogen af jer vover at røre den fjerde, skal han få mine kløer at føle."

Gloser

over, here: across
bro', *-en,* *-er,* bridge
kød [køð], *-et* [kø'ðəd], meat
spejl [sbai'l], *-et,* *-e,* mirror
spejlbillede, *-t,* *-r,* reflection
snappe, *-de,* snap
okse, *-n,* *-r,* ox
ged [ge'ð], *-en,* *-er,* goat
få'r, *-et,* *-,* sheep
slutte (-de) sig sammen, join together
være ¹*længe om,* take a long time
få ¹*fat på* (or *i*), get hold of

ærlig [ɛrli], honest
dele, *-te,* divide, share
lige, here adv., equally
de'l, *-en,* *-e,* part
kamme'ra't, *-en,* *-er,* comrade, friend
konge [kɔŋə], *-n,* *-r,* king
først og fremmest, first and foremost
dræbe, *-te,* kill
vove [vɔːvə], *-de,* dare
røre [rœːrə], *-te,* touch
klo', *-en,* *kløer* [kløˈr], claw
føle, *-te,* feel

163. Et æsel fortalte en løve, at alle andre dyr var bange for det. Og for at bevise sin påstand, førte det løven op på et bjerg og *gav sig til* at brøle ganske forskrækkeligt. Da ræve og harer hørte skrålet, flygtede de til alle sider. "Der kan du se, hvor de er bange," sagde æslet. "Det undrer mig ikke," svarede løven. "Det var jeg skam også blevet, hvis jeg ikke vidste, brølet kom fra et æsel." Dermed *gik den sin vej.*

(Fabler efter R. Broby-Johansen)

i sin tid = i tidligere tid
Det tager sin tid.

Det undrer mig ikke = jeg undrer mig ikke over det.

Jeg så mit spejlbillede i vandet.
Han (hun) så mit spejlbillede.
Han (hun) så sit spejlbillede.
Han så hendes spejlbillede.
Løven delte med sine venner.
Løven var stærkere end sine venner.
Hans (dens) venner var ikke glade, for løven tog det hele.
Vennerne fik ikke deres del.

Gloser

æsel, [ɛ'səl], *æslet*, *æsler*, don-
key
fortælle [fɔr'tɛl'ə], irr., tell
bange (*for*), afraid (of)
bevise [be'vi'sə], *-te*, prove
påstan'd, *-en*, *-e*, assertion
føre, *-te*, lead, take
bjerg [bjɛr'ɣ], *-et*, *-e*, moun-
tain
give sig til at, start, begin
brøle [brœ:lə], roar
ganske, quite
for'skrækkelig, frightful, here
adv.

skrål [sgrɔ'l], *-et*, *-*, bawl
flygte, *-de*, flee
til alle sider, in all directions
undre [ondrə], *-de*, wonder,
surprise; *det undrer mig
ikke*, I am not surprised
skam, light oath: surely
brøl [brœ'l], *-et*, *-*, roar
gå' sin vej', leave
dermed [dɛ'rmɛð], thereupon
ven [vɛn], *-nen* [vɛn'ən], *-er*,
friend

164. Spørgsmål

Hvad tænkte hunden, da den så sit spejlbillede i vandet?
Hvorfor tabte hunden sit kødben?
Hvordan kunne løven tage alle fire dele af hjorten?
Hvorfor blev rævene og harerne bange for æslets brøl?

165. Ordsprog og talemåder

De er sure, sagde ræven om rønnebærrene. Den kunne ikke
nå dem.
Nu sidder vi alle godt, sagde katten. Den sad på flæsket.
Når katten er ude, spiller musene på bordet.
De lever som hund og kat.

su'r, sour, *sød* [sø'ð], sweet
rønnebær, *-ret*, *-*, mountain-
ash berry

sa'd, p.t. of *sidde*, irr.

166. Grammatical Notes

1. In Danish the object form of the personal pronouns is always used as predicative: *Det var mig (ham, hende, os), som dræbte hjorten.* In comparative sentences after *end,* than, the object case of the personal pronouns is common in ordinary colloquial language, but the subject case may be used when the pronoun would be the subject of a verb which is understood: *Jeg har flere venner end dig,* i.e., I have also other friends; but: *Jeg har flere venner end du (har). Jeg er større end jer* (or *I; dig* or *du, ham* or *han*). § 424.

2. The reflexive possessive *sin, sit, sine* is used in the 3rd person instead of *hans, hendes, dens, dets* when referring to the subject of the sentence (clause): *Løven gik sin vej. Hunden så sit spejlbillede. Løven sagde noget til sine kammerater.* If the subject of the sentence is in the plural, *deres* has to be used instead of *sin* etc.: *Dyrene var bange for deres konge.* §§ 438–441, 447.

Exercises

167. Insert the correct form of the pronoun:

(jeg): Han har et bedre kødben end ———.
(du): Jeg er stærkere end ———.
(hun): Det var ———, der fangede ræven.

168. Insert sin (sit, sine) where possible; otherwise another possessive:

Er det ——— hund (hunde)?
Hunden tabte ——— kødben.
Løven talte om ——— brøl.
Løven talte om ——— kløer.
Dyrene var bange for ——— ven.
Æslet spurgte: " Blev du bange for ——— brøl? "
Hun er smukkere end ——— spejlbillede.
——— venner delte med ham.

169. Oversæt til dansk:

The dog lost its bone to its own reflection, because if you want everything, you (will) get nothing. The lion took all four parts of the stag which he had killed, because it was he who was the strongest. The other animals were afraid of feeling (translate to feel) his claws (upon them). The donkey roared. The foxes and hares fled in all directions, and so would I have done (*gjort*) if I had not known (translate did not know) that the bawl came from a donkey. The lion was not surprised.

12. PLANTERNE

170. Til min broders gård hører en ret stor have. *Man lægger* der først og fremmest *mærke til* græsplænen med en høj flagstang, hvor de hejser flaget om søndagen.

Rundt om græsplænen er der blomsterbede med vintergækker, krokus, tulipaner og nelliker. Der er også mange buske med roser, syrener og guldregn.

En stor del af haven er køkkenhave, hvor der vokser alle slags grøntsager, som min svigerinde behøver i husholdningen: kartofler, gulerødder, kål, ærter og bønner. Endvidere salat, radiser og rabarber.

Gloser

plante, -n, -r, plant

mærke, -t, -r, sign, mark; *lægge mærke til,* notice

græs, -set (-ser), grass

græsplæne, -n, -r, lawn

flag, [fla'ɣ], *-et, -,* flag

flagstan'g, -en, -stæn'ger, flag-pole

hejse, -de, hoist

blom'st, -en, -er, flower

blomsterbed [-beð], *-et* [-beð'-əd], *-e,* flowerbed

vintergæk, -ken, -ker, snow-drop

krokus, -en, -, crocus

tuli¹pa'n, -en, -er, tulip

nellike [nel'igə], *-n, -r,* carnation

busk [bosg], *-en, -e,* bush

rose, -n, -r, rose

sy¹re'n, -en, -er, lilac

guldregn [gulrai'n], *-en, -,* laburnum

køkkenhave, vegetable garden

slags, -en (-et, § 348), *-,* sort, kind

grøn(t)sager, pl., vegetables

svigerinde [sv ¹enə], *-n, -r,* sister-in-law

hushol'dning, -en, i *-er,* household

gulero'd, -en, -rød'der, carrot

kå'l, -en, cabbage

ært [ɛr'd], *-en, -er,* pea

bønne [bœnə], *-n, -r,* bean

salat [sa¹la'd], *-en, (-er),* 1. salad; 2. here: lettuce

radise [ra¹disə], *-n, -r,* radish

rabarber [ra¹bar'bər], *-en, -,* rhubarb

171. På landet er der langt til butikker, og det er derfor godt at have de ting lige uden for døren, som husmoderen *har brug for.* Af samme grund er der også mange frugtbuske og frugt/træer i haven med ribs, hindbær og stikkelsbær, æbler og pærer.

Når vi besøger gården om sommeren, plejer vi at komme, lige når jordbærrene er modne. Dem kan børnene lide, og i den korte jordbærsæson spiser vi jordbær med fløde morgen, middag og aften. Senere bliver der også kirsebær og blommer til os at spise.

Ofte er der så megen frugt og så mange bær og grøntsager í haven, at min broder kører til den nærmeste by for at sælge produkterne på torvet.

—Udenlandske frugter, som man køber hos grønthandleren, er f.eks. appelsiner, citroner og bananer.

uden for—inden for, inden i

Gloser

bu¹tik, -ken, -ker, shop
godt at have, a good thing to have
ting [teŋ'], *-en, -,* thing
uden for, outside
brug [bru'], *-en,* use; *have ¹brug for,* want
frugt [frogd], *-en, -er,* fruit
træ [trɛ'], *-et, -er* [trɛ'ər], 1. tree; 2. wood
ribs [rebs], *-et, -,* (red) currant
bær [bɛr], *-ret* [bɛr'əð], *-,* berry
hindbær [henbɛr], raspberry
stikkelsbær, gooseberry
æble [ɛ:blə], *-t, -r,* apple
pære [pɛ:rə], *-n, -r,* pear
besøge [be¹sø'ɣə], *-te,* visit
jordbær [jo:rbɛr], strawberry

moden [mo'ðən], ripe
fløde [flø:ðə], *-n,* cream
bliver, here: will be
kirsebær, cherry
blomme, -n, -r, plum
sælge [sɛlə], irr., sell
pro¹dukt, -et, -er, produce
torv [tɔr'v], *-et, -e,* market-place
udenlan'dsk, foreign
grønthandler, -en, -e, green-grocer
appelsin [apəl¹si'n], *-en, -er,* orange
citron [si¹tro'n], *-en, -er,* lemon
banan [ba¹na'n], *-en, -er,* banana
inden for, i, inside

172. Spørgsmål

Beskriv broderens have.
Hvad vokser der i køkkenhaven?
Hvorfor er det godt at have en køkkenhave på landet?
Hvad spiser man i jordbærsæsonen?
Nævn nogle blomster, grønsager og frugter.

173. Talemåder

Du er en køn plante = du er en køn en, a good specimen.

174. Vilde planter

Ude i naturen vokser der mange andre planter og træer end i haven.

Bøgen er et karakteristisk og meget almindeligt dansk
træ, som digterne tit har sunget om i deres lovprisning af
dansk natur. Det er også et smukt syn at se en lige udsprun-
gen bøgeskov i maj måned som tegn på, at sommeren nu er
kommet. Bøgen fortrængte for mange hundrede år siden egen
som det almindeligste skovtræ i Danmark.

Foruden bøgen findes der især mange nåletræer i Danmark:
gran og fyr, ikke mindst i den sandede jord i Midtjylland, hvor
der i sin tid var hede, men nu er store plantager. Fyrretræ
anvendes meget som tømmer ved hus/bygning og kan også
bruges af snedkerne til møbler.

Gloser

bøg [bøˈɣ], -*en*, -*e*, beech

digter [degdər], -*en*, -*e*, poet

lovpri'sning, -*en*, -*er*, praise

udsprun'gen, p.p. of *springe*
'*u'd*, irr., come into leaf

maj [mai'], May

tegn [tai'n], -*et*, -, sign

fortrænge [fɔrˈtrɛŋˈə], -*te*, ex-
pel, supplant

eg [e'ɣ], -*en*, -*e*, oak

nåletræ', conifer

gran', -*en*, -*er* [graˈnər], spruce

fyr [fyr], -*ren* [fyrˈən], -*e*, =
fyrretræ, pine, deal

i sin tid, at one time

ikke min'dst, not least

sandet [sanəð], sandy

Midt-, Mid-

Jylland, Jutland

hede [heːðə], -*n*, -*r*, heath

plantage [planˈtaːʃə], -*n*, -*r*,
plantation

anvende [anvenˈə], -*te*, use

tømmer, [tœmˈər], -*et*, timber,

snedker [sneˈgər], -*en*, -*e*, joiner,
cabinet maker

møbel [møˈbəl], *møblet*, *møbler*,
furniture

175. De små grantræer finder anvendelse ved juletid som
juletræer, og grenene pyntes da med flag og lys juleaften i alle
danske hjem. Det er en tradition, der kun er ca. 100 år
gammel, men til lige stor glæde for børn og voksne.

I skoven mellem træerne og på markerne vokser der mange
slags vilde blomster som anemoner, violer, valmuer, tusindfryd
og mælkebøtter, foruden mange andre.

Her vokser et træ.
Bordet er af træ.

Sluk lyset. Stjernerne lyser.

Skal jeg hjælpe dig? Tak, det behøves ikke.

Gloser

anven'delse, -*n*, -*r*, use

juleti'd, Christmas time

juletræ', Christmas tree

gre'n, -*en*, -*e*, branch

pynte [pøndə], -*de*, decorate

ly's, -*et*, -, 1. light; 2. here:
candle

juleaften, Christmas eve

tradition [tradi'ʃo'n], *-en, -er,*   *tusindfry'd, en,* daisy
  tradition   *mælkebøtte, -n, -r,* dandelion
ca. abb. for *cirka,* about   *slukke, -de,* switch off, extin-
glæde, -n, -r, joy   guish
(*i*)*mel'lem,* between, among   *stjerne, -n, -r,* star
anemone [anə'mo:nə], *-n, -r,*   *lyse, -te,* shine
  anemone   *tak,* thank you
viol [vi'o'l], *-en, -er,* violet   *behø'ves,* be necessary
valmue, -n, -r, poppy

176. Spørgsmål

Hvilke træer vokser der ude i naturen?
Hvad bruger man fyrretræ til?
Hvad bruger man grantræerne til?
Nævn nogle vilde planter.

177. Talemåder

Hun kunne ikke se skoven for bare træer, . . . just for
trees.

178. Grammatical Notes

1. The passive voice of the present tense and the infinitive
is formed by adding *-s* to the infinitive form: *Fyrretræ (kan)
anvendes som tømmer.* In the past tense *-s* is added to the
active form: *Træet brugtes til møbler*—The wood was used for
furniture. §§ 509–511.

2. A Danish infinitive is often used for Engl. ing-form, thus
after verbs of perception + object: *Jeg så ham komme*—I saw
him coming. In Danish an infinitive may follow a preposition:
Han kørte til byen for at sælge bær. §§ 526–527.

Exercises

179. Turn the following active sentences into the passive
voice:

Man kan pynte træet: Træet kan pyntes, etc.
Man kan anvende træet: ——
Man spiser jordbær med fløde: ——
Snedkerne anvender fyrretræ: ——
Bøgen fortrængte egen: ——

180. Insert the infinitive with or without *at* (cf. §§ 522 ff.):

(bruge): Snedkerne kan —— fyrretræ til møbler.
(have): Det er smukt —— blomster i sin have.
(spise): Vi vil gerne —— jordbær.
(hejse): Jeg så ham —— flaget i søndags.

(sælge): Han kom for —— frugt.
(synge): Jeg holder af ——.
(spise): Har du fået nogen kirsebær ——?

181. Oversæt til dansk:

I told you what to do when you visit my brother in the summer. You must eat all his strawberries. He will say that you are only coming (present tense) in order to eat strawberries. In the country there are many wild plants to look at. I like the Danish beech woods when they have just come into leaf in May. If I were a poet, I would sing about the Danish scenery. Have you been in Denmark at Christmas time and seen a Christmas tree decorated with flags and candles? There are many trees in the wood. The joiner uses much wood.

13. TID

182. —Undskyld, *hvad er klokken*, hr. Petersen?
—Det ved jeg ikke, for mit ur er desværre til reparation.
—Det var kedeligt. *Hvad er der i vejen* med det?
—*Det trængte* bare *til* at renses.
—Kan De da sige mig, hvad klokken er, frk. Hansen?
—Nej, mit ur er desværre *gået i stå*. Jeg huskede ikke at
trække det op i går.
—Men hr. Jensen da! Hvad er Deres ur?
—Mit ur er omtrent et kvarter i otte.
—*Går det rigtigt?*
—Nej, jeg tror, det går lidt for stærkt. Det plejer at vinde,
så klokken er nok kun tyve minutter i otte. Jeg må huske at
stille det tilbage; men det er bedre, at uret er lidt foran end
bagefter. Hvis det går for langsomt, risikerer man at komme
for sent, hvis man har en aftale.

—Hvornår står du op om morgenen?
—Jeg plejer at vågne klokken syv præcis, men jeg holder af
at ligge, til den er 20 minutter over, eller fem minutter i halv
otte. I dag kom jeg først op fem minutter over halv otte.
—Vi må gå nu. *Klokken er mange*. Den er lige ved seks.

stille uret frem—tilbage

Uret går rigtigt—forkert

Jeg kommer straks.

Gloser

undskyl'd, excuse me, also: I
  am sorry, imp. of *undskyl'de*,
  -te, excuse
Petersen [pe'dərsən]
hvad er 'klokken, what is the
  time?
u'r, *-et*, *-e*, watch
de'sværre, I am sorry to say
reparation [repara'ʃo'n], *-en*,
  -er, repair; *være til r.*, be
  repaired
kedelig, tedious; *det var (er)
  kedeligt*, what a pity
være i 'vej'en, be wrong

trænge (-te) til, need
rense, *-de*, clean
gå i 'stå', stop, about watch,
  machine, etc.
trække op, wind
omtrent [ɔm'tren'd], about
kvar'te'r, *-et*, *-*, quarter of an
  hour
i, here: to
gå 'rigtigt, be right, about
  watch
stærk, about speed: fast;
  gå for s., be fast
vinde [venə], irr., gain

68

mi'nut, -tet, -ter, minute
huske, -de, remember
stille, -de, put, place
tilbage, here: back
foran, before, fast
langsom, slow
risikere [risi'ke'rə], *-de,* risk
aftale [auta'lə], *-n, -r,* appointment
vågne [vɔɣnə], *-de,* wake up

præcis [prɛ'si's], sharp
ligge, here: stay in bed
over, here: past
komme 'op, get out of bed
klokken er mange, it is late
ved, here: about
frem [frɛm'], forward
forkert [fɔr'ke'rd], wrong
straks, at once, straight away

183. Spørgsmål

Hvad er klokken?
Går Deres ur rigtigt?
Hvornår går De i seng om aftenen?

184. Ordsprog og talemåder

Tiden læger alle sår.
Kommer tid, kommer råd.
Tid er penge.
Tiden er lang for den, der venter.
Hver ting til sin tid.
Andre tider, andre skikke.

læge, -te, heal
sår [sɔ'r], *-et, -,* wound
råd [rɔ'ð], *-et, -,* advice, here: way out

vente, -de, here: wait
til, here: at
skik, -ken, -ke, custom

185. Hel og halv. Klokken er hel. Klokken er halv ni. Det hele. Halvdelen.

Den fremmede: Hvor mange mennesker arbejder her på kontoret?

Chefen: Ca. halvdelen.

halv [hal'], half; *halv ni,* half past eight
hel, whole; *klokken er hel,* it is the hour

det hele, the whole, all of it
halvde'l, -en, -e, half, § 487
arbejde [a:rbai'də], *-de,* work
chef [ʃɛ'f], manager, boss

186. Lomme/uret. En molbohistorie

Nogle molboer fandt engang et lommeur liggende på vejen. Nogen havde tabt det der. De tog det op og så på det; men ingen vidste, hvad det var, for de havde aldrig set sådan et ur før. En af dem hørte, at det tikkede i uret. Han blev da bange og ville kaste det fra sig. Heller ingen af de andre turde røre ved det. Endelig tog en af de modigste en stor

sten og knuste uret, hvorved det naturligvis holdt op med at
tikke. Derpå vendte den modige molbo sig til de andre og
sagde stolt: " Ser I, jeg kunne få det til at tie stille." Så gik
de alle tilfredse bort og lod uret ligge.

—Hvad slags ur har De?

—Jeg har et armbåndsur, men jeg har også et lommeur af
ægte sølv derhjemme. Det har større tal og visere. Det er
nu især ældre herrer, der bruger lommeur.—Jeg har også et
vækkeur, der ringer, så jeg kan komme op i rette tid om
morgenen. Mine forældre har et gammelt bornholmerur, der
slår timeslag.

en viser. Den store og den lille viser. Sekund/viser.

urtid—oldtid—middelalder—nutid

Har De telefon? Hvad (hvilket) nummer har De?
31 18.

Gloser

lomme, -n, -r, pocket

molbo [mɔlbo'], *-en, -er*, a
" Molbo ", inhabitant of
the peninsula Mols in Jut-
land. These people were
considered very stupid by
their neighbours.

liggende, pr.p. of *ligge*

to'g, p.t. of *tage*, irr., take

set [se'd], p.p. of *se*

sådan, such, § 453, 1

tikke, -de, tick

kaste, -de, throw

turde, irr., dare

røre ved, touch

modig [mo:ði], brave

ste'n, -en, -e, stone

knuse, -te, break

hvorved, whereby

derpå [dɛrpɔ'], thereupon

stol't, proud

tie, irr., be silent

stille, quiet; *tie* ꞌ*stille*, be quiet

tilfreds [te'fres], satisfied

bort, away

armbånds،u'r, wrist watch

ægte, genuine

sølv [søl], *-et*, silver

*der*ꞌ*hjemme*, at home

tal [tal], *-et* [tal'əd], -, number,
figure

viser [vi:sər], *-en, -e*, hand

*i*ꞌ*sæ'r*, especially

vække, -de, call, awaken

vækkeu'r, alarm clock

ringe, -de, ring

ret [rɛd], right; *i rette tid*, in time

*born*ꞌ*holmeru'r*, grandfather
clock

slå', irr., strike

sla'g, -et, -, stroke; *slå* ꞌ*time-
sla'g*, strike the hour

urti'd, prehistoric age

oldtid [ɔlti'ð], ancient times,
antiquity

middelal'der, -en, the Middle
Ages

nuti'd, the present day

sekund [se'kon'd], *-et, -er*,
second

*tele*ꞌ*fo'n, -en, -er*, telephone

hvilken [velgən], which, what

nummer [nom'ər], *-et, numre*,
number

31 18, read: *e'nogtredive atten*,
§ 480, Note 1

187. Spørgsmål

Hvorfor vidste molboerne ikke, hvad det var, de havde fundet?

Hvorfor blev de bange og kastede uret fra sig?

Hvordan fik den modige molbo uret til at holde op med at tikke?

Hvad slags ur har De?

188. Ordsprog og talemåder

Klokken slår, tiden går.

Nu vidste han, hvad klokken var slået. Cf. klokken har slået 8.

hvad klokken var slået, what the position was

189. Grammatical Notes

1. In railway timetables, radio programmes, etc., time is indicated in the continental way by 24 hours, $13^{00} = 1$ p.m., $14^{00} = 2$ p.m., etc. 9^{30} read *ni tredive*, 15^{25} read *femten femogtyve*, 19^{00} read *nitten nul nul*, 20^{05} read *tyve nul fem*. §§ 473–474.

2. Notice the numerals 100 *hundrede*, 1000 *tusind(e)* [tu'sən(ə)], 1 000 000 *en milli'o'n*, 1 000 000 000 *en milli'a'rd*. 105 read: *(et) hundrede (og) fem*. 225 read: *to hundrede (og) femogtyve*.

1932, e.g., may be read in three ways:

    (a) In accounts: *et tusind ni hundrede toogtredive*.

    (b) As a year: *nitten hundrede toogtredive*.

    (c) As a telephone number: *nitten toogtredive*. §§ 478–480.

3. The preterite form of verbs is used in exclamations about the present, like: *Det var kedeligt*, what a pity. § 503.

Exercises

190. Læs: 37—40—66—89—102—236

    1730, 1408 (three ways)

    300 kroner

191. Conjugate in present tense, past tense, and past participle (cf. § 624): spørge, gøre, ville, turde, sætte, finde, sælge, holde, sige, vinde.

    spørger—spurgte—spurgt

    etc.

192. Oversæt til dansk:

What is wrong? It is one o'clock. Many people are wait-ing. Half of them have been here for two hours. My watch is a little fast, I am sorry to say. I must put it back. It is just about half-past twelve, now. It is late. The Molbos found a watch on the road. They had not seen such a thing before. They became scared and dared not touch it. One of them broke the watch with a stone and was very proud, because he (had) made it stop ticking.

14. ÅRET OG DAGEN

193. —Hvor mange måneder har et år?

—Tolv, nemlig januar, februar, marts, april, maj, juni, juli, august, september, oktober, november, december.

—Det er rigtigt. Hvor mange dage er der så i en måned?

—En måned har enten 30 eller 31 dage, undtagen februar, der har 28, og det bliver ialt 365 dage for hele året.—Hvert fjerde år er det skudår; da har februar 29 dage og året 366 dage. Det er uheldigt for de mennesker, der er født d. 29. februar et skudår, for de har kun fødselsdag hvert fjerde år! Men de bliver alligevel lige så hurtigt gamle som almindelige mennesker.—Der er endvidere 52 uger i et år; der er nemlig lidt over fire uger i en måned, hver med syv dage.

—Hvad er et døgn?

—Det er en nat og en dag tilsammen. Et døgn har 24 timer.

—Tre måneder kaldes et kvartal, dvs. en fjerdedel af et år. Ordet kvart betyder en fjerdedel; et kvarter er således en fjerdedel af en time eller 15 minutter.

—Kan et kvarter ikke også betyde en bydel?

—Jo; men så hedder det kvarterer i flertal.—Hvordan kan man finde ud af, hvad dato det er, hvis man ikke har nogen at spørge om det?

—Man ser på en kalender.

—Ved du, hvad dato det er i dag?

—Ja, det er den 4. marts, 1967.

i år—i fjor—i forfjor—næste år—hvert år

Gloser

januar [janua'r]
februar [februa'r]
marts [mards]
april [a'pri'l]
juni [ju'ni]
juli [ju'li]
august [au'gosd]
september [sɛb'tɛm'bər]
oktober [ɔg'to'bər]
november [no'vɛm'bər]
december [de'sɛm'bər]
undta'gen, except

i'al't, altogether
fjerde [fjɛːrə], fourth
skudår [sguðɔ'r], leap year
født [fø'd], born, p.p. of *føde*, *-te*
fødselsdag [føsəlsda'], birthday
alligevel [a'liəvɛl], nevertheless
nemlig, here: you see
døgn [dɔi'n], *-et*, *-*, night and day

73

til'sam'men, together
kvar'ta'l, -et, -er, three months
dvs., i.e., det vil sige, that is to say
kvart, quarter
be'ty'de, irr., mean
fjerde,de'l, quarter
byde'l, -en, -e, part of a town

flertal, plural
finde 'u'd af, find out, cf. § 595
dato, -en, -er, date
kalender [ka'lɛn'ər], -en, -e, calendar
i 'fjo'r, last year
i 'forfjo'r, the year before last
næst, next

194. Spørgsmål

Nævn årets måneder.
Hvor mange dage er der i et år?
Hvad er et døgn?
Hvad er forskel'len (" the difference ") mellem et kvartal og et kvarter?
Hvad dato er det i dag?

195. Ordsprog og talemåder

De er forskellige som nat og dag.
Hver dag har nok i sin plage.
I morgen er det atter en dag.   Valdemar Atterdag.
Den der gemmer til natten, gemmer til katten.
Natten er vor egen, siger de fynske piger.

plage, -n, -r, complaint, evil
atter, again.   Valdemar Atter-dag, a Danish king, 1340–75

gemme, gemte, hide, keep
fynsk, Funen adj.

196. Lang tale

En taler holdt et usædvanlig langt og kedeligt foredrag, og da han kunne mærke på publikum, at det var træt, sagde han: " Ja, De må undskylde, hvis jeg har talt for længe; men jeg har desværre glemt mit ur hjemme."—Da lød der en stemme fra publikum: " Der hænger en kalender på væggen."

Undskyld = om for'la'delse
(Å) jeg be'r = ingen årsag

Der hang et ur på væggen.
Hængte du billedet tilbage igen?

tale, -n, -r, speech
taler, -en, -e, speaker
holde, here: deliver
foredrag [fɔːrədra'ɣ], talk, lecture
mærke, -de, feel

publikum, neuter, usually in-def., audience, § 355, A2
træt, tired
for 'længe, too long
lø'd, p.t. of lyde, irr., sound, here: was heard

stemme, *-n*, *-r*, voice
be'r [be'r] = *beder*, pr.t. of *bede*;
  å jeg be'r, don't mention it,
  that's all right, etc.

årsa'g, *-en*, *-er*, reason, cause
hænge, hang, § 489, Note

197. Grammatical Notes

1. The pronouns *den*, *det*, *de* are used emphatically corresponding to the Engl. demonstratives " that, those ": *Hvad er det? Jeg vil have den bog*—I want that book. *Den*, *det*, *de* are used (stressed) with nouns (instead of the definite form) before a restrictive or determinative clause where Engl. has the definite article: *Det er uheldigt for de mennesker, der er født d.* 29. *februar*. Notice: *Den der gemmer til natten*—He who . . . §§ 450–451.

2. The ordinal numbers are in Danish:

første [fœrsdə]	*ellevte* [ɛlvdə]
anden [anən]	*tolvte* [tɔldə]
tredje [treðjə]	*trettende* [tredənə]
fjerde [fjɛːrə]	*fjortende* [fjoːrdənə]
femte [fɛmdə]	*femtende* [fɛmdənə]
sjette [ʃɛːdə]	*sekstende* [saisdənə]
syvende [syu'ənə]	*syttende* [søðənə]
ottende [ɔdənə]	*attende* [adənə]
niende [ni'ənə]	*nittende* [nedənə]
tiende [ti'ənə]	*tyvende* [tyːvənə]
	enogtyvende
	toogtyvende
	treogtyvende

> *tredivte* [trɛðvdə]
> *fyrretyvende* [fœrətyːvənə]
> *halvtredsindstyvende*
> *tresindstyvende*
> *halvfjerdsindstyvende*
> *firsindstyvende*
> *halvfemsindstyvende*
> *hundrede*
> (*et*) *hundredesyvende*
> *tusinde*

Differing from Engl. usage the ordinals are used in cases such as *hvert fjerde år*, every four years.

Fractions are formed from the ordinals, adding *-del*(*e*): $\frac{1}{6}$, *en sjettedel*; $\frac{3}{8}$, *tre ottendedel*(*e*). Notice $\frac{1}{2}$, *en halv*. *En halvdel*, a half, is treated as a noun. $\frac{1}{4}$, *en kvart* or *en fjerdedel*. 1$\frac{1}{2}$, *halvanden* or *en og en halv*. Notice the use of the singular

after fractions such as: *Han ventede 3½ time*—. . . for 3½ hours.
§§ 482–487.

3. In Danish there is no equivalent to the Engl. use of " do "
in interrogative and negative sentences: *Hvornår står du op om
morgenen ?*—When do you rise in the morning? *Jeg huskede
ikke at trække uret op.* § 495, Note 2.

Exercises

198. Read the ordinals for:

5—8—12—15—23—35—53—87

Læs: Elizabeth [e'lisabet] II, Christian [kresdian] V, det **19**.
år'hundrede (century).

Læs: ½—¼—⅔—⅞

199. Conjugate the verbs (cf. § 624): lyde, **være, blive,**
betyde, trække, gå, skrive, tage, se, ligge, lade.

200. Insert the correct preposition: —— dag, —— morgen,
—— morgenen, —— aften, —— nat, —— søndagen, ——
sommeren, —— juletid.

201. Oversæt til dansk:

People who are born on the 29th February only celebrate
their birthday (translate have only b.) every four years. How
do you find out what time it is? I look at my watch. That
clock is wrong. The speaker finished his talk when he felt
that his audience were tired, but it had taken 2½ hours.

15. ÅRSTIDERNE

202. Vinteren er årets kolde og mørke tid. På landet må arbejdet ude hvile, og i byerne hygger man sig inden døre i varmen fra ilden i kakkelovnen. De lange aftner indbyder til læsning og studium.

Det er dog sikkert børnene, der er gladest for vinteren, hvor de kan lege i sneen: bygge snehuler, lave sne/mænd, slås med snebolde, køre på kælk eller løbe på skøjter.—Der falder sjælden så megen sne i Danmark, at man kan stå på ski.

Midt i den mørkeste tid fejrer man jul. Julen var i oldtiden en hedensk fest, men nu er det en kirkelig højtid.

Efter jul bliver dagene længere, men endnu er der lang tid til foråret. April er den første rigtige forårs/måned, men allerede før den tid begynder bonden sit mark/arbejde med at pløje og så. Blomsterne kommer frem, og trækfuglene vender tilbage fra de varme lande.

Først i maj måned bliver det rigtig varmt, træerne springer ud, og man fejrer sommerens komme.

Om foråret falder højtiderne påske og pinse.

Om vinteren er det koldt.
Til vinter vil jeg stå på ski.
I vinter har det ikke sneet endnu.

Glædelig jul!

hygge sig—hygge—hyggelig

Gloser

årsti'd, *-en*, *-er*, season (of the year)
hvile, *-de*, rest
hygge (*-de*) *sig*, make oneself comfortable
inden døre, indoors, § 382, Note 2
ild [il'], *-en*, fire
indby'de, irr., invite
læsning [lɛːsnɛn], *-en*, reading
stu'dium, *studiet*, *studier*, study
sikker, sure; *sikkert*, here adv., surely, no doubt
hvor, here: when

sne', *-en*, snow
hule, *-n*, *-r*, cave, igloo
lave, *-de*, make
slås, *sloges*, fight
bold [bɔl'd], *-en*, *-e*, ball
kæl'k, *-en*, *-e*, sledge
skøjte, *-n*, *-r*, skate
falde, irr., fall
ski', *-en*, *-er*, ski; *stå på 'ski'*, run on skis
fejre, *-de*, celebrate
ju'l, *-en*, (*-e*), Christmas
he'densk, pagan
fest, *-en*, *-er*, festival, feast

kirkelig, having to do with the
  Church, Christian
højtid [hɔiti'ð], *-en*, *-er*, festi-
  val, time of festivity
forå'r, *-et*, -, spring
allerede [alə'reːðə], already
pløje [plɔiə], *-de*, plough
så', *-ede*, sow
frem', here: out
vende [vɛnə], *-te*, turn; *vende
  tilbage*, return

rigtig, here adv., really
komme, *-t*, arrival
påske [pɔːsgə], *-n*, (*-r*), Easter
pinse [pensə], *-n*, (*-r*), Whitsun
til vin'ter, in the (i.e., this
  coming) winter
glædelig, happy, merry
hygge, *-n*, comfort
hyggelig, cosy, comfortable

203. Spørgsmål

Hvad gør De i de lange vinteraftner?
Hvad gør børnene om vinteren?
Hvilke højtider falder om vinteren og foråret?
Hvornår plejer det først at blive rigtig varmt?

204. Ordsprog og talemåder

Julen varer længe, koster mange penge.
Der er ingen røg uden ild.

> *koste* [kɔsdə], *-de*, cost
> *røg* [rɔi'], *-en*, smoke

205. Sommeren vil sikkert de fleste mene er den bedste
tid af året. Så bliver det varmt, og det er de lyse nætters tid.
Børnene får sommer/ferie, og mange rejser på landet med
deres forældre, eller til kysten, hvor man kan bade og rigtig
nyde livet og ferien.

I gamle dage var det kun de rige, der havde råd til at holde
ferie. De fattige havde aldrig fri; men nu er det anderledes.
I Danmark har alle, der arbejder, ret til ferie.

Mange mennesker benytter deres ferie til at rejse til
udlandet. Skolernes ferie varer i reglen fra sankt Hans, den
24. juni, til henved midten af august.

Sankt Hans er en gammel helgendag kort efter årets længste
dag. Sankt Hans aften tænder man bål på landet og ved
stranden i Danmark for ifølge gammel overtro at jage heksene
bort.

I august måned begynder efteråret. Da kan man allerede
mærke, at dagene tager af, det bliver tidligt mørkt om aftenen.

Det er høstens tid, da bonden nyder frugten af årets arbejde.
Men samtidig dør naturen: bladene på træerne skifter farve
og falder snart, trækfuglene flyver mod syd, og vejret bliver
stormfuldt med langvarig eller heftig regn, og bonden håber

blot på, at han må få sit korn tørt i hus forinden. Senere
kommer turen til roerne og kartoflerne i oktober.

Nu varer det ikke længe, før vinteren vender tilbage.

syd—nord
Øst—vest, hjemme er bedst!

at arbejde—et arbejde—en arbejder

tænde—tændstik

gå i vandet = bade
Når man går i vandet, bliver man våd.

Gloser

de fleste, most people
mene, *-te*, think
nætters, gen. pl. of *nat*
kyst [køsd], *-en*, *-er*, coast,
  seaside
rig [ri'], rich
have 'rå'd, afford
holde 'fe'rie, have a holiday
fattig, poor
have 'fri', be free
anderledes, otherwise, different
ret, *-ten*, right; *r. til*, right of
benytte [be'nødə], *-de*, use
udlan'd, *-et*, country abroad;
  rejse til udlandet, go abroad
sankt [saŋd], Saint —
Han's, John — [saŋd 'hans]
henved, towards
midte [medə], *-n*, middle
helgendag [hɛlyəndaˈ], saint's
  day
tænde, *-te*, light
bå'l, *-et*, *-*, bonfire
strand [sdran'], *-en*, *-e*, strand,
  beach
ifølge [i'følyə], according to

overtro', *-en*, superstition
jage, *-de*, chase
heks, *-en*, *-e*, witch
tage 'af [a'], shorten
høst, *-en*, harvest
frugt, here transf.
samti'dig, at the same time
dø', *-de*, die
skifte, *-de*, change
syd, south; *sy'den*, the South
stormful'd, stormy
langva'rig, prolonged
heftig, violent
regn [rai'n], *-en*, rain
blot [blɔd], only
i 'hu's, under cover
for'inden, before
tu'r, *-en*, *-e*, turn
nord [no'r], north
øst, east
vest, west
arbejder [arbai'dər], *-en*, *-e*,
  worker, working man
tændstik, *-ken*, *-ker*, match
gå i 'van'det, also: be fooled
våd [vɔ'ð], wet

206. Spørgsmål

Hvorfor mener de fleste, at sommeren er den bedste tid af
året?

Hvem har ret til ferie i vore dage?

Hvad gør De i Deres sommerferie?

Hvad gør man sankt Hans aften i Danmark?

Beskriv efteråret.

207. Grammatical Note

Notice the use of the definite form in Danish: *Efteråret begynder i september. Vinteren vender tilbage. Livet efter døden,* life after death. *Mennesket er godt af naturen,* man is good by nature. *Hvor skal du hen i påsken?*—Where are you going for Easter? *Æblerne koster 25 øre stykket*—. . . a piece.

Notice also the indefinite or naked form in: *Publikum klappede,* the audience applauded. *Jeg er her for første gang. Zoologisk Have. Han er lærer, læge, skotte*—He is a teacher, a doctor, a Scotsman. *Alle har ret til ferie. En del af byen.* Cf. for more details §§ 354–356.

Exercises

208. State the definite form (cf. § 350): væg, mennesker, studium, englændere.

209. Insert a noun in definite or indefinite (naked) form:

(by): Han gik til ――.
(publikum): ―― var træt.
(Zoologisk Have): Har du været i ――?
(stykke): Hvad koster pærerne ――?
(første gang): Det var ――, de så uret.
(del): ―― af os kan stå på ski.
(ret): Vi har ―― til at arbejde.

210. Conjugate the verbs: få, synge, flyve, komme, slå, løbe, falde, stå, springe.

211. Insert the correct preposition (cf. §§ 577 ff.):

Vi bor ―― landet.
Vi bader ―― stranden.
Bladene ―― træerne.
Sommeren er den bedste tid ―― året.
Lad os håbe ―― en mild vinter.
Jeg er glad ―― mine skøjter.

212. Oversæt til dansk:

Winter will come soon. Do you like the winter? No, I do not like it, but it may also be a beautiful season. Otherwise it is difficult to say when nature looks (translate is) most beautiful. Where are you going to spend Christmas this year? It will not be long before summer comes. In the summer we are going abroad. We always travel in our holidays. Just now my brother is travelling in England.

16. OM VEJR OG VIND

213. Folk i Danmark taler ikke så meget om vejret som englænderne. Det danske klima kan ellers nok give stof til samtale, for det er omskifteligt og lunefuldt.

Landets beliggenhed ved havet gør, at det regner meget i Danmark; sommeren er ofte fugtig, og det blæser næsten altid, selv om storm og uvejr, bortset fra torden, hører efteråret og vinteren til.

Den danske sommer kan dog godt være varm, og det er i reglen solskin i længere perioder. Gennemsnits/temperaturen i juli måned er 16 grader celsius.

Vinteren i Danmark er *på den anden side* heller ikke særlig kold. Gennemsnitlig ligger den laveste temperatur omkring frysepunktet.

I ældre tid var vintrene ofte koldere sammenlignet med vore dage, og der faldt megen sne; men i nutiden sner det sjælden før jul, selv om det kan være frost, og selv i januar og februar bliver sneen ikke liggende ret længe undtagen i særlig kolde vintre, som indtræffer med flere års mellemrum. Da kan det til gengæld ske, at de danske farvande fryser til med is. Det besværliggør i høj grad trafikken, og skibene må have hjælp af isbrydere, når de sidder fast i isen.

medvind—modvind
Han er nok kommet ud i modvind.

Jeg fryser.
Det fryser 10 grader.

Isen er glat.

Gloser

vind [ven'], *-en, -e,* wind
klima, -et, -er, climate
stof [sdɔf], *-fet, (-fer),* material
samtale, -n, -r, conversation
om'skiftelig, changeable
luneful'd, capricious
be'liggenhe'd, -en, -er, situation
gøre, here: cause
regne [rainə], *-de,* rain
fugtig [fogdi], damp

blæse, -te, blow, be windy
stor'm, -en, -e, gale
uvejr [uvɛ'r], *-et,* -, storm
torden, -en, thunder
godt [gɔd], here: well, easily
længere, here: prolonged
peri'ode, -n, -r, period
gennemsnit, -tet, -, average
tempera'tu'r, -en, -er, temperature
grad [gra'ð], *-en, -er,* degree

celsius [sɛl'sius]; *grader c.*, degrees Centigrade

på den anden side, on the other hand

gennemsnitlig, on the average

la'v, low

frysepunkt [frysəpoŋ'd], *-et*, *-er*, freezing point

sammenligne, *-de*, compare

sne', *-ede*, snow

selv om [sɛl'ɔm], even if, although

frost [frɔsd], *-en*, frost

sel'v, here adv., even

blive liggende, here: remain lying

indtræffe, irr., occur

mellemrum [-rom'], *-met*, *-*, interval

til 'gengæl'd, in return, here: then

farvan'd, *-et*, *-e*, waters

fryse, here: freeze; *f. 'til*, freeze up

i's, *-en*, ice

be'svæ'rliggøre, irr., create difficulties for

tra'fik, *-ken*, traffic

ski'b, *-et*, *-e*, ship

isbry'der, *-en*, *-e*, icebreaker

fast, firm, fixed, fast; *sidde 'fast*, stick

medvin'd, fair wind

modvin'd, head-wind

glat, smooth, here: slippery

214. Spørgsmål

Hvem taler mest om vejret?
Beskriv det danske klima.
Hvordan er sommer/temperaturen i Danmark?
Hvordan er vinter/temperaturen i Danmark?
Hvad sker der, når de danske farvande fryser til?

215. Ordsprog og talemåder

Ovenover skyerne er himlen altid blå.
Når det regner på præsten, drypper det på degnen.
Vi talte blot om vind og vejr.
Han talte hen i vejret.

ovenover [ɔuənɔu'ər], above

sky', *-en*, *-er*, cloud

himmel, here: sky

dryppe, *-de*, drip

degn [dai'n], *-en*, *-e*, parish clerk

vin'd og ve'jr, transf., unimportant matters

tale hen i vejret, talk nonsense

216. En vejrmelding

Meteorologisk Institut meddeler: Der er udsigt til koldt vejr med temperatur omkring frysepunktet og regn eller slud og tåge mange steder.—Der kan ventes svag vestlig mod syd drejende vind med langsomt stigende temperatur.

En avis skriver om vejret:

Igen mere is.—Sejladsen i de danske farvande bliver langsomt forværret, efter at der i nogle dage har været bedring. Der dannes ny is mange steder, således langs de ruter, skibene til Ålborg og Århus sejler ad.—Der er nu is i hele Århus/bugten. Alle isbrydere er stadig i funktion, men har dog i det sidste døgn kun haft få anmodninger om assistance.

i nogle dage
om nogle dage

Gloser

melding, -en, -er, forecast
meteoro'lo'gisk, meteorological
insti'tut, -tet, -ter, Institute
medde'le, -te, inform, report
udsigt, -en, -er, 1. view; 2. here: outlook
slud, (-en) sleet
tåge, -n, -r, fog
sva'g, weak
vestlig, westerly
drejende [draiənə], pr.p. of *dreje, -de,* turn
stigende [sdi(:)ənə], pr.p. of *stige,* irr., rise
sejlads [sai'la's], *-en, (-er),* sailing
for'vær're, -de, worsen
i nogle dage, for some days
bedring, -en, -er, improvement

langs [laŋ's], along
rute [rudə], *-n, -r,* route
Ålborg [ɔlbɔr'], town in Jutland
Århus [ɔrhu's], town in Jutland
sejle [sailə], *-de,* sail
ad [að, a], here: along; *sejle ad,* sail along, follow
bugt [bogd], *-en, -er,* bay
stadig [sda:ði], constant; here adv., still
funktion [foŋ'ʃo'n], *-en, -er,* function; *i f.,* at work
i det sidste døg'n, during....
anmo'dning, -en, -er, request
assistance [asi'staŋsə], *-n, -r,* assistance
om nogle dage, in a few days

217. Samtale

Goddag! Nej, det var da morsomt at træffe provsten her. Vil De ikke med ind og varme Dem på en kop kaffe?

Tak, fru Lind—*hvad varmen angår,* så må jeg sige, at jeg er ganske vel forsynet, og—

Jeg vil jo nødig sige provsten imod, men jeg synes, det er temmelig køligt, og jeg glæder mig rigtignok til min kaffe, som mine døtre har stående friskbrygget til mig, når jeg kommer hjem.

Friskbrygget, det lyder unægtelig tillokkende.

Ja, og hvad varmen angår, så kalder jeg ikke otte grader for nogen temperatur.

Er det virkelig ikke mere end otte grader?

Nej, snarere mindre. Men det er jo en bekendt sag, hvad

for en isbjørn provsten er. Vi andre almindelige mennesker
finder det temmelig koldt.

Isbjørn, kære frue, det er vel *på en måde* en kompliment.

Det er det absolut, Deres højærværdighed. Men selv en
isbjørn drikker undertiden kaffe, især nybrygget.

Jeg tilstår, at selv isbjørne—i overført forstand—ikke er
nogen foragtere af den brune drik, så jeg tror næsten, jeg vil
modtage Deres elskværdige tilbud.

(Efter kaffen):

Ja, nu har jeg såmænd en hel mil at køre hjem.

Det er så mildt, sagde overlæreren.

Ja, sagde fru Lind, det er jo en dejlig varm eftersommer, vi
har.

Ja, på gensyn, altså. Farvel, farvel, og hjertelig tak.

Farvel, Deres højærværdighed.

(Knud Hjortø)

Jeg glæder mig til kaffen.

Det glæder mig, at De kom = jeg er glad for, at . . .

Gloser

nej, here: I say!

det var da ¹morsomt, how
funny (§ 503)

træffe, irr., meet

provst [prɔu'sd], *-en, -er*, rural
dean; here the title is used
for *De*, see § 432

¹med ¹in'd, i.e., *gå* or *komme
med ind*

varme, -de (*sig*), warm (one-
self)

angå', irr., regard; *hvad var-
men angå'r*, as regards
warmth

vel, here = *godt*, well

for¹sy'ne, -de, supply

nødig [nø:ði], unwillingly, I
would not like to

i¹mo'd, against; *sige i¹mo'd*,
contradict

temmelig, rather

kølig, cool, chilly

glæde (*-de*) *sig . . . til*, look
forward to

stående, pr.p. of *stå'*; *har
stående*, here: have ready

friskbrygget, freshly made;
brygge, -de, brew, about
beer and coffee

u¹nægtelig, undeniable, here
adv.

tillokkende, tempting

virkelig, real, here adv.

snarere, rather

be¹ken'dt, well known

sag [sa'ɣ], *-en, -er*, matter

hvad for, what sort of

kæ'r, dear

frue, here: Madam

måde [mɔ:ðə], *-n, -r*, way,
manner; *på en m.*, in a way

kompliment [kɔmpli¹maŋ], *-en,
-er*, compliment

abso¹lut, absolute, here adv.

Deres højær¹vær'dighe'd, Your
Reverence

nybrygget = *friskbrygget*

tilstå', irr., admit

overfø'rt, transferred
for'stan'd, *-en*, sense
for'agter, *-en*, *-e*, despiser; of
  the vb. *for'agte*, *-de*, despise
drik, *-ken*, *-ke*, drink
modta'ge, irr., accept
elsk'vær'dig, kind, charming
tilbud, *-et* [-buð'əd], -, offer
så'mæn'd, indeed
mi'l, *-en*, *-e*, mile, Danish mile
  of 7 kilometres

mil'd, mild
overlærer, *-en*, *-e*, senior school-
  master, Mrs. Lind's hus-
  band
eftersommer, late summer
gensy'n, *-et*, -, meeting again;
  på g., au revoir
altså [al'sɔ], then
hjertelig, hearty, here adv.,
  my sincere thanks

218. Spørgsmål

Hvad spurgte fru Lind provsten om?
Hvad syntes provsten om vejret?
Hvad sagde fru Lind om vejret—først og senere?
Hvad kaldte fru Lind provsten for i overført forstand?
Modtog provsten fru Linds tilbud?
Hvad mente overlæreren om vejret?

219. *Med hensyn til* vejret er det bedst at vente med at
sige noget til dagen efter.

Jeg siger bare, at man skal være glad for vejret, så længe
man kan trække det.

(Storm P.)

hensy'n, *-et*, -, regard; *med h. til* = hvad angår
trække vejret [vɛ'rəð], breathe, draw breath, pun between
  vejr = " weather " and " breath ".

220. Grammatical Notes

1. In polite address—a little stiff and old-fashioned—a title
may be used instead of *De* (*Dem, Deres*): *Jeg vil jo nødig sige
provsten* (i.e., you) *imod*. § 432.

2. The Danish present participle takes the ending *-ende*:
stående, liggende, drejende.—The present participle is in Danish
mostly used as an adjective: *Stigende temperatur. Det lyder
tillokkende. De har kaffen stående til mig*, and in connection
with the verbs *komme* and *blive*: *Han kom gående. De blev
liggende*.

The verbal function of the present participle is more re-
stricted in Danish than in Engl., thus it is not used to form
a continuous present tense as the Engl. ing-form: *Det er jo en
dejlig varm eftersommer, vi har*, . . . we are having. *Det
blæser næsten altid*—There is almost always a wind blowing.
A construction like: *Her er en bog, indeholdende hele beretningen*

is very stiff and literary style for: *Her er en bog, som inde-*
holder . . . Notice also: *Han stod og talte med mig*—He stood
talking to me. *Før han gik, drak han en kop kaffe*—Before
leaving he drank a cup of coffee.   §§ 530–536.

Exercises

221. Insert the present participle:

(gå):   Provsten kom ——.
(ligge):   Sneen bliver nok ——.
(falde):   Der kan ventes —— temperatur.
(tillokke):   Det lyder ikke ——.
(stå):   Min kone har kaffen —— parat til os.

222. Conjugate the following verbs: kunne, træffe, fryse,
stige, drikke.

223. Insert the correct preposition (cf. §§ 577 ff.):

Det fryser —— lange perioder om vinteren.
Der er udsigt —— frost —— nogle dage.
Han beder —— hjælp.
Det er —— en måde godt, at det sner.
Det har været mildt —— den sidste tid.
—— foråret ((a) = in spring, (b) = in the (coming) spring)
—— vinter ((a) = this winter, (b) = this coming winter)

224. Oversæt til dansk:

The Danish climate is changeable. The summer may be
warm, but it often rains. The winters were colder in former
days, but even now the Danish waters sometimes freeze up,
creating difficulties for the traffic. Mrs. Lind stood talking to
the dean. She asked him to come in and have a cup of coffee.
Before leaving he said thank you. The wind started blowing
an hour ago, and it is still blowing hard (*stærkt*). We are not
having a warm summer. I am looking forward to my coffee.

17. MAD

225. Danskerne *har ord for* at være glade for mad og spise meget. Det er nok sådan, at de gerne vil tale om mad, men gennemsnits/danskeren får ikke spist mere end andre mennesker. Noget andet er, at visse danske retter mad selvfølgelig ikke er almindelige i andre lande.

I Danmark spiser man i reglen kun ét varmt måltid om dagen, nemlig til middag. I provinsen—på landet og i provins/byerne—spiser man middag kl. 12 og aftensmad ved 6-tiden om aftenen. I København derimod er det almindeligt at spise middag om aftenen, når familien er samlet efter dagens arbejde. Her spiser man så frokost (lunch) midt på dagen.

Man får undertiden en lille varm forret til frokost eller aftensmad, men ellers blot smørrebrød, dvs. smurt rug/brød med mange slags pålæg, f.eks. spegepølse, leverpostej, æg, tomater, kød, fisk og ost. Dertil kan man drikke mælk eller øl; undertiden (især ved festlige lejligheder) også snaps. Skole/børn og de voksne, der har deres arbejde ude, får en pakke smørrebrød med sig hjemmefra.

Til middag får man to eller tre retter mad, en forret bestående af suppe eller grød, og en hovedret af kød eller fisk med sovs og kartofler, sommetider også grøntsager; men danskerne spiser til daglig ikke mange grøntsager.—Til dessert kan man få forskellige slags frugtgrød, budding, æblekage eller is.

—Jeg har hørt, at danskerne skal sige noget efter måltidet?

—Ja, børnene og gæster siger altid " tak for mad ", og forældrene eller værten og værtinden siger " velbekomme ".

Før måltidet, når maden er lavet og rettet an, siger husmoderen eller værtinden " værsågod ", og så går man til bords.

Vi fik grød til middag.	sige tak = takke
Hvad vil du have til dessert?	mange tak, tusind tak
Kan du ikke spise op?	tak for i aften, tak for sidst
flad og dyb tallerken	ja tak, nej tak
glas—kniv—gaffel—ske	
kniven er skarp—sløv	

Gloser

mad [mað], *-en* [ma'ðən], food
have '*o'rd for*, be reputed
sådan, here: so

få '*spi'st*, manage to eat, § 551
ret, *-ten*, *-ter*, course
selv'føl'gelig, of course

87

målti'd, *-et, -er*, meal
aftensmad, supper
ved 6-ti'den, about 6 o'clock
derimo'd, on the contrary, however
samle, *-de*, gather
frokost, *-en*, lunch
få', here: have
forret, *-ten, -ter*, hors d'œuvre
smørrebrø'd, *-et, -*, open sandwich(es), § 372, I
smurt [smo'rd], p.p. of *smøre*, irr., spread with butter
pålæ'g, *-get*, sandwich spread
pølse, *-n, -r*, sausage
spegepølse [sbaiə-], salami
leverpostej [leu'ərposdai'], *-en*, liver paste
to'ma't, *-en, -er*, tomato
dertil, with that
øl [øl], *-let* [øl'əd], beer
festlig, festive
snaps, *-en, -e*, schnapps
pakke, *-n, -r*, parcel, packet
hjemmefra', from home
be'stå' af, consist of
suppe [sobə], *-n, -r*, soup
grø'd, *-en*, porridge
hovedret [ho:əðrɛd], main course
sovs [sɔu's], *-en, -e*, sauce, gravy
daglig [dayli], daily; *til d.*, ordinarily
dessert [de'sɛ'r(d)], *-en, -er*, sweet

frugtgrø'd, (kind of) stewed fruit
budding [buðeŋ], *-en, -er*, pudding, mousse
æblekage, *-n, -r*, apple tart
i's, here: ice-cream
gæst, *-en, -er*, guest
vært, *-en, -er*, landlord, host, cf. *værtinde*, § 86
velbe'kom'me, don't mention it, lit., may it do you good, § 518
lave, *-de*, make, prepare
rette (*-de*) *'an*, serve
værsågod [vɛrs'go'], dinner is served
få til 'middag, have for dinner
spise 'op, finish (food)
fla'd, flat
dy'b, deep
glas, *-set, -*, glass
kni'v, *-en, -e*, knife
gaffel, *-en, gafler*, fork
ske', *-en, -er*, spoon
skarp, sharp
sløv', blunt
takke, *-de*, thank
tak for i 'aften, polite expression when leaving a party
tak for 'sidst, polite expression when meeting host or hostess the first time after a party
ja tak, yes please

226. Spørgsmål

Hvad siger man om danskerne og mad?

Hvor mange varme måltider plejer man at spise om dagen i Danmark?

Hvad spiser man til frokost?

Hvad siger man, når man har spist?

227. Ordsprog og talemåder

Uden mad og drikke duer helten ikke.

For mange kokke fordærver maden.

Maven bliver mæt før øjnene.
Hun ejer ikke salt til et æg.
Han har ikke opfundet den dybe tallerken (eller: krudtet).
Du må tage skeen i den anden hånd.

salt og peber

uden, without	*mæt*, full up
drikke = *drik*, s., drink	*eje* [aiǝ], *-de*, own
du(e), *-de*, be of any good	*sal't*, *-et*, salt
hel't, *-en*, *-e*, hero	*opfin'de*, irr., invent
for (*mange*, *sent*, *stor*), too	*krudt* [krud], *-et*, gunpowder
kok, *-ken*, *-ke*, male cook, chef	*tage ske'en*, etc., improve one's
for'dær've, *-de*, spoil	behaviour
mave, *-n*, *-r*, stomach	*peber* [peuǝr], *-et*, pepper

228. At kærlighed er ikke had,
og smørrebrød er ikke mad,
det er, hvad jeg for tiden ved
om smørrebrød og kærlighed.

(J. H. Wessel 1742–85)

kærlighe'd, *-en*, love   *for 'ti'den*, at present
had [haδ], *-et* [ha'δed], hatred   *ve'd*, pr.t. of *vide*

229. Fruen spørger den nye kokkepige:

—De kan vel også lave ganske almindelig hverdagsmad?
—Ja, frue, men jeg bryder mig ikke om at spise den.

kokkepige, cook, s.   *bryde*, irr., *sig 'om'*, care for
lave 'mad, cook, vb.
hverdagsmad, ordinary, every-
    day food

230. —Kan De nævne mig nogle karakteristiske danske
retter?

—Ja, der er f.eks. en suppe, man kalder øllebrød. Man kan
spise den til middag, men sommetider får man den om
morgenen i stedet for havregrød.

Kærnemælks/suppe koges af den mælk, der bliver tilovers,
når man kærner smør.

En yndet kød/ret er gule ærter, suppe kogt på tørrede ærter
og flæsk. Efter denne ret spiser man gerne pandekager med
syltetøj.

Endelig er der en meget almindelig dessert, der kaldes
rødgrød. Det er ribs- eller hindbær/saft, der er kogt og
jævnet med kartoffelmel. Den spises med mælk eller fløde på.
Her er et par mad/opskrifter:

Øllebrød. 4 personer.

250 gram rugbrød, ¾ liter vand, ¾ liter hvidtøl, 40 gram sukker, citronsaft.

Brødet skæres i små/stykker. Lægges i vand ca. 24 timer. Koges med øllet ca. 20 minutter. Presses gennem en sigte. Koges igen op og smages til med sukker og citronsaft. Serveres med mælk, fløde eller flødeskum.

Æblekage. 4 personer.

10 æbler skrælles og koges til mos med lidt vand og sukker efter smag. På en pande brunes 200 gram rasp med sukker. Æblemosen kommes i en skål lagvis med et tyndt lag rasp og syltetøj imellem. Kagen dækkes med et lag flødeskum. Serveres kold.

Er du tørstig?
tør—tørre
Har du et håndklæde, jeg kan tørre mig i?

Gloser

øllebrø'd, *-en*, beer soup

kærnemæl'k, buttermilk

koge [koːɣə], *-te* [kɔgdə], boil, cook

til'ov'ers, left

kærne, *-de*, churn

yndet [ønəd], popular

gule ærter, kind of pea soup, made of split peas

tørre, *-de*, dry

pandekage, pancake

syltetøj [-tɔi'], *-et*, preserves

rødgrød [røðgrø'ð], *-en*, kind of jelly or stewed fruit (red currants, raspberries, strawberries or cherries)

saft, *-en*, juice

jævne, *-de*, thicken

kar'toffelme'l, *-et*, potato flour

opskrift, *-en*, *-er*, recipe

per'so'n, *-en*, *-er*, person

gram', *-met*, *-*, gram(me)

liter, *-en*, *-*, litre

hvidtøl, dark household beer with low alcoholic content, see p. xii

sukker, *-et*, sugar

skæres, *lægges*, *koges*, etc., translate as imperative

presse, *-de*, press

sigte, *-n*, *-r*, strainer

smage, *-te* taste; *smages til . . .*, add sugar . . . to taste

ser've're, *-de*, serve

flødeskum [-sgom'], whipped cream

skrælle, *-de*, peel

mo's, *-en*, mash

smag [sma'ɣ], *-en*, taste

pande [panə], *-n*, *-r*, frying pan (also: forehead)

brune, *-de*, brown

rasp, *-en*, bread crumbs

komme, here trans., put

skå'l, *-en*, *-e*, dish, bowl

lagvis [laɣvi's], in layers

lag [la'ɣ], *-et*, *-*, layer

dække, *-de*, cover

tørstig [tœrsdi], thirsty

håndklæde [hɔnklɛːðə], *-t*, *-r*, towel

tørre, *-de*, dry; *t. sig*, wipe (one's hands)

231. Spørgsmål

Husker De nogle karakteristiske danske retter?
Hvad er rødgrød (for noget)?
Hvordan laver man æblekage?

232. Grammatical Notes

1. With some verbs, the passive *s*-form may have reciprocal (both active and passive) meaning: *Lad os følges ad til stationen*—Let us go together to the station. *De mødtes på vejen*—They met on the way. *Drengene slås* [slɔs].—The boys are fighting. Or intensive-neutral (neither active nor passive) meaning: *Der findes mange fisk i havet. Jeg synes du skal gå nu*—I think you ought to go now. *Jeg mindes ikke at have set dig før*—I do not remember having seen you before. § 512.

2. The auxiliaries *skulle* and *ville* are used less frequently than in Engl. merely to indicate future. To a greater extent they serve to modify the purely futuric sense according to their full meaning, *skal* = " must ", *vil* = " want to ": *Man skal sige noget efter maden. Jeg vil ikke gå endnu.* §§ 553–556.

måtte covers both Engl. " may " and " must ". To avoid ambiguity, *godt* or *gerne* is added in connection with the meaning " may ": *Du må gerne gå nu.* § 558.

gøre is not used in the frequent cases where Engl. uses the auxiliary " do ", but to replace another verb in cases like: *Hr. Hansen spiser i øjeblikket.—Gør han?* Mr. H. is eating just now.—Is he? § 559.

Exercises

233. Turn into the past tense (cf. § 510):

Æblerne koges til mos.
Kartoflerne serveres skrællede.
Drengene slås.
Børnene ses ikke mere.
Suppen smages til med sukker.

Find and underline the passive forms in § 230.

234. Insert forms of the auxiliaries *kunne, skulle, ville, måtte, gøre, få*:

Jeg —— lave mad.
—— hun ikke lave mad?
Jeg —— gerne have pandekager.
Han —— ikke drikke hvidtøl.
De —— smage denne ret.

—— du spist de gule ærter op?
Fru Hansen kommer til middag i aften. —— hun?
Vi —— se.
Du —— ikke være bange.
Hun —— være ganske sød.
Du —— gerne komme ind.
Jeg vil selv åbne pakken. —— du?

235. Oversæt til dansk:

Do you not think the Danes are fond of food? They like
to eat sandwiches for lunch every day. They do not eat many
vegetables. What would you (like to) have: soup or porridge?
And for sweet: pudding or apple-tart? How do you make
øllebrød? I make it from rye-bread, water, beer and sugar,
and I serve it with whipped cream. Food is prepared in the
kitchen. The food is served by the housewife. Have we met
before? Are you coming here to-morrow?

18. PÅ RESTAURANT

236. Min kone og jeg går en gang imellem på en bedre restaurant for at spise et måltid mad under lidt festligere former end hjemme, med vin til, og gerne et sted, hvor der er musik. Men det er unægtelig dyrere. Man kan jo også nøjes med mindre—et glas øl eller en kop kaffe. Det gør vi ofte, når vi har været i teatret eller biografen.

Der findes også billigere restauranter som automatkafeer eller mælkerier med selvbetjening, dog langt fra så mange som i England. Men mange mennesker, især studenter og ugifte, er henvist til at indtage deres måltider på restaurant. På mange kontorer, skoler og læreanstalter, f.eks. universitetet, er der sørget for personalets og de studerendes bespisning i billige kantiner.

På restauranter giver man ikke mere drikkepenge i Danmark.

mælkeri—mejeri
pensionat

Gloser

restaurant [resdoˈraŋ], *-en* [-raŋˈən], *-er*, restaurant; *gå på r.*, go to a r., § 355, B2

for'm, -en, -er, form

vi'n, -en, -e, wine

muˈsik, -ken, music

nøjes med = *nøje (-de) sig med*, be content with

billig, cheap, inexpensive

autoˈma'tkafé', -en, -er, self-service café

mælkeˈri', -et, -er, milk-bar

selvbetje'ning, self-service

ugift, unmarried

henvi'se, -te, refer; *henvist til*, destined to

indtaˈge, irr., take, consume

på (restaurant), in

læreanˌstal't, -en, -er, college (for special training)

universiˈte't, -et, -er, university

sørge (-de) for, see to, provide for

persoˈnale, -t, -r, staff

stuˈde're, -de, study; *de stude'rende*, the students

beˈspi'sning, -en, -er, (provision of) meals

kanˈtine, -n, -r, canteen

drikkepenge, pl., tip

procent [proˈsen'd], per cent

mejeri [maiəˈri'], *-et, -er*, dairy

pensionat [panʃoˈna'd], *-et, -er*, boarding house

237. Spørgsmål

Hvorfor går man på restaurant?
Nævn forskellige slags restauranter.
Hvem må indtage alle deres måltider på restaurant?

238. Vanskelige gæster

En høflig overtjener modtog dem i restaurantens dør. Han
anviste dem et ledigt bord.

—Det trækker vist her, sagde fru Melvad. Her vil jeg ikke
sidde.

—Der er et udmærket bord derovre. Overtjeneren viste
med hånden.

—Der er jo buldrende mørkt, vrissede tandlæge Melvad.
Vi skulle helst kunne se, hvad vi spiser.

—Jamen så henne ved vinduet der?

—Der er man jo fuldstændig overbegloet, sagde fru Melvad.

Det lykkedes *langt om længe* at finde et bord, der ganske
vist var langt fra tilfredsstillende, men som de dog lod sig
nøje med i mangel af bedre. Overtjeneren rakte dem spise-
kortet.

—Har De ikke en bøf? spurgte tandlægen efter at have
overbevist sig om, at denne ret ikke fandtes på kortet.

—Et øjeblik, så skal jeg høre. Tjeneren forsvandt *for lidt
efter at komme tilbage* og meddele, at de godt kunne få en bøf.

—Er den mør? spurgte Melvad.

—Meget mør, hævdede tjeneren.

—Den er sikkert sej, sagde fru Melvad.

—Det tror jeg også. Det er uforskammet, sagde hendes
mand. De blev enige om, at de hellere ville have en smør-
rebrøds/seddel. Efter megen diskussion og forespørgen hos
tjeneren om de stykker, der ikke stod opført på sedlen, fik de
omsider afgivet deres bestilling.

—Og to øl, sagde Melvad.

Tjeneren kom med to tallerkener og to øl.

—Det skal være lager, ikke pilsner, sagde Melvad.

—Undskyld. Tjeneren fjernede flaskerne.

—Uforskammet dårlig betjening her, sagde tandlægen.

—Sådan er ånden nutildags.

Tjeneren kom med smørrebrødet.

—Det var De længe om, sagde fru Melvad.

—Det skal jo først smøres, frue.

—Det er uforskammet, sagde Melvad.

(Finn Søeborg)

Tjener, jeg vil gerne betale, eller:
Tjener, må jeg bede om regningen.

tjene—tjener—tjeneste
Han tjener mange penge.
Vil du gøre mig en tjeneste?

Vi betaler skat til stat og kommune.

Gloser

vanskelig, difficult

høflig, polite

tjener [tjɛ(:)nər], *-en, -e*, waiter; *overtjener*, head waiter

modta'ge, here: receive

anvi'se, *-te*, show, here: conduct to

ledig, vacant

trække, here: be draughty

derovre [de'rourə], over there

vise, -te, point, show

buldre [bulrə], *-de*, rumble; *buldrende mørkt*, pitch dark

vrisse, -de, snap

tan'd, -en, tæn'der, tooth

tandlæge, -n, -r, dentist; it is common practice in Denmark to use a title, indicating occupation, before a name

jamen, well, but

henne ved, over by

fuldstæn'dig, completely

overbeglo'et, stared at by everybody

lykkes, -des, succeed, § 513

langt om længe, at long last

ganske vist, to be sure

lod sig nøje med, were content with

til'fredsstillende, satisfactory

mangel [maŋ'əl], *man'glen, mangler*, want, lack; *i m. af*, for want of

række, irr., hand

spisekort, -et, -, menu

bøf, -fen, -fer, beefsteak, Vienna steak

overbevi'se, -te, persuade; *o. sig om*, make sure

denne, this

øjeblik, -ket, -ke, moment

høre, here: enquire

for'svin'de, irr., disappear

for lidt efter at komme tilbage, and returned shortly after

mø'r, tender

Melvad; hr. may be omitted before names, colloquially; in address it is not very polite, except with people one would say *du* to, without calling them by their Christian name

hævde [hɛudə], *-de*, assert

sej [sai'], *tough*

uforskam'met, impertinent, disgraceful

enig [e:ni], agreed; *blive enige om*, agree

hellere, rather

'smørrebrøds₁sed'del, -en, -sedler, list, menu of sandwiches

diskussion [disgu'ʃo'n], *-en, -er*, discussion

forespør'gen, com. gender, enquiring, derived from *forespør'ge*, irr., enquire

opfø're, -te, list

om'sider, eventually

afgi've, irr., give

be'stil'ling, -en, -er, order

øl, here: -*len* [øl'ən], -*er*, bottle of beer, § 348
la'ger, -*en*, -, dark lager, stout
pilsner, -*en*, -*e*, lager
fjerne, -*de*, remove
flaske, -*n*, -*r*, bottle
dårlig, bad, poor
be'tje'ning, -*en*, -*er*, service
ånd [ɔn'], -*en*, (-*er*), spirit
nutildags [nute₁da's], nowadays

be'ta'le, -*te*, pay
bede om [be'ɔm], ask for
regning [rainɛŋ], -*en*, -*er*, bill
skat, -*ten*, -*ter*, tax, cf. § 368
sta't, -*en*, -*er*, state
kom'mune, -*n*, -*r*, municipality
tjene [tjɛːnə], -*te*, earn, serve
tjeneste [tjɛ(ː)nəsdə], -*n*, -*r*,
    service; *gøre . . . en t.*, do
    a favour

239. Spørgsmål

Hvem modtog hr. og fru Melvad ved døren til restauranten?
Hvorfor ville de ikke sidde ved de borde, overtjeneren anviste dem?
Hvilke retter så hr. M. efter på spisekortet?
Hvad blev de til sidst enige om at ville spise?
Hvad syntes hr. og fru M. om betjeningen?
Hvad synes De om hr. og fru Melvad?

240. Grammatical Note

The comparative is often used in Danish without any idea of actual comparison: *en bedre restaurant*, a better class restaurant. *Der var flere børn til stede*—Several children were present. *En ældre dame*. Similarly the superlative is used to indicate a very high degree: *med største fornøjelse*, with the greatest pleasure. Different from Engl. usage, Danish has the superlative also when comparing two objects or persons: *Jens var den stærkeste af de to drenge*. §§ 419–421.

Exercises

241. Insert the comparative or the superlative:

(god): Vi besøgte en —— kafé.
(mange): Der er —— mennesker, der spiser på mælkerier.
(vanskelig): Hvem var mon ——, tandlægen eller hans kone?
(gammel, ung): Der kom en —— herre sammen med en —— dame.
(høflig): Tjeneren modtog dem med de —— ord.

242. Conjugate the following verbs: skære, række, forsvinde give.

243. Insert the correct preposition (cf. §§ 577 ff.):

Midt —— dagen.
Øllebrød laves —— øl og brød.
Jeg gik —— teateret.
Han gik —— kontoret.
Hvad fik I —— middag?
Spisekortet er —— tjeneren.

244. Oversæt til dansk:

I went to a better-quality restaurant to have a meal, but it was too expensive, so I left (translate went) and went to a cheaper one, a milk-bar. I must eat all my meals out and be content with what I can afford. Mr. and Mrs. Melvad were difficult guests. They did not like the tables to which the waiter conducted them. They did not wish to eat the courses on the menu, but agreed that they would rather order sandwiches with beer. They found the service disgracefully bad, but it was they who were most impertinent.

19. PÅ INDKØB

245. I alle byer findes der mange butikker, hvor man kan købe, hvad man har brug for.

Husmoderen gør sine daglige indkøb hos de forskellige handlende. Hun begynder med at købe mælk og brød om morgenen i mejeri/udsalget. Brød og kager bages ellers af bageren. Senere går hun til købmanden, hvor hun bl.a. køber sukker, mel, kaffe, te, sæbe, m.m.—Hun må også til slagteren efter kød og til grønthandleren efter frugt og grøntsager.

Men der er mange forretninger, hvor man henter sine forskellige fornødenheder. Tøj køber man hos manufakturhandleren, bøger hos bog- og papirhandleren, værktøj og køkkenudstyr hos isenkræmmeren, og møbler hos møbelhandleren. Medicin får man på apoteket. Når man skal klippes, går man til frisøren.

I større byer er der også stormagasiner, hvor man kan købe alt lige fra gulvtæpper til knappenåle i én og samme forretning Varerne er der mærket med pris, så man kan se, hvad de koster.

Hvor er Hans?—Han er gået efter mælk.

Jeg sætter pris på god mad.

Gloser

indkø'b, *-et*, *-*, purchase, shopping; *på i.*, shopping

handle [hanlə], *-de*, trade, shop; *de handlende*, tradespeople

-udsalg [uðsal'ɣ], *-et*, *-*, here: shop

kage [ka:ɣə], *-n*, *-r*, cake

bage [ba:ɣə], *-te* [bagdə], bake

bager [ba:ɣər], *-en*, *-e*, baker

købmand [køman'], *-en*, *-mænd*, merchant, grocer

bl.a., abb. from *blandt andet*

me'l, *-et*, flour

te', *-en*, tea

sæbe, *-n*, (*-r*), soap

m.m., abb. from *med mere*, etc.

slagter, *-en*, *-e*, butcher

for'retning, *-en*, *-er*, here: shop, § 371

for'nø'denhe'd, *-en*, *-er*, necessity

manufak'tu'rhandler, *-en*, *-e*, clothes dealer

værktøj', *-et*, tools, § 372, 1

køkkenudsty'r, *-et*, kitchen equipment

isenkræmmer, *-en*, *-e*, ironmonger

medi'ci'n, *-en*, medicine

apo'te'k, *-et*, *-er*, chemist's (shop)

fri'sø'r, -en, -er, hairdresser
stormagasi'n, -et, -er, store
vare, -n, -r, goods
gulvtæppe, -t, -r, carpet
knappenå'l, -en, -e, pin
samme, same; én og samme,
   one and the same

mærke, -de, here: mark
pri's, -en, -er, price;   sætte
   'pri's på, appreciate
efter (mælk), for

246. Spørgsmål

Hvor køber man mælk, brød, sukker, kød?
Hvad køber man hos manufakturhandleren, boghandleren,
isenkræmmeren og på apoteket?

247. Hos bageren

—Goddag!
—Goddag. Hvad ønsker De?
—Jeg ville gerne have et halvt rugbrød og et franskbrød.
—Værsgo.
—Tak.
—(Var der) ellers noget?
—Ja, jeg skulle også have nogle stykker wienerbrød eller en
kringle. Hvad koster den der?
—Den koster en krone. Vi har også en større til halvanden
krone.
—Tak, jeg tror, jeg må have denne her. Vi skal have gæster
i aften, så jeg må hellere få nogle flødeskumskager også.
Dem synes min mand så godt om.
—Vi har også en meget lækker lagkage til to og en halv
krone. De kan også godt få enkelte stykker af den store
lagkage med chokolade/overtræk.
—Nej tak; denne gang tror jeg, jeg vil nøjes med flødeskums-
kagerne.
—Småkager?
—Hvad behager?
—Småkager! Vi har nogle lækre vanillekranse, der lige er
kommet ud af ovnen.
—Det lyder godt. Lad mig bare få et halvt pund af dem
også. Men så skal jeg heller ikke have mere i dag. Hvor
meget bliver alt dette?
—Tak, det bliver syv kroner og 75 øre.
—Værsgo, her er en tier.
—Tak, to kroner og 25 øre tilbage. Værsågod.
—Tak. Farvel!
—Farvel og tak!

Man elsker sin kone, holder af sine børn, synes om eller kan lide god mad.

Sikken en lækker kage.

Jeg kører med linie 5 = femmeren.
Han blev nummer 5.

En femogtyveøre er en mønt.
En tikrone (tier) er en (penge) seddel.

Jeg skylder ham penge.

Gloser

ønske, *-de*, wish, want

jeg ville gerne have, I should like, could I have

franskbrød [fransbrø'ð], (French) white loaf

værsgo = *værsågod*, here: here you are

var der ellers noget, did you want anything else?

wienerbrø'd, Danish pastry

kringle [kreŋlə], *-n*, *-r*, pastry made of the same ingredients as Danish pastry, in the shape of a loop or a bar to be cut into pieces

krone, *-n*, *-r*, " crown ", Danish coin, roughly = 1s.

halvanden [hal'anən], one and a half

denne he'r, this one

flødeskumskage, cream cake, small pastries covered with whipped cream

lækker, delicious

lagkage [laɣka:ɣə], large (round) cake made of slices of pastry with custard and jam between and covered with icing sugar, chocolate and/or whipped cream

enkelt [ɛŋ'gəld], single

chokolade [ʃoko'la:ðə], *-n*, (*-r*), chocolate

overtræk, *-ket*, covering

småkage, kind of biscuit

hvad behager [va be'ha'r] = *hvad siger De*, I beg your pardon

vanillekrans [va'niljə‚kran's], ring-shaped biscuit with vanilla flavour

ovn [ou'n], *-en*, *-e*, oven

pund [pun'], *-et*, *-*, pound

hel'ler ikke, may here be omitted in translation

blive, here: make

øre [ø:rə], *-n*, -(*r*), Danish coin, $\frac{1}{100}$ *krone*

tier [ti'ər], *-en*, *-e*, ten-kroner note

til'bage, here: change

sikken en, what a, § 454

linie [linjə], *-n*, *-r*, line, here: tram number

møn't, *-en*, *-er*, coin

(*penge*)*sed'del*, *sed(de)len*, *sedler*, here: (bank)-note

skylde, *-te*, owe

248. Spørgsmål

Hvad slags brød kan man købe hos bageren?
Kender De navnet på nogle kager?

249. Ordsprog og talemåder

Han har ikke rent mel i posen.
Man kan ikke både blæse og have mel i munden.
Han er nybagt student.
Man skal ikke give bager/børn hvedebrød.
De var i Norge i deres hvedebrødsdage.

pose, -n, -r, bag; *have rent mel i posen,* be honest
nybagt, freshly baked, here transf., freshman

hvedebrø'd, wheat cake
hvedebrø'dsdage, honeymoon

250.

Fruen til tiggeren: —Var det ikke Dem, der fik et stykke hjemmebagt kage i forrige uge?
Tiggeren: —Jo, og jeg kommer for at sige, at nu har jeg det bedre. (Storm P.)

tigger [tegər], *-en, -e,* beggar
hjemmebagt, home-made
forrige, last, § 385, 5

have det godt, be, feel well;
have det bedre, feel better

251. Grammatical Notes

1. In a number of cases, Danish uses the plural for Engl. singular (collective or abstract noun): *mange penge,* much money; *smukke møbler,* beautiful furniture; *gode oplysninger,* good information; *store indtægter,* large income.
On the other hand, Danish singular corresponds to Engl. plural: *indhold,* contents; *smørrebrød,* sandwiches; *værktøj,* tools. Notice the use of the singular in Danish in: *De mistede livet*—They lost their lives. *Det koster 2½ krone.* . . . crowns. §§ 371–372.

2. In Danish the use of *s*-genitive is not restricted to words denoting persons or living beings, as in Engl.: *broens længde,* the length of the bridge. In a number of cases, however, a prepositional construction may also be used instead of the genitive, corresponding to Engl. of-genitive: *husets tag* or *taget på huset.* Cf. also the use of compounds: *køkkendøren* or *døren til køkkenet.*
Notice the genitive in expressions such as: *en toværelses lejlighed, en times tid,* about an hour; *en 15 øres kage.*
Notice that the genitive is not used in Danish in phrases such as: *hos bageren,* at the baker's. §§ 377–382.

3. The demonstrative pronoun *denne, dette, disse,* this, these is rather formal and used in literary style; in ordinary language —apart from certain set phrases: *denne gang, på dette sted*

—it is replaced by *den(ne) her, det(te) her, disse her, de her*: *Jeg tror, jeg vil have denne her.* § 452.

4. The preterite form is used about the present to express politeness: *Jeg ville gerne have et halvt rugbrød.* *Var der ellers noget?* § 502.

Exercises

252. Insert the correct form:

(min): —— penge.
(din): —— møbler.
(sin): Han tog —— værktøj og gik.
(stor): Hun har —— indtægter.
(dårlig): Denne bogs indhold er ——.

253. Replace the prepositional groups with a genitive construction (or a compound), and vice versa:

Vinduerne i butikken: butikkens vinduer, etc.
Bøgerne hos boghandleren: ——.
Navnet på denne kage: ——.
Denne tid af året: ——.
Døren til spisestuen: ——.
Butikkens tag: taget på butikken, etc.
Bagerens kager: ——.
Forretningens dør: ——.
En 50 øres kage: ——.

254. Insert the correct preposition:

Jeg gik (hen) —— isenkræmmeren efter noget værktøj.
Jeg gik hen —— apoteket —— medicin.
Jeg stod —— bageren.
Jeg købte medicin —— apoteket.
Jeg blev klippet —— frisøren.

255. Oversæt til dansk:

Have you (got) enough money to buy what you want in the shops? Have you been to the grocer's and to the chemist's? Did you buy any medicine? Yes, the bottle cost 3½ crowns. Have you bought any new furniture? No, but I have made a chair with my own tools. I would like a sandwich and a Danish pastry. Well, it will take about an hour (translate an hour's time) before it is ready (translate baked), but you may have a cream cake or some biscuits now, if you wish (add: it).

20. SYGDOM

256. Hr. Hansen er syg og ligger i sengen. Nu er lægen, doktor Petersen, kommet for at aflægge et besøg:

Lægen: Goddag. Nå, hvad er der så i vejen med Dem i dag, hr. Hansen? De er noget bleg.

Patienten: Jeg føler mig rigtig sløj; jeg har ondt i halsen og i ryggen, jeg har hovedpine, og alle mine lemmer er ømme. Jeg har ikke sovet i nat.

L: Det er nok ikke en almindelig forkølelse, De har fået, men en alvorlig omgang influenza. Har De feber?

P: Ja, 38,5 nu til morgen.

L: Så må De absolut holde sengen, indtil feberen er overstået. Jeg skriver nu en recept til Dem med nogle piller mod hovedpinen og en anden medicin for halsen. De må også hellere få noget hostesaft, hvis De skulle komme til at hoste og få ondt i brystet.

P: Hvor længe tror De, det varer, inden jeg er over det?

L: Ja, først må De jo være helt feberfri, før De overhovedet kan stå op. Der går sikkert mindst en uge, og De må helst have været oppe et par dage, før De begynder at arbejde. De vil sikkert føle Dem træt temmelig længe efter, og de første fjorten dage synes jeg i hvert fald De skal holde Dem hjemme fra kontoret.—Men jeg må videre. Der er ret megen sygdom for tiden. Hvis folk ikke lider af andet, synes de alle at være slemt forkølede.—God bedring, og så farvel!

P: Farvel, og tak for besøget!

Når man er forkølet, har man ondt i halsen, har snue, hoster og er hæs.

Han er dårlig = han er sløj.	Goddag—How do you do!
en opskrift—en recept	Hvordan har De det?—How are you?
Han er ond mod dyrene.	Jeg har travlt—I am busy.
Det gør ondt i halsen	
= jeg har ondt i halsen.	
Det gør mig ondt.	

Gloser

sygdom [sy(:)dɔm'], *-men, -me,* illness, disease

syg [sy'], ill

læge [lɛːɣə], *-n, -r,* doctor, physician

doktor [dɔgdər], *-en, -er* [dɔg'toːrər], doctor

aflægge [aulɛgə], irr., (*et*) *besø'g,* pay a visit

noget, somewhat

bleg [blai'], pale
patient [pa'ʃɛn'd], *-en*, *-er*, patient
sløj [slɔi'], unwell
ond [on'], bad, cruel; *have ondt i halsen*, have a sore throat
ryg [røg], *-gen*, *-ge*, back
hovedpine [hoːəðpiːnə], *-n*, headache
lem', *-met*, *-mer*, limb
øm', sore, tender
for'kø'lelse, *-n*, *-r*, cold
alvorlig [al'vɔ'rli], serious
omgang [ɔmgaɲ'], *-en*, *-e*, turn, here: fit, attack
influenza [enflu'ɛnsa], *-en*, (*-er*), influenza
fe'ber, *-en*, fever, temperature 38,5, read: *otteogtredive (komma) fem'*, i.e., Centigrade = 101·3° F.
nu til morgen, this morning
holde 'sen'gen, stay in bed
indtil, until
overstå', irr., overcome
recept [re'sɛbd], *-en*, *-er*, prescription

pille [pelə], *-n*, *-r*, pill
hostesaft, *-en*, cough syrup
hoste [hoːsdə], *-de*, cough
bryst, *-et*, (*-er*), breast, chest
være over det, get over it
overhovedet [ɔuər'hoːðəd], at all
gå', here: pass
hel'st, preferably
fjorten dage, a fortnight
må videre, i.e., *må gå (tage) videre*
lide af, suffer from
synes [syːnəs], here: seem
slem't, adv., badly
være for'kø'let, have a cold; *blive f.*, catch a cold
go'd bedring, I hope you will be better soon, (I wish you a) speedy recovery
snue, *-n*, *-r*, head cold
hæ's, hoarse
dårlig, here: feeling bad, poorly
gøre 'on'dt, hurt; *det gør mig ondt*, I am sorry

257. Spørgsmål

Hvad er der i vejen med hr. Hansen?
Hvor megen feber har han?
Hvad gør lægen?
Hvornår må patienten stå op?
Hvad siger lægen, da han går?

258. En fabel

Et sygt æsel fik besøg af en ulv, der gav sig ud for at være læge.
—Hvor gør det ondt? spurgte ulven.
—Det er værst der, hvor du rører ved mig, svarede æslet.

give sig 'u'd for, pretend to be

259. Grammatical Notes

1. The distinction in Engl. between the interrogative pro-nouns *who* and *which* is only partly reflected in the use of Danish *hvem* and *hvilken* (*af*): *Hvem havde du til bords?*—Who did you take in to dinner? *Hvilken af damerne havde du til bords?* —Which of the ladies . . .? But also: *Hvem af jer har set mine briller?*—Which of you has seen my glasses? Colloquially *hvilken* is replaced by *hvad for*: *Hvilken bog* or *Hvad for en bog vil du helst have?* Which book would you prefer? § 457.

2. It is very common in Danish to introduce a sentence with another part than the subject for emphatic purposes: *Først må De være helt feberfri. Et æble må du gerne få*—You are welcome to have an apple. *Ham bryder jeg mig ikke om*—I do not care for him.

Sometimes a part which belongs to a subordinate clause may be found in the principal clause: *De første fjorten dage synes jeg De skal holde Dem hjemme. Jeg håber ikke, det er noget alvorligt*—I hope it is not anything serious. §§ 561, 569, 574.

Exercises

260. Insert forms of *have* or *være* (cf. § 543):

Lægen —— kommet.

Patienten —— ikke sovet om natten; han —— hostet hele tiden.

Sygdommen —— varet længe nu.

—— patienten været oppe endnu?

Nu —— lægen selv blevet syg.

—— hr. Hansen ikke gået endnu?

Læreren sagde, at han aldrig —— slået børnene.

Hr. Madsen —— rejst meget, før han kom til Amerika.

261. Oversæt til dansk:

What has happened? Mr. Hansen is ill in bed. I think he has just caught a cold. The doctor has been to see him. Who is his doctor? The doctor gave the patient some pills for his headache and in order to get his (translate the) temperature down. He said that it would probably be a week before he could get up again. Which bed would you rather have? There are many sick (people) at present. I do not care for that.

21. KØBENHAVN

262. København er Danmarks hovedstad og tillige landets største by med over én million indbyggere, hvis man regner forstæderne med.

København blev grundlagt i den tidlige middelalder af biskop Absalon. Den udviklede sig snart til en betydelig handelsby på grund af beliggenheden ved Øresund, der forbinder Østersøen med verdenshavene. Navnet København betyder " købmændenes havn ", og endnu er havnen, som er anlagt mellem Sjælland og Amager, den største og vigtigste i Skandinavien.

København har spillet en stor rolle i Danmarks/historien, To gange led den under langvarige belejringer, 1536 og 1658–59. 1728 brændte den næsten ned, og i 1807 blev den bombarderet af englænderne under Napoleonskrigene.

København var længe en fæstningsby. Tæt ved Langelinie (havnen) og den engelske kirke ligger Kastellet, og indtil 1870erne var byen omgivet af volde; derom minder endnu navnene Øster-, Nørre- og Vester/port, og først da voldene mod vest blev revet ned, kunne byen vokse frit og hurtigt til sin nuværende størrelse. Der er endnu mod øst rester af den gamle befæstning i Christianshavns volde på Amager. Hvor vestvoldene lå, er der nu de smukke parker: Ørstedsparken, Botanisk Have og Østre Anlæg. Vest for dem ligger " Søerne ".

Det oprindelige København inden for de gamle volde er let at kende på sine gamle huse og smalle, snoede gader. I dette kvarter ligger Universitetet og domkirken, Vor Frue kirke.

Andre kendte gamle bygninger i det indre af København er Rosenborg slot, Rundetårn og Regensen, et studenterkollegium; alle bygget i det 17. århundrede af kong Christian IV.

Gloser

hovedstad [hoː(v)əðsdað], *-en* [-sda'ðən], *-stæder*, capital
tillige [te'li(ː)ə], besides
indbygger, *-en*, *-e*, inhabitant
regne (*-de*) 'med, include
forstad, suburb

grundlægge, irr., found
biskop [bisgɔb], *-pen*, *-per*, bishop
udvikle, *-de*, develop
be'ty'delig, important
handel [han'al, *-en*, trade]

han'delsby', commercial city
på 'grun'd af, on account of
Øresund [ø:rəson'], the Sound
for'bin'de, irr., connect
Østersø'en, the Baltic
verdenshav, ocean
be'ty'de, irr., mean
havn [hau'n], *-en, -e*, harbour, port
anlægge, irr., build
Sjælland [ʃɛlan'], Zealand
Amager [ama'r]
rolle, -n, -r, part; *spille en r.*, play a part
hi'sto'rie, here: history
le'd, p.t. of *lide*, suffer
belej'ring, -en, -er, siege
brænde (-te) 'ne'd, be burnt down, § 550
bombar'de're, -de, bomb
krig [kri'], *-en, -e*, war
fæstning, -en, -er, fortress; *fæstningsby'*, fortified town
tæt, close
Lange'linie, name of the pier at Copenhagen harbour
ka'stel', -let, -ler, fort
1870erne, the 1870's

vold [vɔl'], *-en, -e*, rampart
minde, -de, remind; *m. om*, remind of
po'rt, -en, -e, gate
rive, irr., tear; *r. 'ne'd, nedri've*, pull down
nuvæ'rende, present
størrelse, -n, -r, size
rest, -en, -er, remnant
be'fæstning, -en, -er, fortification
park, -en, -er, park
bo'ta'nisk, botanical
anlæ'g, -get, -, park
op'rin'delig, original
let at kende på, easily recognizable by, § 550
smal', narrow
sno', -de, wind; *snoet*, here: winding
domkirke [dɔm-], cathedral
det indre, the interior
Rosenborg [ro:sənbɔr']
slot [slɔd], *-tet, -te*, palace, castle
Regensen [re'gɛn'sən]
kol'le'gium, college
år'hundrede, -t, -r, century

263. Spørgsmål

Hvor mange indbyggere har København?
Når blev København grundlagt?
Hvorfor hedder byen København?
Hvad minder om, at København har været en fæstningsby?
Hvordan kan man kende det gamle København inden for voldene?
Nævn nogle kendte bygninger i København.

264. Rådhus/pladsen er Københavns trafikcentrum. Den ligger ikke langt fra Hoved/banegården. Her ligger rådhuset med sit høje tårn og klokkespillet, der er Danmarks Big Ben.

Der er altid mange mennesker på Rådhuspladsen. Her

ligger også to af landets store bladhuse, nogle store varehuse og SAS hovedkontor.

Vestpå fortsætter Rådhuspladsen i Vesterbrogade med mange restauranter, varieteer og biografer. Det er Københavns forlystelses/centrum. Her ligger Tivoli, Københavns verdens/berømte forlystelses/park, der blev grundlagt for over 100 år siden. Tæt ved, over for Hovedbanegården, står Friheds/støtten til minde om de store landreformer i slutningen af det 18. århundrede, der lagde grunden til det danske landbrugs nuværende høje niveau.

På den anden side af Rådhuspladsen fører en række gader, der tilsammen kaldes for Strøget, til Kongens Ny/torv.

Strøget er byens fineste og dyreste forretningsgade, hvor der altid er mange folk ude at spadsere.

På Kongens Nytorv ligger Det kongelige Teater, og tæt herved Ny/havn, søfolkenes både berømte og berygtede forlystelseskvarter. Ikke langt derfra, i byens fineste gamle beboelseskvarter, bor kongen på Amalienborg.

København er den danske regerings sæde. Folketinget samles på Christiansborg slot, ikke langt fra havnen, hvor også Børsen, bygget af Christian IV, og ministerierne ligger. Christiansborg blev genopført 1907–28 efter en brand, og på samme sted har der ligget flere slotte, undertiden kongens residens, lige fra byens grundlæggelse med Absalons borg.

slutte—slutning

Gloser

rådhus [rɔðhu's], *-et, -e,* town hall

plads [plas], *-en, -er,* here: square

centrum [sentrom], *centret, centrer,* centre

banegå'rd, -en, -e, station; *hovedbanegå'rd,* main station

klokkespil, -let [-sbel'əd], *-,* *carillon*

bladhu's, newspaper office, press

SAS ['ɛs'a''ɛs], i.e., Scandinavian Airlines System

hovedkonto'r, main office

vestpå', towards the west

fortsætte, irr., continue

Vester'brogade

varie'té, variety showhouse

for'lystelse, -n, -r, entertainment

-be'røm't, famous

overfor, opposite

frihe'd, -en, -er, liberty

-støtte, -n, -r, column

minde, -t, -r, memory; *til m. om,* in memory of

reform [re'for'm], *-en, -er,* reform

slutning, -en, -er, end

grun'd, here: basis

nuvæ'rende, present

niveau [ni'vo], level

række, -n, -r, row; here: number

Strøget [sdrɔi'əð]

fi'n, fine

spadsere [sba'se're], *-de*, go for a walk, stroll

kongelig, royal

søman'd, *-en*, *-mænd* or *-folk* (§ 369, Note), sailor

berygtet [be'røgdəð], badly reputed

be'bo'else, *-n*, *-r*, habitation; *-s*, residential

Amalienborg [a'ma'lian,bɔr']

re'ge'ring, *-en*, *-er*, government

sæde, *-t*, *-r*, seat

folketin'g, *-et*, *-*, parliament

Christiansborg [kresdians'bɔr']

bø'rs, *-en*, *-er*, stock exchange

mini'ste'rium, *mini steriet*, *mini sterier*, ministry

genopfø're, *-te*, rebuild

bran'd, *-en*, *-e*, fire

resi'den's, *-en*, *-er*, residence

borg [bɔr'ɣ], *-en*, *-e*, castle

slutte, *-de*, finish

265. Spørgsmål

Hvad ved De om Rådhuspladsen?

Hvor er Københavns forlystelsescentrum?

Hvilke to pladser forbindes af Strøget?

Hvad er Nyhavn?

Hvor samles den danske rigsdag?

266. Grammatical Notes

1. In principle the preterite and perfect tenses are used in Danish as in Engl., with the preterite for action concluded in the past and the perfect tense for action seen in relation to the present moment: *Byen brændte næsten helt ned i 1728. København har spillet en stor rolle i Danmarkshistorien.* But sometimes usage differs in the two languages, thus in connection with *altid* and *aldrig* Danish uses the perfect tense: *Jeg har aldrig set noget lignende*—I never saw the like. §§ 545–546.

2. Besides the *s*-form, Danish has also a passive formed by the auxiliary *blive* + the past participle: *København blev grundlagt i middelalderen.* There is a tendency to prefer the passive with *blive* in colloquial language, especially referring to single events: *Al maden blev spist*—All the food was eaten. The *s*-form belongs to more formal style, and is also used in general statements (e.g., in recipes) and about what is customary or of long duration: *10 æbler skrælles og koges til mos. Der må ikke ryges i teateret*—Smoking is not allowed in the theatre. *Fyrretræ anvendes til tømmer. Jorden ejedes af kronen*—The ground was owned by the Crown. §§ 547–549.

Notice the following Danish active constructions: *Han druknede*, he was drowned. *Byen brændte ned*, was burned down. § 550.

Exercises

267. Put the verb in the following sentences in the imperfect
or the perfect tense:

København spiller altid en stor rolle i Danmarks historie.
Det oprindelige København ligger inden for de gamle
volde.
Byen bliver grundlagt i middelalderen.

268. Insert *s*-passive or circumscribed passive:

(samle): Folketinget —— altid på Christiansborg.
(bombardere): København —— af englænderne 1807.
(kalde): Gaderne mellem Rådhuspladsen og Kongens
Nytorv —— Strøget.
(bygge): Huset —— på én dag, da man først fik begyndt.
(eje): Slottet —— af kongen.
(kende): Den gamle by —— på sine smalle gader.

269. Conjugate the following verbs: måtte, lide, lægge,
sove, rive, (for)binde.

270. Insert the correct preposition:

Hr. Nielsen rejste —— 8 tiden om aftenen.
København ligger —— Sundet.
Byen er omgivet —— volde.
Der er altid mennesker —— Rådhuspladsen.
Kongen bor —— slottet.
Hvad er grunden —— hans rejse.
Jeg bor —— Strandgade.
Jeg bor —— Aldershvilevej.

271. Oversæt til dansk:

Copenhagen was founded by Bishop Absalon. It developed
into an important commercial city. It was also a fortress, but
the ramparts have been pulled down, and the moats made into
lakes. The original part of Copenhagen is easily recognizable
by its narrow, winding streets. You cannot now see (passive)
that the town was almost burned down in 1728.

22. TRAFIKKEN

272. Der er altid stærk trafik på gaderne i en storby. Især er færdselen voldsom i myldretiden, når folk skal skynde sig til og fra deres arbejde.

Før vrimlede det med cykler på kørebanen i danske byer. Nu er bilerne i overtal.

Fodgængerne er henvist til fortovene, og når de skal over gaden, må de benytte fodgænger/overgangene. Ved farlige gadekryds er der lyssignaler. Her må trafikken standse for rødt lys.

I Danmark kører man i højre side af gaden eller vejen, og man har vigepligt for den færdsel, der kommer fra højre. Da ikke alle kører og går lige forsigtigt, sker der undertiden ulykker; ikke mindst, fordi trafikken i de sidste år er vokset enormt.

Politiet passer på, at folk overholder færdsels/reglerne.

Fra avisen

Et bil/uheld.

En bil med seks børn, hvoraf det mindste var halvandet år gammelt, kørte i går i grøften ved Skårup. Gartner Buch, Svendborg, havde sine egne fire og to af naboens børn med på tur. Han mistede herredømmet over vognen i et sving og kørte mod et vej/træ, hvorefter bilen væltede i grøften. Det mindste af børnene faldt ud, da døren sprang op, og pådrog sig en hjernerystelse. Den lille måtte føres i ambulance til hospitalet. De andre børn var stærkt chokerede.

politi—en politi/betjent
til højre—til venstre
Han slog knæet.
Hun slog sig på en sten.

ulykke—ulykkelig
uheld—uheldig
held i uheld

Gloser

stærk, here: heavy, bad
storby', (large) city
færdsel [fɛrsəl], *færds(e)len*, traffic
voldsom, violent, here: heavy
myldreti'd, rush hour

skulle ˈ*skynde* ˈ*sig*, be in a hurry
vrimle, -de, swarm, teem
cykel, cyklen, cykler, cycle
kørebane, -n, -r, roadway
i overtal, in majority

fodgæn'ger, *-en*, *-e*, pedestrian
er henvi'st til, here: have to keep to
fortov [fɔrtɔu], *-et* [-tɔu'əd], *-e*, pavement
skal over gaden, i.e., *skal gå over*, have to cross . . .
-overgan'g, *-en*, *-e*, here: crossing
farlig, dangerous
gadekryds, *-et*, *-*, cross-roads
lyssigna'l, *-et*, *-er*, traffic light
standse, *-de*, stop
højre, [hɔirə], *right*, § 355, A4
vigepligt, *-en*, duty to hold back, stop
forsigtig [fɔr'segdi], careful
ulykke [uløgə], *-n*, *-r*, accident, disaster
ikke min'dst, not least
enorm [en'ɔr'm], enormous, here adv.
poli'ti', *-et*, police
passe (*-de*) '*på'*, see to it
overhol'de, irr., obey
-uhel'd, *-et*, *-*, minor accident
grøft [grœfd], *-en*, *-er*, ditch
Skå'rup, village in Funen
gartner, *-en*, *-e*, (market-)gardener

Buch [bug]
Svendborg [svɛnbɔr'], town in Funen
miste, *-de*, lose
herredømme, *-t*, *-r*, command, control
vogn, here: car
sving [svɛŋ'], *-et*, *-*, curve
køre mod, hit against
hvorefter, whereupon
vælte, *-de*, turn over
springe, irr., jump, spring
pådra'ge (irr.) *sig.* contract
hjernerystelse, *-n*, *-r*, concussion
føre, here: take
ambulance [ambu'laŋsə], *-n*, *-r*, ambulance
hospital [hosbi'ta'l], *-et*, *-er*, hospital
stærkt, here: badly
chokere [ʃo'ke'rə], *-de*, shock
(*politi*)*be'tjen't*, *-en*, *-e*, policeman
til venstre, to, on the left
knæ', *-et*, *-er*, knee
slå' sig, hurt oneself
u'lykkelig, miserable, unhappy
held [hɛl'], *-et*, *-*, (piece of) good luck

273. Spørgsmål

Hvorfor er færdselen stærkest i myldretiden?

Hvor går fodgængerne?

I hvilken side af vejen kører man i Danmark?

Hvorfor væltede gartner Buch med sin bil?

274. Et cykelbud bliver ved med at køre foran en sporvogn.

Vognstyreren: —Kan du så komme af sporet, din slyngel!

Budet: —Ja, men det kan du ikke!

(cykel)bud, *-et* [buð'əd], *-e*,   *spo'r*, *-et*, *-*, track
  messenger   *slyngel* [sløŋ'əl],   *slyng(e)len*,
blive 'ved med, continue, go on   *slyngler*, rascal; *din s.*, see
vognstyrer, *-en*, *-e*, driver (of a   § 437
  tram)
kan du så komme af sporet, i.e.
  get off the track

275. Grammatical Note

The past participle may be used as an adjective con-
nected with a noun. It may then be inflected in number and
definite form, adding *-e* and (in the case of participles in *-et*)
changing *t* to *d*: *et kogt æble*, a boiled apple; *det kogte
æble*; *nogle kogte æbler*; *en malet dør*, a painted door, *den
malede dør*. The past participle of certain strong verbs in *-et*
have a common gender form in *-en*: *en nedreven vold*; *et
nedrevet hus*; here the *-e* of the definite form and the plural is
added to *-en*: *de nedrevne volde*.

In modern Danish there is, however, a tendency to avoid
inflection of the past participle in gender, and in predicative
use also in number: *en nedrevet vold*; *voldene er revet ned*;
æblerne er kogt. §§ 538–541.

Exercises

276. State the plural of (cf. §§ 364, Note, 369–370): museum,
film, faktum, studium, sømand, bondegård, ministerium.

277. Insert the past participle:

    (omgive): Byen er —— af parker.
    (genopføre): Det —— slot.
    (kende): En —— bygning.
             Det —— slot.
             De —— slotte.
             Slottene er ——.
    (forbinde): De —— have.
             Havene er —— med hinanden.
    (nedrive): Et —— hus.
             En —— by.
             De —— volde.
             Byerne er ——.

278. Insert the correct preposition:

    Trafikken —— gaden er stærk.
    Han kørte —— venstre side af vejen.
    De skal køre —— højre for at nå byen.

279. Oversæt til dansk:

The traffic in a large city is particularly bad in the rush hour. In Denmark most people have a bicycle. In the last (few) years the number (*antal*) of motor cars has increased enormously. You must keep to the right in Denmark. The man drove into the ditch with his motor car, because he was in a hurry. The little boy hurt his head. Did you hurt yourself? (Cf. §§ 443–444.) Can't you find your way?

23. KØBENHAVNS OMEGN

280. I nærheden af København er der mange steder, som er værd at aflægge et besøg. Man kan f.eks. tage længere nordpå med S-toget til Klampenborg, hvor man er nær ved Øresund og kan bade ved Bellevue. Her er også indgangen til Jægersborg Dyrehave.

Dyrehaven blev anlagt 1670 af kong Christian V som hans private jagt/område; det er nu en offentlig park og minder mest af alt om et engelsk park/landskab med skov, græs/marker og spredte træer. Der lever en hel del tamme hjorte.

Man kan også tage mod nordvest og kommer da til Kongens Lyngby, som ligger omgivet af skove og søer. Tæt ved Lyngby er Landbrugsmuseet og det interessante Frilands-museum, hvor gamle huse og gårde fra forskellige egne af landet er genopført. Om sommeren er der også opvisning af folkedans.

Fra Klampenborg og Lyngby er der videre adgang til Nordsjælland.—Langs Strandvejen til Helsingør ligger der mange flotte villaer, landsteder og sommerhuse. Fra Helsingør kommer man nemmest og hurtigst til Sverige med en færge over til Hälsingborg.

I Helsingør bør man se Kronborg slot og i det indre af Nordsjælland Hillerød med Frederiksborg slot, som rummer et interessant nationalhistorisk museum.

Nordsjælland finder de fleste turister er noget af det smukkeste af dansk natur. Egnen vest og syd for København i retning af Roskilde og Køge er fladere og mindre interessant at vælge som udflugtsområde.

værd—værdi

vælge—valg

Du kan lige så godt gøre det først som sidst.
Sidst men ikke mindst bør du se Amager.

Gloser

omegn [ɔmai'n], *-en*, *-e*, sur-roundings, neighbourhood
værd [ve'r], worth(while)
nordpå', north

S-tog [ɛstɔ'ɣ], name of the suburban electric train ser-vice of Copenhagen
næ'r, near (to)

Bellevue [bɛlə'vy]

indgan'g, *-en*, *-e*, entrance

dyrehave, deer park

-omrɑ̃de, *-t*, *-r*, district

offentlig [ɔfəndli], public

spre'dt, p.p. of *sprede*, *-te*, scatter

en he'l de'l, quite a number

tæt ved, close by

-museum [mu'sɛ:ɔm], *museet*, *museer*, museum

frilandsmuseum, open-air museum

opvi'sning, *-en*, *-er*, display, exhibition

folkedan's, *-en*, *-e*, folk dance, folk dancing

adgan'g, *-en*, (*-e*), admission

Helsingør [hɛlseŋ'ø'r]

flot [flɔd], magnificent, posh

landsted, country house

sommerhu's, (summer) cottage

nem', easy

Sverige [svɛr'i], Sweden

færge, *-n*, *-r*, ferry

Hälsingborg [hɛlseŋ'bɔr']; *ä is* the Swedish *æ*

bør, pr.t. of *burde*, irr., ought to

Frederiksborg [freðregs'bɔr']

rumme [romə], *-de*, contain

natio'na'lhisto'risk, national historic

tu'rist, *-en*, *-er*, tourist

retning, *-en*, *-er*, direction

Køge [kø:ɣə]

vælge, irr., select

udflugt [uðflogd], *-en*, *-er*, excursion

vær'di', *-en*, *-er*, value

valg [val'ɣ], *-et*, *-*, selection, election

lige så godt, just as well

281. Spørgsmål

Hvor ligger Jægersborg Dyrehave?

Hvad er der at se ved Kongens Lyngby?

Fortæl om Strandvejen og Helsingør.

Hvordan kan man nemt komme fra Danmark til Sverige?

282. Grammatical Note

Adverbs derived from adjectives compare like the corresponding adjective: *godt—bedre—bedst*, *nemt—nemmere—nemmest*. Some non-derived adverbs are also compared:

gerne—hellere—helst
ofte—oftere—oftest
ind—indre—inderst
ud—ydre—yderst

More or less complete comparison is also found with words other than adjectives and adverbs:

en—eneste
under—underst
bag—bagest

See further §§ 414–417.

Exercises

283. State the basic form of: helst, yderst, sidst.

284. Insert the superlative:

(bag): Han stod ———.
(en): Det er min ——— blyant.
(for): Hvem er den ———?
(selv): Det er ——— kongen, der kommer.
(før, frem): Du må ——— og ——— se Kronborg i Helsingør.

285. Oversæt til dansk:

Last Sunday the children and I went for a trip up to
Klampenborg by the S-train.   We started (*kørte*) early in the
morning, and we bathed in the Sound before eating our sand-
wiches, which we had (brought) with us in a parcel.   After
lunch we walked through Dyrehaven, where we saw some tame
deer.   We had thought of going to Lyngby, but it was too
far to walk for the children; it would have taken us more
than an hour.   So we returned to Klampenborg.   We would
rather go another Sunday to Lyngby and to the Open-Air
Museum, preferably when there is an exhibition of folk dancing,
because we would like to see that.   You ought to see the
interior of Kronborg Castle.   It contains a museum, too.

24. PÅ FERIE

286. —Hvor skal I holde ferie i sommer?

—Vi har tænkt på at følges ad i år og alle rejse til Bornholm. Denne ø i Østersøen er blevet et yndet ferie/sted både for danske og udenlandske turister.

—Hvordan kommer I dertil?

—Vi skal rejse med skib fra København; det tager kun otte timer, fra kl. 11 om aftenen til kl. 7 næste morgen. Man kan også rejse over Sverige og fra Ystad eller Simrishamn nøjes med et par timers sejlads over til øen. Endelig er der også daglig forbindelse med flyvemaskine fra København til Rønne.

—Jeg mindes, at jeg har læst om Bornholm et eller andet sted. Det skal være en interessant ø.

—Ja, det er rigtigt. Den har en meget gammel og interessant historie, synes jeg, og det er faktisk et tilfælde, at den er dansk endnu og ikke svensk, idet den ikke blev afstået til Sverige i 1660 sammen med de andre gamle øst/danske provinser Skåne, Halland og Blekinge, som danskerne og svenskerne sloges om den gang.

Øens naturforhold minder også mere om Sverige end om Danmark. Undergrunden består af granit, og mange steder kommer stenen op til overfladen og danner smukke klippepartier langs nord- og østkysten. Øen har således stor interesse for geologer, men endnu mere tiltrækker den mange kunstnere ved sin naturskønhed. De små byer er meget idylliske med velholdte maleriske bindingsværks/huse.

Den verdensberømte danske forfatter Martin Andersen Nexø levede største delen af sin barndom på Bornholm. Han tog sit navn efter en af byerne derovre og har hentet stof til mange af sine fortællinger derfra.

—Det lyder alt sammen vældig interessant. Jeg må også bestemt se at komme til Bornholm engang.

—Ja, det må du endelig love mig at gøre alvor af. De, der har besøgt øen én gang, længes altid tilbage.

Han længes efter at få ferie.

Jeg synes, det er køligt.
Han synes at være glad.
Hvad synes du om det?
Jeg synes ikke om dig.

ved et tilfælde = tilfældigt

Norge—nordmand—norsk
kunst—en kunstner

en bornholmer:
  1. mand eller kvinde fra Bornholm
  2. røget bornholmer, dvs. røget sild
  3. bornholmerur

Gloser

Bornholm [bɔrn'hɔl'm]
tænke på, think of, consider
følge, irr., follow
følges ad, go together
ø', *-en*, *-er*, island
komme, here: get
der'til, there
med ski'b, by boat
over, here: via
Ystad [ysdað]
Simris'hamn
forbin'delse, *-n*, *-r*, connection
flyvemaskine, *-n*, *-r*, aeroplane
Rønne [rœnə]
mindes, *-des*, remember
skal være, is said to be (§ 554)
faktisk, as a matter of fact
tilfæl'de, *-t*, *-*, chance
sven'sk, Swedish
idet [i'de], because, as
afstå [ausdɔ'], irr., cede
Skåne, Scania
Hallan'd
Blekinge [ble:keŋə]
svensker, *-en*, *-e*, Swede
den gan'g, at that time, in those days
na'tu'r₁forhol'd, natural conditions
undergrun'd, *-en*, subsoil
gra'nit, *-ten*, granite
overflade, *-n*, *-r*, surface
klippepar₁ti', *-et*, *-er*, rock formation
geolog [geo'lɔ'ɣ], *-en*, *-er*, geologist

tiltrække, irr., attract
kunstner, *-en*, *-e*, artist
na'tu'r₁skønhe'd, *-en*, *-er*, natural beauty, beauty of scenery
i'dyl'lisk, idyllic
malerisk, picturesque
for'fatter, *-en*, *-e*, author
Nexø [nɛksø']
største de'len, the majority, § 351
barndom', *-men* *-e*, childhood
for'tæl'ling, *-en*, *-er*, story
derfra, here: from (over) there
vældig, enormous
bestem't, here adv.: certainly
se', here: see to it, try
en'gan'g, once, here: one day
endelig, here: by all means
love [lɔ:və], *-de*, promise
alvor, *-en*, earnest; *gøre a. af*, carry out, make materialize
længes, *-tes*, long; *l. efter*, long for
til'fæl'dig, incidental
Norge [nɔryə], Norway
nordman'd, *-en*, *-mænd*, Norwegian
norsk, Norwegian, adj.
kunst [kon'sd], *-en*, (*-er*), art
born'holmer, *-en*, *-e*, inhabitant of Bornholm, also about things originated from Bornholm
røget [rɔiəð], p.p. of *røge* [rɔiə], smoke, trans.

287. Spørgsmål

Hvor ligger Bornholm?
Hvordan kommer man dertil?

Hvorfor er øen stadig dansk?
Beskriv naturforholdene på Bornholm.
Fortæl noget om Martin Andersen Nexø.

288. Grammatical Note

Some verbs only occur in the passive (*s*-form) (deponent
verbs): *enes*, agree; *færdes*, travel; *lykkes*, succeed; *længes*,
mislykkes; *synes*: *Jeg længes tilbage. Jeg synes ikke om det*—
I do not like it. *Det lykkedes dem ikke at finde huset*—They
did not succeed in finding the house. § 513.

Exercises

289. (*a*) Insert medium passive (present and past tense) (cf.
§ 512):

    (følge): De —— ad.
    (slå): Danskerne —— ikke mere med svenskerne.
    (minde): Jeg —— ikke at have set ham før.
    (se): De —— ikke mere.

(*b*) Form sentences with enes, lykkes, længes, synes:

    Drengene kan ikke enes,
    etc.

290. Insert the correct preposition:

    Det er af stor interesse —— mig at høre.
    Der er en bog —— Dem.
    Læs brevet højt —— mig.
    Han rejste til England —— flyvemaskine.
    Jeg tænker —— at tage på landet.
    Drengen længes —— sin mor.

291. Oversæt til dansk:

—We are going to spend our holiday on Bornholm this year.
Where are you spending yours?

—I would like to go to England, but I am afraid I cannot
afford it just now. But I hope I shall succeed one day in
getting there.

—I think you ought to start saving up now.

—Don't worry (translate be afraid), I have started already.
I am sure you will like your holiday on Bornholm. Although
the island lies in the Baltic, there is only one night's sailing
from Copenhagen. Bornholm is a beautiful place. Its
(translate the) scenery reminds (one) of Sweden and attracts
many artists. Bornholm has also an old and interesting
history.

25. DEN JYSKE HEDE

292. Det nuværende Danmark består af øer. Kun den vestlige del, Jylland, er en halvø, der er landfast med Tyskland. Jyllands natur er ganske modsat Bornholms, men afviger også fra Sjælland og Fyn.

Det indre af Jylland var indtil midten af forrige århundrede dækket af store hede/strækninger med dårlig sand/jord, bevokset med lyng.

I 1866 blev imidlertid Det danske Hede/selskab grundlagt, og der kom fart i hedens opdyrkning og beplantning. Der blev anlagt plantager, markerne blev gødet, sumpede steder afvandet, og jorden således forbedret.

Nu er en meget betydelig del af den jyske hede brudt op og opdyrket, et landområde, der er noget større end Fyn, Lolland og Falster tilsammen. Resultatet er blevet, at der er skabt en mængde nye hjem, både gårde og husmandsbrug.

Enkelte steder er særlig smukke hedestrækninger blevet fredet, så man endnu kan se, hvordan den lyngbevoksede hede engang så ud.

At man i sin tid gav sig til at dyrke heden op, var til dels en følge af det store tab, Danmark led i 1864, da Sønderjylland måtte afstås efter en krig med Tyskland. Man sagde da: "Hvad udad tabtes, må indad vindes."

—Allerede 1859 forudså H. C. Andersen hedens skæbne, da han skrev:

> Heden, ja man tror det næppe,
> men kom selv, bese den lidt:
> lyngen er et pragtfuldt tæppe,
> blomster myldre milevidt.
> Skynd dig, kom! Om føje år
> heden som en kornmark står.

dansker—jyde—fynbo—sjællænder—bornholmer
Tyskland—tysker—tysk
Frankrig—franskmand—fransk

Danmark afstod Sønderjylland.
Jeg stod af toget.

Gloser

jysk, Jutland, adj.
halvø' [halvø'], *-en*, *-er*, peninsula

landfast, connected (by land)
Tyskland, Germany
modsat, opposite

121

afvige [auvi'ɣə], irr., differ

Fy'n, Funen

-strækning, *-en*, *-er*, area

san'd, *-et*, sand

bevokset, p.p., covered, over-
grown

lyng [løŋ'], *-en*, heather

-selska'b, *-et*, *-er*, company,
society

fa'rt, *-en*, speed; *komme f. i*,
gather speed

opdyrkning, *-en*, *-er*, cultiva-
tion

beplan'tning, *-en*, *-er*, planting

gøde, *-de*, manure

sumpet, swampy, marshy

afvan'de, *-de*, drain

forbedre [fɔrbeð'rə], *-de*, im-
prove

bryde (irr.) *'op*, break up

opdyrke, *-de*, cultivate

Lolland [lɔlan']

Fal'ster

resulta't, *-et*, *-er*, result

skabe, *-te*, create

mængde [mɛŋ'də], *-n*, *-r*, great
number

husmandsbru'g, *-et*, *-*, small-
holding

en'kelte steder, in certain places

frede, *-de*, protect

se ʼ*u'd*, look

i ʼ*si'n* ʼ*ti'd*, once

til ʼ*de'ls*, partly

følge [følɣə], *-n*, *-r*, conse-
quence

ta'b, *-et*, *-*, loss

Sønderjyllan'd, South Jutland,
Slesvig

udad, outward, externally

indad, inward, internally

forudse', irr., foresee

Andersen [anərsən]

skæbne [sgɛ:bnə], *-n*, *-r*, fate

næppe, hardly

be'se', irr., consider, look at

pragtful'd, splendid

myldre [mylrə], *-de*, swarm;
here old pr.t.pl.

milevidt [mi:ləvid], for miles

jyde, *-n*, *-r*, Jutlander

fynbo', person from Funen

sjællæn'der, Zealander

tysker, *-en*, *-e*, German

tysk, German, adj.

Fran'krig, France

franskman'd, *-en*, *-mænd*,
French(man)

fran'sk, French

stå af [sdɔ ʼa'], get out of

tog [tɔ'ɣ], *-et*, *-*, train

293. Spørgsmål

Hvordan så det indre af Jylland ud i forrige århundrede?

Hvad skete der, da Det danske Hedeselskab blev grund-
lagt?

Hvor meget af den jyske hede er nu opdyrket?

Hvor kan man se, hvordan den rigtige hede engang så ud?

Hvorfor gav man sig til at opdyrke heden?

294. Ordsprog

Vi er alle jyder for Vorherre.

Vor'herre, Our Lord.

295. Jysk folkekarakter

En handelsrejsende kører i tog og snakker med alle sine medpassagerer; men i et hjørne sidder der en jyde, som ikke vil præsentere sig. Handelsmanden vender sig da til ham og spørger: " Hvorfor vil De egentlig ikke sige mig, hvem De er? "—" Nej," svarede jyden, " for hvis jeg sagde Dem, hvem jeg er, så måtte De jo også sige mig, hvem De er,—og det kommer mig ikke ved."

¹*folkekarak₁te'r*, *-en*, (*-er*), national character

han'dels₁rejsende, den h., -, commercial traveller

passager [pasa'ʃe'r], *-en, -er,* passenger; *medp.,* fellow passenger

hjørne [jœrnə], *-t, -r,* corner

præsen'te're, -de, introduce

han'delsman'd, here = *handelsrejsende*

egentlig [e'ɣəndli], actually

det kommer mig ikke ved, that is no business of mine

296. Grammatical Note

Verbal compounds consist of a noun, adjective, adverb or preposition + verb: *grundlægge, fastgøre,* fix, *anlægge, afvande.* They differ from derived verbs, like *bestå, fortælle* in being separable, i.e., that the first component may be placed independently after the verb: *fastgøre* or *gøre fast.* If there is an object, it comes between the two separated components: *gøre skibet fast; dyrke heden op.*

A difference in meaning may be expressed through the use of the separated or non-separated form of the verb: *Sønderjylland blev afstået til Tyskland. Passageren stod af* (toget)—The passenger got off (the train). *Indse,* realize; *se ind,* look into. See further §§ 607–608, 611, 614.

Exercises

297. Decide which of the following verbs are separable: afvige, bese, grundlægge, afstå, opdyrke, forbedre, bevokse, fortælle, indse, forstå, forestå.

298. Conjugate the following verbs: bryde, græde, skyde, vælge.

299. Pronounce (cf. §§ 36–37): halvø, København, betydelig, opdyrke, århundrede, plantage, moderne, minut, trafik.

300. Oversæt til dansk:

Hans Andersen wrote a poem (*digt*) about Jutland in which he related (told) the history of the moors. When he visited Jutland the moors were still there, but he foresaw that they would soon become cultivated and made into corn-fields. After the Danish Heath Company was founded, large parts of the moors were planted with trees, or the soil was ploughed and manured and thus improved. There are now many farms and small-holdings where formerly there was only heather. One might say that through cultivation of the moors, Denmark gained internally what it lost when after the war (of) 1864 it had to cede South Jutland to Germany.

26. MOLS OG MOLBOERNE

301. Mols er navnet på den sydlige del af Djursland, den halvø, der stikker frem som en næse på Jyllands østkyst.

Mols besidder en meget smuk natur med bakker og skove, og Æbeltoft er en charmerende gammeldags lille by.

Befolkningen på denne egn kaldes molboer. Fra gammel tid har de andre jyder uden grund anset dem for at være særlig dumme og har, som man kan tænke sig, lavet en mængde historier for at latterliggøre dem.—Her er en af disse molbohistorier:

Storken i rugmarken

En sommer opdagede molboerne, at der var kommet en stork ind i deres rugmark, hvor den gik frem og tilbage. Det syntes de naturligt nok ikke om, for de var bange for, at storken skulle træde kornet ned.

De talte længe frem og tilbage om, hvordan de skulle få den bort, og til sidst blev de enige om, at byhyrden skulle jage storken ud. Men så lagde de pludselig mærke til, at hyrden havde meget store fødder, og blev bange for, at han skulle træde mere korn ned end storken, når han gik ind i rugen.

Hvad skulle de nu gøre?

Endelig fandt en klog molbo på råd: De andre molboer kunne bære hyrden ind i marken, så han ikke *kom til at* røre ved jorden.

Det syntes de alle var en god idé. Hyrden blev anbragt på en stige, og så bar seks mand ham ind i kornet. Nu kunne han jage storken bort uden at træde rugen ned med sine store fødder.

Jeg stak·mig på en nål eller et søm.

De andre jyder lo ad molboerne.
le—smile

Gloser

sydlig, southern	*charmerende* [ʃar'me'rənə],
Dju'rslan'd	charming
stikke (irr.) *'frem'*, project	*be'fol'kning*, *-en*, *-er*, inhabi-
be'sid'de, irr., possess	tants, population
bakke, *-n*, *-r*, hill	*anse' for*, consider
Æbeltoft [ɛ:bəltɔfd]	*tænke sig*, imagine

125

latterliggø're, irr., ridicule
opda'ge, *-de*, discover
frem' og tilbage, forwards and backwards, to and fro
natu'rlig, natural, here adv.
træde, irr., tread
til sidst [te 'sisd], at last, in the end
hyrde [hyrdə], *-n*, *-r*, herdsman; *byhyrde*, village herdsman

pludselig [plusəli], suddenly
klog [klɔ'ɣ], wise
finde på 'rå'd, find a way (out)
kom til at, would; cf. § 322
idé [i'de'], *-en*, *-er*, idea
anbringe [anbreɳ'ə], irr., place
stige [sdi(:)ə], *-n*, *-r*, ladder
stak, p.t. of *stikke*, here: hurt
nå'l, *-en*, *-e*, needle
søm [sœm'], *-met*, *-*, nail
smile, *-de*, smile

302. Spørgsmål

Hvor ligger Mols?

Hvem er molboerne?

Hvorfor syntes molboerne ikke om, at storken var kommet ind i deres rugmark?

Hvorfor var hyrden ikke god til at jage storken ud?

Hvad mener De om den kloge molbos råd?

303. Her er en anden molbohistorie:

Kirke/klokken

En mand bildte molboerne ind for spøg, at der var krig i landet. Derfor bestemte de at gemme så meget som muligt af deres ejendele, således som de plejede, når der var fare på færde, for at fjenden ikke skulle få fat på dem, hvis han skulle komme til deres egn.

Da de holdt meget af deres gamle kirkeklokke, ville de først og fremmest skjule den; men de var længe uenige om, hvor de bedst kunne gøre af den. De ville ikke grave den ned i jorden. Til sidst spurgte en, om de ikke kunne sænke den i havet. Det forslag syntes de andre godt om, og da de med stort besvær havde fået klokken ned fra sin plads i tårnet, trak de den hen i en båd og roede langt ud på havet, hvor de kastede den overbord.

Men pludselig var der en, der sagde: "Hvordan finder vi den selv, når fjenden er ude af landet igen?"

"Det er let nok," svarede en molbo, der troede, han var klogere end de andre. "Vi sætter bare et mærke her, hvor vi har kastet den ud," og så tog han sin kniv og skar et dybt hak i siden af båden!

Nu var kirkeklokken godt gemt, til krigen var forbi, og molboerne var sikre på at kunne finde den igen, så de roede tilfredse hjem og glædede sig allerede til den dag, (da) de skulle ud og fiske deres kære klokke op igen.

Krigen er forbi.
Han gik forbi.

Molboerne sænkede klokken i havet.
Klokken sank, fordi den var tung.
Vi synker maden.

Den, der søger (leder), skal finde.

Gloser

bilde [bilə], (-*te*) ¹*in'd*, make
believe
spøg [sbɔi'], -*en*, joke; *for s.*,
for fun
bestem'me, -*te*, decide
mulig, possible
ejendel [aiənde'l], -*en*, -*e*, be-
longing
fare, -*n*, -*r*, danger; *når der
var fare på færde*, in times
of danger
fjende [fjenə], -*n*, -*r*, enemy
skjule, -*te*, hide
være u¹e'*nig*, disagree
gøre af [gœrə ¹a'], here: put,
place
grave [gra:və], -*de*, dig
sænke, -*de*, sink, trans.

forslag [fɔrsla'ɣ], -*et*, -, sug-
gestion
be'svæ'r, -*et*, -, difficulty,
trouble
plads, here: place
båd [bɔ'ð], -*en*, -*e*, boat
ro', -*ede*, row
overbord [ɔuər'bo'r], overboard
mærke, -*t*, -*r*, mark
hak, -*ket*, -, cut, notch
for'bi', past; here: over
sikre på, pl. of *sikker*, sure
synke, irr., sink, intrans.,
swallow, trans.
tung [toŋ'], heavy
søge [sø:ɣə], -*te*, seek, look for
lede [le:ðə], -*te* = *søge*

304. Spørgsmål

Hvor ville molboerne skjule deres kirkeklokke?
Hvordan ville de finde klokken igen?
Hvorfor var det en dårlig idé at skære et mærke i siden af
båden?

305. Grammatical Notes

1. Some nouns have two plural forms with different meaning:

skat—skatte, treasure(s)
  skatter, tax(es)
høne—høner, hen(s)
  høns, chicken, coll.
fod—fod, foot, measure
  fødder, feet

øre—øre, øre, coin: 75 *øre*
  ører, e.g. *to tiører*, two
  10-øre pieces
mand—mand, men, coll.
  mænd, men, § 368

2. The two Danish conjunctions *da* and *når* both cover
Engl. " when ". *Da* refers to a single event, usually in the
past: *Da de havde fået klokken ned, trak de den hen i en båd.*

Når refers to repeated events in the past and the present—
De plejede at gemme deres ejendele, når der var fare på færde—
and to a single event only in the future—*De vil prøve at finde
klokken igen, når krigen er forbi.*

Da also covers Engl. " as " to indicate cause: *Da de holdt
meget af deres klokke, ville de skjule den for fjenden* (otherwise
" as " equals *som*: *Som man kan tænke sig*). § 600, Notes 1–2.

3. Engl. " if " is translated *hvis* or *om* in conditional clauses:
Fjenden måtte ikke finde klokken, hvis (or: *om*) *han skulle komme
til deres egn.* Only *om* can be used in interrogative clauses:
En molbo spurgte, om de ikke kunne sænke klokken i havet.
§ 600, Note 3.

Exercises

306. Insert the plural form:

(mand): Her er kun adgang for ——.
Arbejdet kan gøres af tre ——.

(fod): Hvor mange —— er du høj?
Han fik kolde ——.

(øre): Her er en kage til 15 ——.
Fryser du ikke? Dine —— er helt kolde.

307. (*a*) Connect the two statements by the conjunctions *da*
or *når*:

Hyrden trådte kornet ned / han havde så store fødder:

> Hyrden trådte kornet ned, da han havde så store
> fødder, etc.

Jeg morer mig altid / jeg læser om molboerne.
Molboerne ville skjule klokken / fjenden kom til landet.
De vil fiske den op igen / fjenden er borte.

(*b*) Insert *hvis* or *om*:

Jeg ved ikke, —— de vil fiske klokken op igen.
Molboerne bliver glade, —— de finder klokken.

308. Conjugate the following verbs: (an)bringe, burde,
bære, le, skulle, (be)sidde, synke, stikke, træde.

309. Oversæt til dansk:

The inhabitants of Mols are called Molbos. Their neigh-
bours formerly considered them to be very stupid, and, as
you may imagine, ridiculed them in the so-called molbo-
historier. One of these relates how the Molbos chased a stork
out of their corn-field. As the village herdsman had such
large feet, they let six men carry him into the field, forgetting

that these six would tread down more corn than the village
herdsman, even with his large feet.   Another story tells how
the Molbos hid their church bell when somebody (§ 463)
made them believe that the enemy had come to their country,
because they used to hide their belongings in times of danger.
They sank the bell into the sea, and I would like to know if
they will (ever) find it again.   If they had not been so stupid,
they would never have lost their bell.

27. BREVSKRIVNING

310. Lad os skrive et brev!

Ordrup, den 3. april, 1966

Kære hr. Taylor!

Mon De endnu husker mig fra sidste år, da De deltog i et ferie/kursus i København? Det var mig, der var sekretær for kursus, og vi talte en hel del med hinanden.

De sagde, kort før De skulle rejse, at De gerne ville besøge Danmark igen for at lære landet og vor kultur endnu bedre at kende, og De tilbød at modtage en dansker som gæst i Deres hjem i London, hvis vedkommende på lignende måde ville være Deres vært i København.

Det er nu så heldigt, at vi får et ledigt værelse i vort hjem i august måned i år, og vi ville gerne have Dem som gæst et par uger, hvis det kan *lade sig gøre.*—Måske jeg så ved senere lejlighed måtte *få lov til* at bo hos Dem i England?

Lad mig snart høre fra Dem, om tilbudet *har Deres interesse.* Bare det nu passer ind i Deres ferieplaner!

Venlig hilsen,

Deres

Hans Andersen.

P.S.   Vil De være så venlig at svare hurtigt.

Jeg hilste på hr. Petersen på gaden.
Jeg skal hilse fra hr. Andersen.

Gloser

bre'v, -et, -e, letter; *brevskriv-ning, -en,* letter-writing
lad, imp. of *lade,* irr., let
Ordrup [ordrub]
delta'ge, irr., take part in
kursus, (-et), *kurser* or *kursus,* course
sekre'tæ'r, -en, -er, secretary
en he'l de'l, a great deal
rejse, here: leave
lære . . . at kende, get to know
kul'tu'r, -en, -er, culture
tilby'de, irr., offer

vedkommende, the person in question
lignende [li:nənə], similar
heldig, fortunate
kan lade sig gøre, is possible, can be done
lov [lɔu], *-en* [lɔ'vən], *-e,* law; *få lov til,* be allowed, may
inte'resse, -n, -r, interest; *have i.,* be of interest
bare, here: I wish
passe in'd i, fit in with
pla'n, -en, -er, plan

130

venlig, kind
hilsen, *-en*, *-er*, greeting, compliments; here: regards
være så venlig, please

hilse (*-te*) *på*, greet, say hello to; also: give, send love to
hilse fra, remember (somebody) to (somebody)

811.

London, N.W.3.
12te april, 1966

Kære hr. Andersen!

Det glædede mig meget at modtage Deres brev. Postbudet bragte mig det, netop som jeg havde sagt: Gid der snart kom et brev fra Danmark, så jeg kunne få anledning til at skrive et dansk svar.

Jeg husker Dem godt. Jeg er henrykt ved tanken om at komme til Danmark igen, og jeg vil gerne modtage Deres tilbud om at bo i Deres hjem. Jeg tænker så ofte: Var jeg bare i Danmark!

Jeg er endnu ikke helt sikker på, når jeg får sommerferie, men det skal jeg undersøge, og så snart jeg ved det, vil jeg skrive igen og give bestemt besked om min ankomst. Jeg er meget ivrig efter at komme af sted. Jeg må måske også helst bestille billet til overfarten så snart som muligt. Sidste år var skibet fuldt, og jeg husker, at jeg havde vanskeligheder med at få en køje, da jeg ville reservere plads i maj. Mit pas er i orden.

Måtte det nu bare være stille vejr, når jeg skal rejse, så jeg undgår at blive søsyg, hvilket ødelagde noget af fornøjelsen ved rejsen for mig i fjor! Jeg tåler dårligt søen.

På gensyn til sommer!
Mange hilsener,
Deres hengivne
Ronald Taylor.

God fornøjelse!—Tak, i lige måde.
Gud bevare Danmark!

bestille billet
bestille lidt, meget

Gloser

postbud, *-et*, *-e*, postman
bringe, irr., bring
netop, just
gid, I wish
anled'ning, *-en*, *-er*, occasion, opportunity
henrykt, thrilled
tanke, *-n*, *-r*, thought

undersø'ge, *-te*, investigate, examine, here: find out
bestem't, definite
be'ske'd, *-en*, information; *give b.*, let you know
ankom'st, *-en*, arrival
ivrig [iuri], keen
komme af 'sted, get away, leave

må'ske', perhaps
bestille [be'sdel'ə], *-te*, order;
  also: work
bil'let, *-ten*, *-ter*, ticket
overfa'rt, *-en*, (*-er*), crossing
ful'd, full (up), here: booked up
vanskelighe'd, *-en*, *-er*, diffi-
  culty
køje [kɔiə], *-n*, *-r*, berth
reserve're, *-de*, reserve
pas, *-set*, -, passport
i or'den, in order

undgå', irr., avoid
søsyg [søsy'], seasick
ødelægge, irr., spoil
fornøjelse [fɔr'nɔi'əlsə], *-n*, *-r*,
  pleasure; *god f.*, have a
  good time
tåle, *-te*, stand, bear
hen'gi'ven, devoted; *Deres*
  hengivne, yours sincerely
i lige måde, the same to you
be'va're, *-de*, preserve, here:
  save

312. Uden på konvolutten af et brev skriver man:

    Hr. Jens Sørensen,

eller: Frk. Kri'sti'ne Hansen,
eller: Hr. professor, dr. phil. Hans Nielsen,
eller: Professorinde Clara Iversen,
eller: Fru overlæge Søren Iversen,
eller: Overlæge, fru Else Frederiksen.

    På dansk er det almindeligt at anføre folks titel eller stilling
på breve eller ved omtale i aviser, osv., selv ved ganske
almindelige erhverv:

    Kontor/assistent, frk. Eva Hørlev,

eller: Hr. smedemester S. Hansen,
                 Søndre Allé 29,
                   Rønne.

    Husnummeret skrives efter gadenavnet.
    Man skriver som regel afsenderens navn og adresse på
bagsiden af konvolutten, ikke altid inde i brevet.
    Inde i brevet begynder man, hvor det drejer sig om forret-
nings/breve eller andre formelle skrivelser, med adressatens
titel og navn, evt. firma, og adresse:

    Hr. lærer Olsen!
      Tak for Deres oplysninger . . .

eller: Johannes Hansen & Co.
             Amagertorv 17,
            København K.

    Som svar på Deres skrivelse . . .

Private breve begynder:

> Kære hr. Petersen!

eller: Kære Peter!
eller: Kære far!
eller: Kære ven!

Forretningsbreve slutter f.eks.:

> (Med højagtelse)
> > Deres (ærbødige)
> > > Hans Birk.

Privatbreves slutning kan varieres på mange måder:

> Venlig hilsen,
> > (Deres (din) (hengivne)) Else (From)

eller: Mange hilsener
> (fra (din hengivne)) Ole

eller: De venligste (hjerteligste, bedste) hilsener,
> din Else-Ma'ri'e

eller (til familie og nære venner):

> Kærlig hilsen,

eller: Mange kærlige hilsener,
> din (hengivne)
> > Frans.

Hvad hedder du til fornavn?—efternavn?
Mange danske efternavne ender på -sen = søn: Petersen, Hansen, Jensen, Olsen, osv.

Gloser

uden på, outside, here: on
konvo'lut, *-ten*, *-ter*, envelope
pro'fessor, *-en*, *-er* [profɛ'so:-rər], professor
dr. phil. [dɔgdər 'fi'l], Ph.D.
overlæge, *-n*, *-r*, chief surgeon
Frederiksen [freðregsən]
anfø're, *-te*, indicate
titel, titlen, titler, title
stilling, *-en*, *-er*, position
omta'le, *-te*, mention
osv. abb. *og så videre*, and so on, etc.
assi'sten't, *-en*, *-er*, assistant

smedemester, *-en*, *-mestre*, **mas**ter blacksmith
søndre [sœnrə], southern
al'le', *-en*, *-er*, lane
afsen'der, *-en*, *-e*, sender
a'dresse, *-n*, *-r*, address
bagside [baɣsi:ðə], *-n*, *-r*, back
dreje (-de) sig om, be a question of
for'mel', formal
skrivelse, *-n*, *-r*, letter, communication
adres'sa't, *-en*, *-er*, addressee
evt. abb. *eventu'el't*, possibly

firma, -et, -er, firm

Co. abb. *kompagni* [kɔmpani'], *-et, -er*, company

oply'sning, -en, -er, information

sva'r, -et, -, reply; *som s. på*, in reply to

højagtelse, -n, -r, high esteem; *med h.*, respectfully

ær'bø'dig, respectful; *Deres ærbødige*, yours faithfully truly

vari'e're, -de, vary

kærlig, dear, loving; *kærlig hilsen (fra)*, love (from)

fornav'n, Christian name

efternav'n, surname

ende, (-te) på, end in

313. Spørgsmål

Hvor traf hr. Andersen og hr. Taylor hinanden?

Hvorfor ville hr. Taylor gerne besøge Danmark igen?

Hvad tilbyder hr. Andersen i sit brev?

Hvorfor er hr. T. glad for at modtage et dansk brev?

Hvad synes hr. T. om tanken at komme til Danmark igen?

Hvornår vil han rejse?

Hvad ønsker hr. T. med hensyn til vejret, når han skal rejse?

314.

At skrive langt
er stort;
men ak!
man får det aldrig gjort.
Mit råd er det:
Vis tanken bort,
skriv kort!

(Kumbel)

sto'rt, here: a great thing

ak, oh

gjort, p.p. of *gøre*, irr. vb.

vi's, imp. of *vise, -te*, show; *vise bort*, get rid of, give up

kort, short, brief, here adv.; pun on *et (post)kort*, post card

315. Grammatical Notes

1. The subjunctive is identical with the infinitive in Danish, indicating present tense only: *Gud bevare Danmark!* The form now only survives in certain set phrases, such as: *takket være*, thanks to; *velbekomme*, and is in modern Danish replaced by other means of expression: (1) the adverbs *bare, gid*: *Gid der snart kommer brev! Var jeg bare i Danmark!* (2) the conjunction *hvis*: *Hvis jeg ikke var søsyg, ville jeg nyde rejsen*— If I were not seasick, I would enjoy the voyage; or (3) the past tense: *Var jeg (bare) hjemme igen*—I wish I were home again. §§ 518–519.

2. In Danish the indirect object always comes before the direct object: *Jeg sendte ham brevet*—I sent him the letter. *Jeg sendte ham det*—I sent it him. A Danish indirect object often corresponds to Engl. " to " + noun: *Overtjeneren rakte gæsterne spisekortet*, handed the menu to the guests. §§ 565–566.

3. Exceptions from the rule about the position of adverbs (§ 125, 4) are the following:

In sentences beginning with *mon*, I wonder, *gid* and *bare*, the adverb is placed before the verb: *Mon han aldrig kommer?*
If the object is an unstressed pronoun the adverb is placed after the latter: *Hun slog sig ikke*, but: *Hun slog ikke sin broder*—She did not hurt her brother. §§ 571, 564.

Exercises

316. Express the subjunctive in various manner (*gid, bare,* etc.):

—— der kom et brev!
—— der komme et brev!
Kom der —— et brev!

Translate:

Long may he live!
Thanks to Mr. X I received an invitation to Denmark.

317. Insert pronouns instead of the two objects:

Jeg rakte Peter bogen: jeg rakte ham den, etc.
Gav du fru Hansen brevet?: ——
Tjeneren bragte tandlægen en bøf: ——

318. Insert the correct preposition:

Hvad hedder befolkningen her —— egnen?
Hvad er navnet —— denne skole?
Jeg kom —— at slå koppen i stykker (break)
Hvem er sekretær —— selskabet?
Det kan du ikke gøre —— den måde.
Du må fortælle mig historien —— lejlighed.
Har du hilst —— min onkel?

319. Oversæt til dansk:

2, Spezia Road,
London, N.W.3.
12th April, 1966

Dear Mr. Andersen,

Thank you for your letter. I am very glad that I may come and stay with you this summer, and I would certainly like to accept your invitation. If it is possible to reserve a berth for that date, I shall come on the 6th (of) August. I hope the weather will be fine and not spoil our holiday.

Please remember me to your parents.

Kind regards,
Yours sincerely,
Ronald Taylor.

3, Gower Street,
Swindon.
May 5th, 1966

Dansk Studie/oplysnings/kontor,
Studiestræde 6,
København K.

Dear Sirs,

Please send me some information about holiday courses in Denmark, as I should like to have (an) opportunity of learning something about Danish life and culture. I know a little Danish, but I should like to get to know the language better.

Yours faithfully,
Jenifer Sly.

28. PÅ POSTHUSET

320. —Goddag. Jeh ville gerne sende et brev til England. Hvad koster det?

—Portoen til udlandet er 1 krone for de første 20 gram. Brevkort koster 60 øre.

—Hvad koster det at sende brevet rekommanderet?

—Det koster 1 krone og 80 øre udover portoen.

—Hvor længe vil brevet være om at nå til London?

—Det kan rimeligvis være der allerede i morgen, da alle breve bliver sendt med flyvemaskine.

—Skal det så ikke frankeres efter luftpost/takst?

—Nej, det er ikke nødvendigt til England.

—Jeg vil også gerne have fem 30 øres frimærker, to 20 øres og tre 10 øres.

—Værsågod, det bliver 3 kroner og 10 øre ialt.

—Kan jeg indbetale et beløb på giro her?

—Nej, De må henvende Dem ved den anden skranke, hvor der står " Ind- og Udbetaling ".

—Jeg vil også gerne sende denne pakke med posten til Bornholm.

—Den er desværre for stor til at gå som brev. De må udfylde et adressekort og aflevere det sammen med pakken henne ved vægten, hvor der står " Pakker ".

—Hvor sender man et telegram?

—De kan skrive telegrammet på en blanket og indlevere det, hvor der står " Telegrammer ".

Fra et posthus kan man også bestille rigstelefon/samtaler.

—Hvem bringer brevene ud i byen?

—Det gør postbudene. De danske postbude *går med* røde jakker.

—Hvor gør man af de breve, man vil sende?

—Dem går man på posthuset med, eller man lægger dem i postkassen. Så tømmer et postbud alle postkasserne, og postvæsnet besørger brevene. Postkasserne er røde. Postvæsnets biler og cykler er gule.

Indbetaling—Udbetaling	giro(konto), -kort
Pakker	postanvisning, adressekort
Frimærker	tom—tømme
Telegrammer	
Ingen Ekspedition	
Afhentning	

Gloser

posthu's, post office

sende, -te, send

porto, -en, postage

rekomman'de'ret, registered

udov'er, in addition to

rimeligvi's, probably

fran'ke're, -de, stamp

luftposttakst, -en, -er, air-mail
 rate

nød'ven'dig, necessary

frimærke, -t, -r, stamp

indbeta'le, -te, pay in

belø'b, -et, -, amount

giro [ʃiːro], *-en*, (kind of) post
 office account

henven'de, -te, apply

skranke, -n, -r, barrier, here:
 position

udbeta'ling, -en, -er, disburse-
 ment

" *ind- og udbeta'ling* ", i.e.,
 postal orders

post, -en, post, mail;   *med
 posten*, by post

udfyl'de, -te, fill in

adressekort, -et, -, i.e., form
 that has to go with parcel
 post

afleve're, -de, hand in

vægt, -en, -e, scales

tele'gram', -met, -mer, tele-
 gram

blanket [blan'kɛd], *-ten, -ter*,
 form

rigstelefo'nsamtale, -n, -r,
 trunk call

gå' med, wear

jakke, -n, -r, jacket

kasse, -n, -r, box

postkasse, letter (pillar) box

tømme, -te, empty

postvæ'sen, -væs(e)net, mail
 service, royal mail

besør'ge, -de, deliver, forward

ekspedition [ɛgsbedi'ʃo'n], *-en,
 -er*, service; *ingen e.*, posi-
 tion closed

afhen'tning, -en, -er, collec-
 tion, here: mail to be col-
 lected

konto [kɔnto], *-en, konti*,
 account, § 370

postanvi'sning, -en, -er, postal
 order

tom [tɔm'], empty

321. Spørgsmål

Hvad koster det at sende et brev til udlandet?

Hvordan sender man en pakke med posten?

Hvordan ser de danske postbude ud?

Hvilke farver benytter det danske postvæsen?

322. —Jeg kom til at sætte frimærket på hovedet. Mon
det gør noget?

 —Ja, så bliver brevet ikke besørget af postvæsnet. Fri-
mærket skal sidde på konvolutten.

Du kommer til at gå nu.

Han kommer til at ligne mig.

komme til at, 1. will (future); *gøre noget,* here: matter
  2. happen to; 3. will have to *sidde,* here: be stuck
på hovedet, here: upside down;
  pun on *hoved* = head

323. Grammatical Note

At before an infinitive is pronounced [ɔ] colloquially, and
therefore sometimes confused with *og* (cf. § 521): *I må gå ned
at
og* *lege.* Introducing a clause *at* is pronounced [a]: *Det er så
heldigt, at vi får et ledigt værelse.* In the latter position *at* may
also be left out: *De sagde, (at) De gerne ville besøge Danmark.*
§ 598, Note.

Exercises

324. Pronounce *og* and *at* in the following sentences, and
indicate where *at* may be left out:

  (*a*) Hr. Petersen er gået hen for at sende et telegram.
  (*b*) Jeg købte to brevkort og nogle frimærker.
  (*c*) Han skyndte sig at hente pakken.
  (*d*) Hr. Taylor ønskede, at der ville komme et dansk brev.
  (*e*) Postbudet sagde, at der ikke var flere breve.

325. Conjugate the following verbs: forstå, fortælle, følge,
hedde, hjælpe.

326. Insert the correct preposition:

  Han er gået —— posthuset med et brev.
  Der er kommet et kort —— posten.
  Går du —— frakke i regn/vejr?
  Peter er gået —— frimærker.

327. Oversæt til dansk:

Have you been to a Danish post office? In Denmark you
do not find small post offices combined (translate together) with
a shop as in England, but you can buy stamps in book shops.
In Denmark it is easy to send money by post, e.g., through
the post office account " giro ", or by a postal order which is
forwarded by the post (office). Letters are delivered by
postmen. What is your postman's name? A postman knows
the streets of his town, and will help you to find your way.
Have you filled in the form?

29. PÅ REJSE

328. Den hurtigste måde at komme fra England til Danmark på, er at flyve fra London til København; men hvis man vil se og opleve noget undervejs, bør man rejse langsomt, dvs. med skib fra Harwich til Esbjerg, og videre med tog fra Esbjerg til København.—Det er også billigere at rejse med tog og skib, og man kan have mere bagage med sig.

Sørejsen tager ca. 19 timer, hvoraf største delen er om natten, så man kan sove tiden væk, om man vil.—Man møder ellers altid interessante mennesker blandt passagererne på skibet, for på en rejse er folk sjælden så reserverte som hjemme, og navnlig unge mennesker er i godt humør, glade og meddelsomme, så tiden behøver ikke falde en lang.

Om sommeren rejser der foruden de almindelige turister altid mange studerende, der har lyst til at lære noget, samtidig med at de holder ferie.

God rejse!

Gloser

rejse, -n, -r, travel
flyve, here: go by air
ople've, -de, experience
under'vej's, on the way
bagage, [ba'gaːʃə], *-n,* luggage
sørejse, voyage
væk, away
reser've'rt, reserved
hu'mø'r, -et, humour

meddelsom [mɛð'de'lsɔm], communicative
falde (en) 'lan'g, about time: seem long (to someone)
lyst [løsd], *-en, (-er),* liking; *have l. til,* like, have a liking for, care to
god rejse, "have a good journey"

329. I Esbjerg må man som ved andre grænser gennem pas/kontrol og tolden; men det tager sjælden lang tid, og så kører man til København på ca. 6 timer med toget, det såkaldte lyntog. Det er et hurtigtog, og det kører langt fra så hurtigt som lynet, men det standser ikke ret ofte.

Undervejs er der rig lejlighed til at studere den skiftende danske natur. Først kører man gennem det sydlige Jylland, som er fladt og ensformigt, men efterhånden som man kommer længere mod øst, bliver terrænet mere bakket og afvekslende.

Fra Jylland kører man over Lillebælt ad en stor bro til Fyn. Det er Danmarks næststørste ø, tæt befolket og meget frugtbar.

Fynboerne har ord for at være glade og muntre mennesker.
Der er både digteren H. C. Andersen og komponisten Carl
Nielsen født.

For at komme til Sjælland fra Fyn må man sejle over Store-
bælt. Her er der endnu ikke nogen bro, og toget kører derfor
om bord i en færge, som fører en over bæltet på 5 kvarter.

Man lander i Korsør, og herfra kører man hurtigt den sidste
etape over Sjælland til København gennem et hurtigt vekslende
landskab med skove, marker og tætliggende huse, gårde,
landsbyer og byer. Den sidste by, man kommer igennem før
København, er Roskilde med den berømte domkirke, hvor
næsten alle danske konger ligger begravet.

På Hovedbanegården i København står man af toget og
prøver at få fat i en drager til sine kufferter og en bil til at
køre sig direkte til hotellet, hvor man i turist/sæsonen må have
bestilt værelse i god tid i forvejen.

Efter en lang rejse *gør det godt* at komme i seng og hvile ud,
inden man tager fat på hovedstadens seværdigheder næste dag.

bo på hotel

Gloser

Esbjerg [ɛsbjɛr']; *i E.*, at E.
grænse, *-n, -r,* frontier
-kontrol [kɔn'trɔl'], *-len,* con-
trol
told [tɔl'], *-en,* customs
såkal'dt, so called
lynto'g, literally: lightning
train
hurtigto'g, fast train
ly'n, *-et, -,* lightning
ri'g, here: plenty of
e'nsformig, monotonous
terræn [te'rɛn], *-et* [te'rɛn'əð],
-er, terrain, country
bakket, hilly
afvekslende, varying
bæl't, *-et, -er,* sound; cf.
bælte, *-t, -r,* belt
næststørst, second biggest
tæt, here: densely
befol'ket, populated
frugtba'r, fertile
munter [mon'dər], light heart-
ed

kompo'nist, *-en, -er,* composer
om'bo'rd, on board
lande, *-de,* land
Kor'sø'r
etape [e'tabə], *-n, -r,* stage
vekslende = skiftende, chang-
ing
Roskilde [rɔskilə]
be'gra've, *-de,* bury
drager, *-en, -e,* porter
kuffert [kofərd], *-en, -er,* suit-
case, trunk
direkte, direct
hotel [ho'tɛl'], *-let, -ler,* hotel
i 'go'd 'ti'd, early
i 'forvej'en, before(hand)
gøre godt, be nice
hvile 'u'd, have a (good) rest
tage 'fat på, get on with
se'vær'dighe'd, *-en, -er,* place of
interest

330. På jernbanestationen

Oplysning: —Hvad tid går toget til Korsør?
—Det går kl. 21⁴⁵ fra perron 5.
—Hvornår ankommer lyntoget " Englænderen "?
—Det ankommer kl. 19³⁰ til perron 3.
Toget fra Roskilde med ankomst kl. 17³³ er ti minutter
forsinket.

Billet/salg: —(Må jeg få) en (billet til) Holte (og) retur.
—Værsagod, 5,10.

En enkelt (til) København.

Gloser

jernbane, -n, -r, railway
station [sdaˈʃoˈn], *-en, -er,*
  station
gå', here: leave, depart
perron [peˈrɔn], *-en* [perɔnˈən],
  -er, platform
ankom'me, irr., arrive
forsinke [fɔrˈsenˈɡə], *-de,* de-
  lay; *være for'sin'ket,* be late,
  run late

-salg [salˈɣ], *-et, -,* sale;
  bil'letsal'g, booking office
re'tu'r, return; " One return
  Holte, please "
5,10, read: *fem' ti',* i.e. kr.
  5,10, 5 kroner, 10 øre

331. Spørgsmål

På hvilke måder kan man rejse fra England til Danmark?
Fortæl om en sørejse fra Harwich til Esbjerg.
Hvad skal man, når man kommer i land fra skibet?
Hvordan kommer man videre fra Esbjerg til København?
Beskriv en togrejse gennem Danmark.
Hvad gør man, når man er nået til sit bestemmelsessted
(" destination ")?
Hvordan føler man sig efter en lang rejse?

332. Grammatical Note

Notice the difference between the prepositions *ad,* along,
and *af,* out of, off, both colloquially and unstressed pro-
nounced [a]: *Man kører over Lillebælt ad en stor bro. Man
står af toget.* § 580, Note.

Exercises

333. Insert *ad* or *af*:

Vi kører —— en lang bro.
Pigen blev trukket op —— vandet.
Drengene løb hen —— gaden.

De så ud —— vinduet.
Hvem er den ældste —— jer?
Vil du ikke tage frakken ——?
Hvad er kagen lavet ——?
Når vi kommer ud —— byen, kan vi se skoven.
I må kun komme to —— gangen.
Skal vi følges ——?
Hvad er du ked ——?

334. Conjugate the following verbs: binde, bede, dø, gælde, hænge, kunne.

335. Oversæt til dansk:

I want to go by air to Denmark this time. I often travel on business, and I do not like to travel slowly, nor do I have time to talk to the people I meet on a boat. I cannot pass the time by sleeping, because I am nearly always seasick. An aeroplane is much faster than a train, even a fast train, although a plane is not as fast as lightning. When the journey goes so fast, it does not become monotonous, but one gets tired of travelling, and I like to have a rest in the hotel before I start my business. The only difficulty when travelling by air is that you cannot take much luggage with you.

30. DEN DANSKE FOLKEHØJSKOLE

336. Folkehøjskolen er en særlig dansk skoleform, som blev udtænkt i begyndelsen af forrige århundrede af digteren, biskop N. F. S. Grundtvig (1783–1872) og udformet i praksis af Kristen Kold (1816–1870).

Folkehøjskolen er et barn af romantikken og må ses dels i forbindelse med denne bevægelses interesse for det nationale og folkelige, dels i forbindelse med tidens liberale tanker om bondestandens sociale og hele det danske folks politiske frigørelse.

Den første højskole blev grundlagt 1844 i Rødding i Sønderjylland. Skolernes blomstring faldt i sidste halvdel af forrige århundrede, men de eksisterer stadig og har tilpasset sig de skiftende tiders krav.

Højskolerne var oprindelig beregnet for den voksne ungdom på landet. De ligger på landet og er kostskoler, hvor eleverne bor under meget jævne forhold i kursustiden, der kun varer nogle få måneder, i regelen tre måneder om sommeren og fem måneder om vinteren.

Hensigten med højskole/opholdet er at give de unge en almen dannelse på kristen og navnlig national basis uden tanke på nogen eksamen. De vigtigste fag er dansk og historie. Undervisningen foregår i form af foredrag. Der lægges også megen vægt på gymnastik og sang.

Skolerne er private, men modtager statstilskud, ligesom eleverne kan få stipendier.

Nogle højskoler er blevet omdannet til rent faglige landbrugs/skoler og ungdoms/skoler.

Den største højskole er nu Askov i Sønderjylland, hvor der afholdes flerårige kursus. På Den internationale Højskole i Helsingør mødes unge fra hele verden for at opdrages til demokrati og mellemfolkelig forståelse.

Folkehøjskolerne har haft uvurderlig betydning for det høje stade, folkeoplysningen står på i Danmark, og skoleformen er blevet efterlignet overalt i Skandinavien og flere steder i det øvrige udland.

opdrage—opdragelse

Gloser

højskole, -n, *r*, high school;   *skolefor'm*, -en, -er, type of
folkeh., people's college   school

udtæn'ke, *-te*, conceive the idea (of)

begyn'delse, *-n*, *-r*, beginning

Grundtvig [grondvi]

udfor'me, *-de*, form, develop

praksis, *-en*, practice; *i p.*, here: practically

Kold [kɔl']

roman'tik, *-ken*, romanticism, here: the romantic period

be'væ'gelse, *-n*, *-r*, movement

folkelig, popular, here: popular traditions

libe'ra'l, liberal

bondestan'd, *-en*, farming class

social [sosi'a'l] or [so'ʃa'l], social

po'litisk, political

frigø'relse, *-n*, *-r*, liberation

Rødding [røðeŋ]

blomstring, *-en*, *-er*, bloom

eksi'ste're, *-de*, exist

tilpasse, *-de*, adapt (to)

kra'v, *-et*, *-*, demand

beregne [be'rai'nə], *-de*, intend

ungdom', *-men*, youth

kostskole, boarding school

e'le'v, *-en*, *-er*, pupil

jævn [jɛu'n], ordinary, simple

forhol'd, *-et*, *-*, condition

hensigt, *-en*, *-er*, intention

ophol'd, *-et*, *-*, stay

alme'n = *al'min'delig*, general

dannelse, *-n*, (*-r*), education, culture

kristen, Christian

basis, *-en*, basis

ek'samen, *-*, *eksaminer*, examination

fa'g, *-et*, *-*, subject

undervi'sning, *-en*, teaching

foregå', irr., take place

gymna'stik, *-ken*, gymnastics, physical training

san'g, *-en*, here: singing

tilskud, *-det* [tilskuð'əd], *-*, grant

sti'pen'dium, *stipendiet*, *stipendier*, scholarship

omdan'ne, *-de*, convert

re'nt, here adv., purely

faglig [faɣli], vocational

afhol'de, irr., hold

flerå'rig, lasting several years

interna'tiona'l, international

opdra'ge, *opdrog*, *opdraget*, educate

demokra'ti', *-et*, *-er*, democracy

mellemfolkelig, international

for'stå'else, *-n*, *-r*, understanding

uvur'de'rlig, invaluable

be'ty'dning, *-en*, *-er*, meaning, here: importance

stade, *-t*, *-r*, level

efterligne [ɛfdərli:nə], *-de*, imitate

over'al't, everywhere

Skandi'na'vien, Scandinavia

øvrig [øuri], remaining

opdra'gelse, *-n*, *-r*, education

337. Spørgsmål

Hvor gammel er den danske folkehøjskole?

Hvordan skal den ses i forhold til romantikken?

Hvornår blomstrede højskolerne?

Hvem var højskolerne oprindelig beregnet for?

Hvad er hensigten med højskoleundervisningen?

Fortæl om højskolernes betydning.

Nævn nogle danske folkehøjskoler.

338. Grammatical Note

Split sentences are very common in colloquial Danish:
Det er sommeren, der er den bedste tid af året (split from *den bedste tid af året er sommeren*). *Der er mange, der rejser på landet om sommeren* (from *mange rejser . . .*). The use of *det* and *der* roughly corresponds to Engl. "it" and "there". § 561, Note. Apart from this, *der* translates the relative "who" and "which".

Exercises

339. Split the following sentences with *det* or *der*:

Højskolerne har betydet meget for *ungdommen på landet*:

> Det er ungdommen på landet, højskolerne har betydet meget for.

En højskole hedder Askov:

> Der er en højskole, der hedder Askov, etc.

Højskolerne lægger *ikke* vægt på *eksamen*: ——
De vigtigste fag er *historie og dansk*: ——
Nogle højskoler er omdannet til gymnastikhøjskoler: ——
En særlig dansk skole blev udformet af Kristen Kold: ——

340. Oversæt til dansk:

Have you heard of the Danish Folk High Schools? Have you visited one? It was the romantic period that saw the beginning of (here: *til*) this type of school. One man, Bishop Grundtvig, conceived the idea of the school, and another one, Kristen Kold, developed it in practice. In the eighteenth century the peasants received no education. The Folk High Schools are still in existence to-day. They have been adapted to meet (translate adapted after) the changing demands of the times. Originally they were intended for young people in the country, but now(adays) townspeople also attend (translate visit) these schools. The Folk High Schools intend to (translate will) give their pupils a general education on (a) Christian and national basis. There are no examinations. Lectures form an important part of the teaching. Singing and physical training are important subjects. Did you not know (of) this type of school before? No, I did not know (of) it before I came to Denmark.

31. H. C. ANDERSEN

341. H. C. Andersen—eller Hans Andersen—er Danmarks eneste absolut verdensberømte digter. Hans eventyr er endda så udbredte og kendte, at man mange steder helt har glemt forfatterens navn; de er blevet anonyme som folke/eventyrene.

H. C. Andersen stammer fra Fyn. Han blev født 1805 i Odense af fattige forældre. Han havde ingen søskende, ikke engang legekammerater, for han var grim og klodset, og andre børn fandt ham underlig. Han var da henvist til sit eget selskab og udviklede en rig fantasi, når han legede med sig selv og sine dukker. Allerede som barn skrev han vers og komedier, som han spillede med dukkerne.

H. C. Andersen fik ikke megen skolegang, og da han var blevet konfirmeret, ville hans mor sætte ham i skrædderlære; men selv ville han til København for at prøve sin lykke ved teateret. I sine erindringer, " Mit livs Eventyr ", fortæller han:

" Hvad skal der blive af dig dér? " spurgte min moder.

" Jeg vil være berømt," svarede jeg og fortalte hende, hvad jeg havde læst om store mænd, der var født i fattigdom. —" Man går først så gruelig meget igennem," sagde jeg, " —og så bliver man berømt! "

H. C. Andersen kom til København og gik meget igennem, men *blev* berømt. Hans forsøg på at komme frem ved teateret mislykkedes, men der var heldigvis mennesker, som forstod, at den mærkelige dreng havde sjældne evner. De hjalp ham og sørgede for, at han kom i skole, og her begyndte han at skrive digte. Da han var blevet student, fortsatte han med at skrive.

H. C. Andersen rejste meget, både i Danmark og i udlandet. Da han ikke var gift, boede han mest hos sine forskellige velyndere. Han har skrevet både digte, skuespil, romaner, rejseberetninger og eventyr.

Det var først hans romaner (f.eks. Improvisatoren 1835), der vakte nogen opmærksomhed. Eventyrene (siden 1835, f.eks. Lille Claus og Store Claus, Fyrtøjet, Kejserens nye Klæder, Den standhaftige Tinsoldat) anså H. C. Andersen selv for ubetydelige til at begynde med; men det er ikke desto mindre dem, hans berømmelse i vore dage navnlig hviler på, både ude og hjemme. En nær ven af Andersen forudså allerede dette, da han sagde: " Har Improvisatoren gjort dig berømt, vil eventyrene gøre dig udødelig."

Det er forkert at se på H. C. Andersens eventyr alene som børnehistorier. De er fortalte for børn, men indeholder også en dybere mening for de voksne: " Jeg . . . fortæller . . . for de små, mens jeg husker, at far og mor lytter til, og dem synes jeg man må give lidt for tanken," siger Andersen selv.

I Den grimme Ælling har H. C. Andersen således fortalt om sit eget liv bag historien om, hvordan ællingen blev til en svane,—den fattige dreng til en berømt digter.—Hans liv var " et eventyr, så rigt og lykkeligt."

H. C. Andersen døde 1875.

Bogen vakte opmærksomhed.
Jeg blev vækket klokken 8.

udvikle—udvikling

lykke—Til lykke med fødselsdagen!

Gloser

eneste, only

eventyr [ɛːvənty'r], *-et*, *-*, (fairy-)tale

end'da, even

udbre'dt, widespread

he'lt, adv., quite, altogether

ano'ny'm, anonymous

stamme (*-de*) *fra*, originate from

Odense [o'ðənsə]

legekammera't, playmate

klodset [klɔsəð], clumsy

underlig [onərli], odd

udvikle, -de, develop

fanta'si', *-en, -er*, phantasy

dukke, *-n*, *-r*, doll

vers, *-et*, *-*, verse

komedie [ko'me'ðjə], *-n*, *-r*, comedy

skolegan'g, *-en*, schooling

konfir'me're, *-de*, confirm

skrædder [sgreðər], *-en*, *-e*, tailor; *-lære*, *-n*, apprenticeship; *sætte i s.*, make a tailor's apprentice

erindring [e'ren'dreŋ], *-en*, *-er*, memoir

fattigdom, *-men* [-dɔm'ən], poverty

gå i'gen'nem, suffer, § 596

gruelig, terrible

ble'v, here: did become

for'sø'g, *-et*, *-*, attempt

komme 'frem', make one's way

mislykkes, fail

mærkelig, strange, peculiar

evne [ɛunə], *-n*, *-r*, gift, ability

digt [degd], *-et*, *-e*, poem

blive stu'den't, matriculate

velyn'der, *-en*, *-e*, patron

ro'ma'n, *-en*, *-er*, novel

rejseberetning, *-en*, *-er*, travel book

improvi'sator, *-en*, *-er*, improviser

vække, *vakte*, here: create, cause

op'mærksomhe'd, *-en*, (*-er*), attention

siden, since

fyrtøj, *-et* [-tɔi'əð], tinder box

kejser, *-en*, *-e*, emperor

klæder [klɛːr], pl., clothes

stand'haftig, staunch

tinsolda't, *-en*, *-er*, tin soldier
ube'ty'delig, unimportant
ikke desto '*min'dre*, nevertheless
be'røm'melse, *-n*, *-r*, fame
ude og hjemme, at home and abroad
u'dø'delig, immortal
a'lene, here: only
indehol'de, irr., contain

mening, *-en*, *-er*, meaning
lytte, *-de*, listen
svane, *-n*, *-r*, swan
lykkelig [løgəli], happy
vække, *-de*, call
udvikling, *-en*, *-er*, development
lykke, success, good fortune
til lykke, greetings, many happy returns

342. Spørgsmål

Hvem er H. C. Andersen?
Hvordan var H. C. A. som barn?
Hvad ville H. C. A. være, da han blev konfirmeret?
Hvordan mente han, at man bliver berømt?
Hvordan gik det senere H. C. A.?
Hvor boede han?
Hvem skrev H. C. A. sine eventyr for?
Hvad er " Den grimme Ælling "?

343. Grammatical Note

Sometimes the word-order which is peculiar for principal clauses may be found in subordinate clauses beginning with *at*: *De sagde, at De ville gerne besøge Danmark igen* (for: . . . *at De gerne ville besøge D.*). *H. C. Andersen sagde, at først går man så meget igennem* (for: *at man først går så meget igennem*). Notice in the last example the inversion, which is otherwise not possible in subordinate clauses. § 569.

Exercises

344. Conjugate the following verbs: fortælle, fortsætte, vække, ryge, ride.

345. Oversæt til dansk:

Hans Andersen is Denmark's world-famous poet. He was born in Funen of poor parents. The other children found him rather odd, so he played by himself and developed a lively imagination. He did not want to be a tailor, but went to Copenhagen, as he wanted to become an actor (*skuespiller*). He said that one has first to suffer much adversity (*ondt*) before becoming famous. He did become famous, but not in (*ved*) the theatre. After having written poems, novels and plays, he began writing fairy-tales for children, but also with grown-ups in mind (*i tankerne*). The fairy-tales made his name immortal. Hans Andersen never married, but spent most of his life travelling in and outside Denmark. His own life was like the fairy-tale which he told in *The Ugly Duckling*.

32. ET EVENTYR

346. Prinsessen på Ærten

Der var engang en prins. Han ville have sig en prinsesse, men det skulle være en *rigtig* prinsesse. Så rejste han hele verden rundt for at finde sådan en, men alle vegne var der noget i vejen. Prinsesser var der nok af, men om det var rigtige prinsesser, kunne han ikke ganske komme efter; altid var der noget, som ikke var så rigtigt. Så kom han da hjem igen og var så bedrøvet, for han ville så gerne have en virkelig prinsesse.

En aften blev det da et frygteligt vejr. Det lynede og tordnede, regnen skyllede ned, det var ganske forskrækkeligt! Så bankede det på byens port, og den gamle konge gik hen at lukke op.

Det var en prinsesse, som stod udenfor. Men Gud, hvor hun så ud af regnen og det onde vejr! Vandet løb ned ad hendes hår og hendes klæder, og det løb ind ad næsen på skoen og ud ad hælen, og så sagde hun, at hun var en virkelig prinsesse.

"Ja, det skal vi nok få at vide!" tænkte den gamle dronning, men hun sagde ikke noget, gik ind i sovekammeret, tog alle senge/klæderne af og lagde en ært på bunden af sengen, derpå tog hun tyve madrasser, lagde dem oven på ærten og så endnu tyve edderdunsdyner oven på madrasserne.

Der skulle nu prinsessen ligge om natten.

Om morgenen spurgte de hende, hvordan hun havde sovet.

"O, forskrækkelig slet!" sagde prinsessen, "jeg har næsten ikke lukket mine øjne den hele nat! Gud ved, hvad der har været i sengen? Jeg har ligget på noget hårdt, så jeg er ganske brun og blå over min hele krop! Det er ganske forskrækkeligt!"

Så kunne de se, at det var en rigtig prinsesse, da hun gennem de tyve madrasser og de tyve edderdunsdyner havde mærket ærten. Så ømskindet kunne der ingen være uden en virkelig prinsesse.

Prinsen tog hende da til kone, for nu vidste han, at han havde en rigtig prinsesse, og ærten kom på Kunstkammeret, hvor den endnu er at se, dersom ingen har taget den.

Se, det var en rigtig historie.

(H. C. Andersen)

Gloser

prin'sesse, *-n*, *-r*, princess

prin's, *-en*, *-er*, prince

rigtig, real

alle vegne [vainə], everywhere

komme 'efter, find out

be'drø'vet, sad

frygtelig, terrible

lyne, *-de*, lighten

tordne, *-de*, thunder

skylle [sgølə] (*-de*) *ned*, pour down

for'skrækkelig, frightening, terrible

banke, *-de*, knock; *det banker*, somebody knocks

lukke 'op, answer the knock

Gud [guð], God

hæ'l, *-en*, *-e*, heel

dronning [drɔnɛŋ], *-en*, *-er*, queen

bund [bon'], *-en*, *-e*, bottom

ma'dras, *-sen*, *-ser*, mattress

(*ed'derdu'ns*)*dyne*, *-n*, *-r*, eiderdown

slet [slɛd], bad

ømskin'det, sensitive

Kunstkam'meret, name of a former art museum

dersom = *hvis*, if

PART III

GRAMMAR

GRAMMAR

Substantives

Gender

347. There are two genders in Danish: *common gender* and *neuter*.

There are no satisfactory rules as to the distribution of the substantives in the genders. The gender has to be learnt with the word. In compounds, the gender is usually determined by the last component if this is a noun.

In the syntactic context the gender may appear from the definite form or connected words—article, pronouns, adjectives —which are inflected in gender according to the substantive, showing *-n* for common gender, *-t* for neuter:

Common gender: *mand, manden, en mand, min mand, den store mand*, the big man; *manden er stor*. Further examples of common gender are: *en dreng, en kone, en kvinde, en pige*.

Neuter: *barn, et barn, mit barn, det store barn, barnet er stort*. Further examples of neuter are: *et hus, et menneske, et navn*.

348. Some nouns may be either common gender or neuter, but then, usually with a different meaning, e.g.:

en frø [frø'], frog	*et frø*, seed
en fyr, fellow	*et fyr*, lighthouse
en nøgle, key	*et nøgle*, ball of yarn
en søm, seam	*et søm*, nail
en øl, bottle of beer	*øllet*, the beer
en øre, coin	*et øre*, ear

The Definite and Indefinite Form

349. Instead of a definite article as Engl. " the ", Danish has an inflectional ending, added to the noun without hyphen, to express definite form: *-en* [ən] is added in the common gender, *-et* [əð] in the neuter and *-ene* [ənə] in the plural both genders.

If the substantive ends in *-e*, only *-n* or *-t* is added in the

singular. In the plural only *-ne* is added after the plural
endings *-e* and *-(e)r* (§ 358):

	Indefinite form		Definite form	
	Common gender	Neuter	Common gender	Neuter
Singular:	*mand*	*hus*	*manden*	*huset*
	kone	*menneske*	*konen*	*mennesket*
Plural:	*mænd*	*huse*	*mændene*	*husene*
	drenge		*drengene*	
	koner		*konerne*	

350. *Note* 1. After a short vowel in stressed syllable a single
consonant is doubled before the ending: *søn, sønnen.* After a long
vowel only in: *skæg, skægget; væg, væggen.*

Note 2. Some words ending in unstressed *-el, -en, -er* drop the
e in the definite form singular: *cykel, cyklen; frøken, frøknen;
teater, teat(e)ret.* A preceding double consonant is simplified: *him-
mel, himlen.* But in a number of words this does not happen:
*fætter, fætteren; sommer, sommeren; vinter, vinteren; dansker,
danskeren; englænder, englænderen.*

Note 3. Latin loan-words in *-um* drop the ending in the definite
form: *studium* [sdu'diom], study course, *studiet* [sdu'dieð].

Note 4. Nouns in unstressed *-er* drop the plural *-e* when the
definite ending is added: *danskere, danskerne.*

Note 5. The plural *mennesker* drops the *-r* before the definite
ending: *menneskene.*

Note 6. For glottal stop and the definite form, see § 35, Note.

351. If the noun is preceded by an adjective the definite
form is not used, but the pronoun *den* [dən], *det* [de], *de* [di] is
placed as "definite article" before the adjective: *den store
stue, det store kammer, de gode børn.*

Exceptions are some set expressions: *hele dagen*, all day;
hele tiden, all the time; *største delen*, the majority.

352. In the singular a noun may be preceded by the numeral
en [ən], *et* [əd] with the function of an "indefinite article";
en (god) mand, et (godt) barn.

353. Further, a noun may occur without any article or
equivalent inflection, but may be preceded by (1) a genitive:
mandens (gamle) hat, the man's old hat, (2) a possessive adjec-
tive—*min (gamle) hat*, (3) a numeral—*tre børn*, or (4) stand alone
("naked" form): *Hun er tante til børnene. Vi er i familie. Børn
er morsomme*—Children are funny.

Use of the Definite and Indefinite Form

354. Generally speaking, Danish agrees with English usage.
The following special cases should be noted:

Danish uses the definite form where Engl. has the indefinite form:

1. With abstract nouns in certain cases: *Livet efter døden*— Life after death. *Han kom i himlen*—He went to Heaven. But: *Det gælder liv eller død*—It is a matter of life or death.

2. *Menneșket, manden, kvinden* when used in general: *Menneșket er godt af naturen*—Man is good by nature. *Kvinden er mandens trøst* [trœsd]—Woman is the consolation of man.

3. *Jul, påske* and *pinse* may be used in the definite form: *Hvor tilbringer du julen?*—Where are you going to spend Christmas? But: *Nu er det snart jul igen*—Christmas is soon coming. Cf. also the names of the seasons, night and day: *om sommeren*, in summer; *foråret er på vej*, spring is on the way, but: *Nu er det sommer*—It is summer now. *Det bliver snart vinter*—It will soon be winter. Cf. *til vinter*, this (coming) winter; *til sommer*, but: *til foråret, til efteråret. Om dagen*, in the daytime; *om natten*, at night; *om søndagen*, on Sundays.

4. In the expressions *de fleste, det meste, den ene* : *De fleste drenge er voldsomme* [vɔlsəmə], . . . wild. *Den ene sagde nej, den anden ja.*

5. In set phrases: *Han ligger i sengen, på hospitalet*—He is in bed, in hospital. *Ved bordet*, at table; *i byen*, in town; *i fremtiden*, in future; *med posten*, by post. *Han mistede herredømmet over bilen*—He lost control of the car.

Note. The definite form for the Engl. indefinite article is used in: *Æblerne koster 25 øre stykket*, . . . apiece.

355. Danish uses the indefinite " naked " form (no article):

A. Where Engl. has the definite form—

1. With nouns indicating direction: *øst, vest, nord, syd*: *Solen står op i øst*—The sun rises in the East. But: *en rejse til Syden*, a journey to southern Europe.

2. With the words *publikum, verden* and grammatical terms: *Sæt dette ord i flertal*, . . . in the plural.

3. With names of ships: *om bord på " Hammershus "*, on board the " H."

4. In connection with adjectives in certain phrases: *samme dag*, on the same day; *med største fornøjelse*, with the greatest pleasure; *det var første gang*, it was the first time; *til højre, til venstre*, on the right, on the left; *Zoologisk Have*, The Zoo.

B. Where Engl. has the indefinite article—

1. With predicatives indicating occupation, nationality, religion, age, etc.: *Han gav sig ud for at være læge*—He

pretended to be a doctor. *Jeg er dansker*—I am a Dane. *Hun er katolik* [kato'lig], . . . a Catholic. *Jeg kom der som barn*, . . . as a child. *Har du cykel?*—Have you got a bicycle?

2. In a number of phrases after verb or preposition: *have ret til*, have a right to; *have hovedpine*, have a headache. *Det er synd*—It is a pity. *Der var hul på ærmet*; *gå med hat*, wear a hat; *gå på restaurant*.

356. Danish uses the indefinite article where Engl. has the definite article or " naked " form: *til en pris af*, at the price of; *en del af byen*, part of the town. Notice: *En dag kom han tilbage*—One day he returned.

357. Danish uses the definite form where Engl. has a possessive adjective in phrases like: *Han stak hænderne i lommen*—he put his hands in his pockets. *Han fik vejret igen*— He recovered his breath.

Number

358. Nouns occur in the *singular* and the *plural*. Danish has three types of plural formation; to the singular is added:

	Singular	Plural
1. *-e* [ə]:	*en dreng*	*drenge*
2. *-(e)r* [ər]:	*en by*	*byer*
	en kvinde	*kvinder*
3. no ending:	*et ord*	*ord*

359. *Note* 1. In a number of cases the types are combined with vowel change: *en fader, fædre*; *en bog* [bɔ'ɣ], book, *bøger* [bø'ɣər]; *et barn, børn*.

Note 2. Before the plural endings a single consonant is doubled after a short vowel: *en søn, sønner*. After a long vowel only in: *en væg, vægge*.

Note 3. Nouns in *-el, -en, -er* drop the *e* before the plural ending: *en onkel, onkler*; *en frøken, frøkner*; *en fætter, fætre*; *en søster, søstre*. But: *en dansker, danskere*; *en englænder, englændere*.

Note 4. For glottal stop in the plural, see § 35, Note.

360. There are no clear or easy rules for the distribution of nouns among the three types or declensions, and as with gender, the plural form has to be learnt with the word.

361. Declension 1. Here belong nouns ending in *-r*, excepting most neuters: *en dør, en lærer, et ur*. Exceptions: *en liter, en meter*, and the neuters *dyr, par, svar*, which belong to declension 3.

Further to declension 1 belong a great number of monosyllables (common gender): *arm, båd, busk, dag, del, dreng, eng, fugl, gård, gang, gren, grund, gulv, hals, hat, hest, hund, karl* [ka'l], fellow, *kat, krig, lov, mund, ryg, sang, seng, skov, stol, vej, vogn, væg.* (Neuter): *blad, bord, brev, gulv, hav, hus, land, navn, skib, slot, tag.*

Finally, the following disyllables (common gender): *forkskel, himmel* (pl. *himle*), *sygdom.*

Notice the plural of *et øje*: *øjne*; cf. below § 363, Note 2.

362. The following words change the vowel in the plural (common gender): *broder, brødre*; *datter, døtre*; *fader, fædre*; *moder, mødre.*

363. Declension 2. Here belong nouns ending in a vowel: *en by*, and most di- and polysyllables: *en avis, et hoved, en måned, en nation* [na'ʃo'n].

Note 1. Nouns ending in unstressed -*e* only take -*r* in the plural: *en kvinde, kvinder, et værelse, værelser.*

Further belong here a great many monosyllables (common gender): *bank, bil, blomst, frugt, gæst, kind, kop, mark, plads, præst, rest, ske, stat, søn, tid, ven.* (Neuter): *hul, nul, træ.*

Note 2. Øje in certain compounds has the plural *øjer: koøjer,* portholes.

364. A number of words change the vowel in the plural (common gender): *and, ænder*; *bog, bøger*; *bonde, bønder*; *fod, fødder*; *hånd, hænder*; *klo, kløer*; *ko, køer*; *kraft, kræfter*; *nat, nætter*; *rod, rødder*; *tand, tænder*; *tå* [tɔ'], *toe, tæer* [tɛ'r].

Note. Latin loan-words are irregular (neuter): *mini'sterium,* ministry, *ministerier*; *museum, museer*; *studium, studier*; *drama* [dra:ma], *dramer*; *kursus,* course, *kurser.*

365. Declension 3. Here belong most neuter nouns (exceptions above), mainly monosyllables: *år, ben, flag, folk, hjem, ord, sprog, tal.* Polysyllables: *forhold, forsøg, kilo* [ki:lo], *tilfælde.*

Also a few nouns of common gender: *fejl, fisk, mus, sko, ting, liter, meter.*

366. The following nouns change the vowel in the plural: *barn, børn*; *en gås, gæs*; *mand, mænd.*

367. Related to Declension 3 are nouns which occur only in the singular because of their meaning as abstracts or masswords (common gender): *fløde, luft, rabarber* [ra'bar'bər], rhubarb, *ribs, skyld.* (Neuter): *sand.*

On the other hand, some nouns occur only in the plural: *bukser, grønsager, penge, forældre, søskende.*

368. *Note.* Some nouns have two plural forms with different meaning:

> en skat, skatte, treasure(s)
> skatter, tax(es)
> en høne, høner, hen(s)
> høns, chickens, coll.

In a number of cases the singular form may indicate the collective, and the endings -*e*, -(*e*)*r* the plural:

> en sten, stone, sten: *her er mange sten,* about a place filled with stones.
> stene: *runestene,* runic stones
> en orm, worm, orm [o'rm]:*Han har orm*—He suffers from worms.
> orme [o:rmə]: *Her er tre orme*—Here are three worms.

This is especially the case with words indicating measure or number:

> en fod, foot, fod: *ti fod lang,* ten feet long
> fødder: *Lad mig se dine fødder*—Let me see your feet.
> en øre, coin, øre: *Det koster 10 øre*—It costs 10 øre. But: *10 kroner,* 10 crowns.
> ører: *Her er to tiører*—Here are two tenøre pieces.
> en mand, mand: *en hær på 1000 mand,* an army of 1000 men.
> mænd: *Hvor er de to mænd?*—Where are the two men?
> et tal, figure, tal
> -taller: *Drengen skriver ottetaller*—The boy is writing figure eights.

Cf. also:

> en øl, øller, bottle(s) of beer
> øl, beer

369. In *compounds* the plural ending is determined by and only added to the last element: *et rådhus, rådhuse.* Compounds with *bonde-* and *barn-* may also inflect the first element: *en bondegård, bondegårde* or *bøndergårde; barnebarn,* grandchild, only: *børnebørn; barnepige,* nanny, only: *barnepiger.*

Note. The plural of *sømand,* sailor, is either *sømænd* or *søfolk.*

370. Notice the irregular plural endings of *loan-words* such as: *et faktum,* fact, *fakta; et leksikon,* encyclopædia, *leksika; en konto,* account, *konti.*

Some recent English loan-words may keep the original plural in -*s: en film, films* or *film.*

Use of the Plural Form Compared with English

371. In a number of cases Danish uses the plural for the English collective or abstract noun (in the singular):

> penge, money; *mange penge,* much money
> møbler, furniture; *et møbel,* a piece of furniture (cf. *et held,* a piece of good luck)

oplysninger, information
gode råd, good advice
Han gjorde store fremskridt—He made good progress.
Han har store indtægter—He has a large income.
Har du forretninger at gøre i byen?—Have you got business
to do in town? (But: *Der er mange forretninger i byen*—
There are many shops in town.)

372. On the other hand, Danish singular corresponds to the
English plural form in the following cases:

1. Collectives or abstracts like—

   indhold, -et, contents
   gymnastik [gymna'sdig], *-ken* , gymnastics
   aske [asgə], *-n*, ashes
   smørrebrød, -et, sandwiches
   værktøj, -et, tools

2. Further words that contain the notion of a pair—

   en saks, scissors
   en vægt, scales

3. Cases where English uses a possessive adjective (cf.
§ 357)—

   De stod med hænderne i lommen—They were standing with
   their hands in their pockets.
   De mistede livet—They lost their lives.

4. After fractions: *Han ventede 3½ time*—He waited for 3½
hours, and cases such as *det 17. og 18. århundrede*, the 17th and
18th centuries.

Case

373. Like English, Danish has only one form of the nouns
besides the basic form, the nominative, namely the *genitive*.

374. The genitive mark is *-s*, which is added without apos-
trophe to the basic form, and is put AFTER any other possible
endings, definite or plural:

   hr. Hansens dreng, Mr. Hansen's boy
   min broders kone, my brother's wife
   mandens hat, the man's (gentleman's) hat
   de tre drenges mor, the three boys' mother
   børnenes forældre, the children's parents

375. The genitive *-s* is added to the last word of a group:
Kongen af Danmarks bolsjer [bɔl'ʃər], a special kind of sweets.

376. -*es* or an apostrophe is added to words ending in -*s*:
Hanses or *Hans' hat.*

Use of the Genitive

377. In Danish -*s* may be used in the genitive with all nouns.
It is not as in English restricted to words designating persons
or living beings, but is used also where the preposition " of "
would be used in English: *broens længde* [lɛŋˈdə], the length of
the bridge.

Note. In a number of cases, however, a prepositional construction
instead of a genitive may also be used in Danish, corresponding to
English constructions with " of ":

  husets tag or *taget på huset*
  husets vinduer or *vinduerne i huset*

Cf. further under prepositions (§ 587).

378. Substantivized adjectives also take -*s* in the genitive
(see §§ 399–400).

379. A genitive may stand alone with the governing word
understood: *Hans taske lignede en læges*—His bag resembled
that of a doctor.

380. The genitive usually denotes possession or belonging of
some kind. Special use to indicate extent, quantity, time, age,
etc., is reflected in phrases such as: *en mils* [mi'ls] *vej*, about a
mile's distance; *en toværelses lejlighed*, a two-room flat; *en
times tid*, about an hour; *et toårs barn*, a two-year-old child;
et tiøres frimærke, a ten-øre stamp.

381. A genitive form often constitutes the first element in
Danish compounds, corresponding to an English word group:
årstid, time of the year, season; *en landsmand*, a fellow country-
man; *gudsfrygt* [guðsfrøgt], fear of God. In other cases an
English word group containing a genitive is rendered as a
compound in Danish: *en fuglerede*, a bird's nest. Cf. § 605.

382. A genitive without a following noun is used corre-
sponding to the English plural or genitive in order to denote a
family or group of persons: *Petersens*, the Petersens, Petersen
family. *Jeg har været hos præstens*—I have been to the
rector's (family).

On the other hand, the genitive is not used as in English in:
hos slagteren, at the butcher's.

Note 1. A wider use of the genitive in earlier Danish is reflected
in a number of adverbs and adverbial phrases such as: *stakkels*, poor

det var pokkers [pɔgərs], something like " damn it "; *i forgårs*, the day before yesterday; *i aftes, i morges, i mandags, til lands*, on land; *gå til bords*. An old genitive is also apparent in phrases such as: *gå til grunde*, perish.

Note 2. Similarly other old case forms (the dative) are hidden behind: *i tide*, in time; *på tide*, about time; *i live*, alive; *med rette*, rightly; *fiske i rørt vande*, fish in troubled waters; *inden døre*, indoors.

Adjectives

383. As in English, adjectives have in Danish a *comparative* inflection, but are also inflected in: (1) the *plural*; (2) the *definite* form; and (3) according to *gender*. The endings are for (1) and (2) -*e*, and for (3) -*t*: *høj, høje, højt*.

384. Examples of the *plural* form are: (*de*) *tynde mennesker*, *øjnene er mørke*. Notice the inflected form in predicative use.

385. In the singular as well as the plural the ending -*e* occurs as the *definite* form:

1. After determinative words, such as demonstrative and possessive adjectives or the prepositioned " definite article " *den*, etc.: *denne store have, vores gode lejlighed, den friske luft, det røde hus, de høje mennesker*.

2. After the genitive: *mandens brune hat*.

3. After numerals: *tre store drenge*.

4. In address: *kære frue*.

5. In a number of set expressions where the " article " may be understood: *første gang, næste år, forrige uge*. Names: *Gamle Andersen*, Old Mr. A.; *Store Hedinge*, place name. In the following cases the noun is inflected in the definite form: *hele tiden, selve kongen*, the King himself; *største delen*. Cf. § 351.

386. In the singular indefinite form adjectives are inflected according to *gender*, adding -*t* in the neuter. The indefinite form is used:

1. After *en* and *et* (the " indefinite article "): *en ung kvinde, et rundt ansigt*.

2. Predicatively: *Armen er tyk. Benet er tykt*.

3. Attributively (i.e., before a noun) in other cases than those listed in § 385, 1–5: *Her er frisk luft. Han har lyst hår. Vi siger god dag*.

387. The neuter form of the adjective is used in adverbial function, i.e., as an adverb, similar to English "-ly ": *Han talte højt*—He spoke loudly. *Det er gjort godt*—That is well done.

Special Cases

388. Most adjectives ending in a stressed vowel are not inflected in the plural or definite form: *den grå villa, (de) blå bukser.* *Fri* and *ny* may take *-e*: *nye mennesker.* Cf. below § 391.

389. Adjectives in *-t* (also past participles of weak verbs) and *-sk*, and a few in *-d* are not inflected in gender: *en let bog*; *et let sprog*; *et stegt æble*, a roasted apple; *et engelsk leksikon,* . . . dictionary; *et glad menneske*, but; *et fladt land*; *et rundt bord*; *kødet er fedt*, the meat is fat.

390. A number of adjectives, especially those in *-ig*, do not necessarily take the ending *-t* to form adverbs: *Denne kage er rigtig god*—This cake is quite good. *Er der virkelig ikke mere?* —Isn't there really more? *Denne oversættelse er hel(t) forkert*— This translation is quite wrong. Even in adjectival function there is in modern colloquial Danish a tendency to drop the neuter *-t* in words in *-ig*: *Der var så dejlig(t) ude på landet.* *Tak, det er rigtig(t)*—Thanks, that's right. Less frequent is the loss of the plural form: *Er I snart færdig(e)?*—Are you soon ready?

391. Adjectives ending in an unstressed vowel are not inflected at all: *en moderne hat, et moderne hus, de stille børn.* This also applies to a few adjectives in a stressed vowel: *et tro menneske*, a faithful person.

392. Adjectives in *-s* are uninflected: *fælles*, common; *stakkels*, poor; *gammeldags*, old fashioned: *vore fælles venner, gammeldags lejligheder.*

393. *Lille* is uninflected; in the plural the form *små* is used: *(de) små børn.*

394. *Megen*, much, has the neuter *meget: megen frugt, meget øl.* *Lidt*, (a) little, is uninflected: *lidt frugt, øl.*

Note. *Meget* may be used quantitatively also before nouns of common gender: *Vil du have meget eller lidt mad?*

395. The uninflected adjectives are used unchanged as adverbs: *Jeg er lidt træt*, tired. For *lille, småt* is used: *De har det småt*—They are poorly off.

Changes in Spelling and Pronunciation During Inflection

396. Before *-t:*

1. In some adjectives, the vowel is shortened in the neuter, and the glottal stop lost: *rød* [rø'ð], red, *rødt* [rød]; *ny* [ny'], new, *nyt* [nyd]; *lys* [ly's], fair, *lyst* [lysd].

2. Together with shortening of the vowel [ɔ] goes a more open pronunciation of the sound in: *blå, blåt*; *grå, gråt.* § 12.

3. *d* is not pronounced before *t*: *god* [go'(ð)], *godt* [gɔd]; *våd* [vɔ'ð], *vådt* [vɔd]; *hvid* [vi'ð], *hvidt* [vid]; *rød* [rø'ð], *rødt* [rød].

4. *v* is changed to *f* in: *grov* [grou'], rough, *groft* [grɔfd]; *stiv* [sdi'v], stiff, *stift* [sdifd].

397. Before -*e*:

1. A single consonant is doubled after a short vowel: *en smuk pige, den smukke pige*; *morsom, morsomme*.

2. Adjectives ending in unstressed -*el*, -*en*, -*er* drop the *e*. A preceding double consonant is simplified: *en gammel mand, den gamle mand, de gamle mænd*; *sikker, sikre*; *voksen, voksne*.

3. Adjectives (and past participles) ending in unstressed -*et* change the -*t* into -*d* [ð]: *en snavset hånd*, a dirty hand, *den snavsede hånd; døren er lukket*, the door is closed, *den lukkede dør*.

Use of the Adjectives

398. In Danish an adjective may be used alone when a substantive is understood: *Giv mig bogen, ikke den tykke, men den tynde*—Hand me the book, not the thick one, but the thin one.

399. As in English, an adjective may be used substantively: (1) for a group of persons in general: *de fattige*, the poor; (2) in the neuter in general sense: *Grønt* (or *det grønne*) *er godt for øjnene.* But in Danish, an adjective may be substantivized also in the singular common gender, as well as in the neuter and the plural when used about individuals: *Den syge er blevet rask* —The sick person has recovered. *De gamle var på udflugt*— The old people went for an outing. *Hun venter en lille*—She is expecting a baby. *En fremmed*, a stranger; *børn og voksne*, children and grown ups; *de fleste*, most people.

400. When substantivized, adjectives form a genitive in -*s*: *de gamles udflugt*, the old people's outing.

Adverbs

401. For adjectives used as adverbs, see §§ 387, 395.

402. Other adverbs are derived from or otherwise related to adjectives: *lige*, just; *længe*, long (used about time: *Varer det længe?*—Does it take long?, cf. *langt* about distance: *Der er langt til Tipperary*—It's a long way to T.); *næsten*, almost; *sjælden*, seldom; *vel*, well: *Lev vel!*—Live well, i.e., " all the best " (in most cases *godt* corresponds to "well": *Han kan sin lektie* [lɛgʃə] *godt*—He knows his lesson well). Notice the ending *-vis*: *heldigvis*, fortunately; *naturligvis*, of course, naturally.

403. A number of adverbs consist of an original word group, compound or derivation: *aldrig*, never; *altid*, always; *des-'værre*, unfortunately; *efter'hånden*, gradually; *endnu*, still (*er du endnu her?*), yet (*han er ikke kommet endnu*); *end'videre*, further; *i'sær*, especially; *må'ske*, perhaps; *således*, thus; *under'tiden*, sometimes.

404. Interrogative and relative adverbs are: *hvor'af*, whereof; *hvor'dan*, how; *hvor'fra*, from where, whence; *hvor'når*, when. Notice also compounds with *her-* and *der-*: *herfra*, from here; *herhen*, this way; *derfra*, from there; *derpå*, then; *dertil*, to there.

405. Most adverbs are, however, not derived, and form a large and incongruous group of words, which may be subdivided according to meaning:

1. Adverbs of place: *dér* [dɛ'r], there; *her* [hɛ'r], here; *hvor*, where (interrogatively): *Hvor bor du?* (relatively): *Havnen, hvor også Børsen ligger*—The harbour where also the Stock Exchange is situated.

Note 1. Der is often used unstressed and with a very vague sense of place:

As in English—

   1. In certain impersonal passive constructions: *Der blev sunget meget*—There was much singing.
   2. In active constructions with *være*: *Rundt om markerne var der store skove.*

Different from English—

   1. In (active and passive) constructions with an indefinite noun as subject: *Midt i solskinnet lå der en gammel herregård. Der kan ventes regn*—Rain may be expected. But: *Regnen kom*—The rain came. *Hvad er der i vejen?*—What is wrong?
   2. In impersonal expressions with *være* and *blive* + an adverb + indication of place: *Der var så dejligt ude på landet*—It was . . .
   3. In indirect questions: *Jeg ved ikke, hvem der har gjort det*—I do not know who has done it, and in relative constructions: *Jeg tager, hvad der kommer*—I am going to take what comes. *Det er mig, der har gjort det*—It is I that have done it. *Store skræppeblade, der var så høje*—Big dock-leaves, that were so high. See further §§ 455, Note, 458,3, 459.

Note 2. The following adverbs have a double form, the shorter to indicate movement from one place to another (where to), the longer in *-e* to indicate rest or movement within an area (where):

bort—borte, away	*op—oppe*, up
frem—fremme, forward	*over—ovre*
hen—henne, (over)	*ned—nede*, down
hjem—hjemme, home	*ud—ude*
ind—inde, in	

Examples: *Han gik hjem*—He went home. *Han er hjemme*—He is at home. *Jeg vil ind*—I want to go in. *Han går inde i huset*—He is walking about in the house. *Ude på landet*, (out) in the country; *gå ned*, go down; *blive oppe*, stay up.

Hen, henne have no exact English equivalent, and need not be translated; they are used in expressions of direction:

Han gik hen til hjørnet—He went (over, down) to the corner.
Hun står henne ved bordet—She is standing (over) by the table.

2. Adverbs of time.: *da*, then; *når*, when; *nu*, now; *ofte*, often; *så*, then; *straks*, at once; *tit*, often.

3. Adverbs of manner and degree: *bare*, only; *blot*, only; *dog*, however, yet; *ellers*, otherwise; *ganske*, quite; *gerne*, willingly, usually; *ikke*, not; *kun*, only; *mon*, I wonder; *netop*, even; *nok*, enough; *næppe*, hardly. Cf. *hvor stor?* how big? *så stor*, so big; *for stor*, too big.

Note 1. Notice the special use of *ikke* to transform a positive statement into a question: *Han har spist, ikke?*—He has eaten, hasn't he? But: *Han har ikke spist*—He has not eaten. Similarly, *vel* transforms a negative statement into a question: *Han har ikke spist, vel?*—He has not eaten, has he? Notice also the use of *ikke* in exclamations: *Hvor så han ikke ud!*—How awful he looked!

Note 2. The affirmative adverb *jo* is used as interjection in reply to a negative question, otherwise *ja* is used:

Har du ikke spist endnu?—*Jo*—Have you not eaten yet?—Yes.
Har du spist til middag?—*Ja*—Have you dined?—Yes.

The negation is *nej*.

Note 3. *Ja, jo* and *nej* are sometimes used without their affirmative or negative meaning, as in:

Ja, det ved jeg ikke—Well, I do not know.
Jo, for ellers var det en hest—Well, because otherwise it would be a horse.

In exclamations of surprise:

Nej, hvor er du fin!—Oh, how beautiful you are!

406. Typical of colloquial Danish is the extensive use of unstressed adverbs, mainly of groups 2 and 3, such as: *vel, jo, da, mon, dog, nu, nok*, with a weakened meaning to modify or lend a special shade to the meaning of the whole sentence.

Such expressions have to be translated idiomatically, i.e., through a slight paraphrase: *Du har vel låset døren?*—You have locked the door, I hope (or suppose). *Han er jo aldrig hjemme*—He is never at home, you see (or as you know). *Intet er så galt, at det jo er godt for noget*—Nothing is so bad that it is not good for something. *Det var da mærkeligt*—That was strange, indeed. *Hvor dog verden er stor!*—Isn't the world big! *Jeg har nu ikke læst hele bogen*—I have not read the whole book, I must say. *Har du nu også råd til det?*—Are you sure you can afford that? *Han kommer nok i aften*—He will probably call tonight. *Du er nok glad*—It seems as if you are glad.

Comparison

407. Most adjectives take the ending *-ere* [ərə] in the *comparative, -est* [əsd] in the *superlative*: *høj—højere—højest.*

Adjectives in unstressed *-e* only take *-re, -st*: *ringe*, small, slight—*ringere—ringest.*

Adjectives in *-ig* and *-som* take *-st* in the superlative: *fattig—fattigere—fattigst, langsom—langsommere—langsomst.*

Note 1. The superlative may be emphasized with the prefix *aller-*: *Det er det allerhøjeste træ*—It is the very tallest tree.

Note 2. A single consonant after short stressed vowel is doubled in comparison: *smuk—smukkere—smukkest.* Adjectives in unstressed *-el, -en, -er* drop the *e* of the ending (if they are not compared by *mere—mest,* § 411):

> *nobel,* noble—*noblere—noblest*
> *doven* [douən], lazy—*dovnere—dovnest*
> *sikker—sikrere—sikrest*

408. The following adjectives change the vowel in comparison:

> *få—færre—færrest*
> *lang—længere—længst* [lɛŋ'sd]
> *stor—større—størst* [sdœrsd]
> *ung—yngre—yngst* [øŋ'sd]

409. The following adjectives have irregular comparison:

> *gammel—ældre* [ɛldrə]—*ældst* [ɛl'sd]
> *god—bedre* [beðrə]—*bedst* [besd]
> *lille* / *lidt*—*mindre* [mendrə]—*mindst* [men'sd]
> *megen* / *meget*—*mere—mest* [me'sd]
> *mange—flere—flest* [fle'sd]
> *ond* / *slem*—*værre—værst* [vɛrsd]

410. Some adjectives have incomplete comparison:

nord—nordre   øst—østre
syd—søndre   vest—vestre

højre and *venstre* occur only in the comparative.

411. A number of adjectives are not inflected in comparison, but express the comparative and the superlative with the help of *mere* and *mest*. Here belong adjectives of more than one syllable, and ending in *-sk*, unstressed *-e*, *-en* and *-et* (also past participles), present participles and very long adjectives: *praktisk—mere praktisk—mest praktisk*; *moderne*; *sulten*; *snavset*; *henrivende*, delightful; *umenneskelig*, inhuman.

Note. Nær—nærmere—nærmest. The original superlative is *næst*, which now is considered as an independent word " next ".

412. The comparative is uninflected. The superlative adds *-e* in the definite form, following the rules in § 385: *Peter er den dygtigste (dreng) i klassen*—. . . in his form, but: *Han er dygtigst til fodbold*—He is best at football.

413. Comparatives and superlatives may function adverbially, corresponding to the adverbial use of the neuter form of the adjective: *smukt—smukkere—smukkest. Hvem synger smukkest?* The superlative of *højt* is *højest* or (before an adjective) *højst*: *det var højst uheldigt*, most unfortunate. Cf. below, § 420.

414. Adverbs derived from adjectives (§ 402) use the comparative and superlative forms of the corresponding adjective in adverbial function: $\frac{godt}{vel}$—*bedre—bedst. Hvem synger bedst?*

Note.   langt (about distance)—*længere—længst*: *Vi rejste længere nordpå.*
       længe (about time)—*længer(e)—længst*: *København er ikke længer(e) en fæstningsby.*

415. Some of the non-derived adverbs are also compared:

gerne—hellere [hɛlərə]—helst [hɛl'sđ]
ofte—oftere—oftest
tit—tiere—tiest

416. The comparatives of the adverbs *ind, ud, over, ned* are used as adjectives (they may also be considered as derivations), the superlatives are used both as adjectives and adverbs:

ind—indre [endrə]—*inderst* [en'ərsd]: *det indre af stuen*, the interior of the room; *den inderste stue*, the

innermost room. *Han stod inderst*, he was standing
innermost.

ud—ydre [yðrə]—*yderst* [y'ðərsd]
ned—nedre [neðrə]—*nederst* [ne'ðərsd]

417. The following adverbs have no complete comparison.
The superlative is used both as adjective and adverb:

for—forrest [fɔr'əsd], *den forreste vogn*, the front carriage.
Han stod forrest—He was standing in front.

før—først
frem—fremmest, foremost
siden—sidst

Note. More or less complete comparison is also found with
words other than adjectives and adverbs:

en—eneste, only
selv—selveste, himself
under—underst, lowermost
over—øvre—øverst [ø'vərsd], top, uppermost
mellem—mellemst [mɛl'əmsd], middle, midmost
bag—bagest, back, hindmost

Use of the Comparative and the Superlative

418. The comparative is usually followed by *end*, than:
Peter er større end Hans.

419. The comparative forms are often used in Danish with-
out any idea of actual comparison: *Han ejer et mindre hus*—He
owns a smallish house. *En bedre middag*, a very good dinner.
Der var flere børn til stede—There were several children present.
Cf. *Der var flere børn end voksne*— . . . more . . .

Note. En ældre dame, an elderly lady, is not so old as *en gammel
dame*, and therefore the first expression is politer. Similarly, *en
yngre dame*, youngish, is older than *en ung dame*.

420. The superlative may be used similarly to indicate a very
high degree: *med største fornøjelse*, with the greatest pleasure.
Det var højst uheldigt—It was most unfortunate.

421. Different from Engl., Danish uses the superlative also
when comparing two objects or persons: *Jens var den stærkeste
af de to drenge*—Jens was the stronger of the two boys.

Pronouns

Personal Pronouns

422. The personal pronouns appear in the singular and the
plural, and in two case forms: the subject case and the object

case. For the genitive, the possessive adjectives or pronouns are used. For paradigm see § 61, 5.

423. In the 3rd person *han* and *hun* are used about persons according to sex; *den* and *det*, both corresponding to Engl. " it ", are used about animals and things according to gender: *Hvor er bogen?—Den ligger der. Hvor er mit ur?—Det er her.*

Note. In fairy-tales, fables, etc., *han* and *hun* may be used also of animals when they are treated as human beings, but not in ordinary speech: *Hvor er katten?—Den er borte*—It is gone. Nor are *han, hun* ordinarily used about ships or countries. *Det* is also used about *barn* and *menneske* if the sex is not significant for the context: *Barnet faldt. Slog det sig?*—Did it hurt itself?

424. Differently from formal Engl. usage, the object form of the personal pronouns is always used as predicative: *Det er mig (ham, os), der dræbte hjorten*—it is I . . .

In comparative sentences after *end* both the subject case and the object case may be used: *Hun er højere end ham* or *han*— She is taller than he. But a difference may be made between: *Jeg har flere venner end dig*—I have more friends than you, i.e., I have also other friends, and: *Jeg har flere venner end du*— I have more friends than you (have).

425. *Note. Jeg* is used as a noun in *mit bedre jeg,* my better self.

426. Notice the use of *det* in phrases like: *Hvem er den herre? Det er min broder*—He is my brother. But in the following description: *Han er lidt ældre end mig. Det er mine børn, de er snart store*—These are my children . . .

427. *Det* is used for English " so " to represent a whole statement: *Jeg er træt, og det er Peter også*—I am tired, and so is Peter. *Du må gerne gå, hvis du ønsker det*— . . . if you wish.

428. *Det* is often used in a formal or indefinite way:

1. As in English: *Det regner*—It is raining. *Det er koldt*— It is cold. *Det var sommer. Det varede så længe*—It took such a long time. *Tag det med ro*—Take it easy. *Han er ked af det* —He is distressed. *Hvordan har De det?*—How are you?

Note. Colloquially *den* may be used in these and similar phrases: *Tag den med ro. Den er god*—That is a good one. *Hvad er den af?* —What does that mean? *Være sent på den*—Be late.

2. Where English would require a personal subject: *det ringer,* the bell rings; *det banker,* somebody knocks; *det glæder mig,* I am glad; *det ærgrer mig,* I am annoyed; *det gør mig ondt,* I am sorry. *Det tikkede i uret*—Something ticked inside the watch.

3. Anticipating the subject, an infinitive or clause: *Det var godt du kom*—It was a good thing you came. *Det er ikke let at lære dansk.* Cf. § 561, Note.

429. *Note.* A preposition + *det* is usually replaced by a compound adverb *der* + preposition: *deraf*, thereof; *derved*, thereby. Cf. § 404.

How to Address People

430. In Danish (like German and French) two pronouns of address are used: (1) *du, dig* (plural *I, jer*) when talking to friends, relatives and children, and usually among students and working-class people, as well as in country districts; (2) otherwise *De, Dem*, both in the singular and the plural when addressing strangers.

Note. *Eder* is literary and old-fashioned for *jer*.

431. *De* is historically the 3rd person plural, and identical with *de*; when used in address it is written with a capital *D*, and in address to one person is treated as a singular form: *Er De rask?*—Are you well? But in address to two or more people as a plural form: *Er De alle raske?*—Are you all well? Cf. *Er de (børnene) raske?*—Are they (the children) well?

432. In polite address, a little stiff and old-fashioned (but certain professional people still appreciate it!), a title may be used instead of *De: Vil professoren se her?*—Would you please look here, sir? *Det var da morsomt at træffe provsten her—* . . . to meet Your Reverence here.

Possessive Pronouns and Adjectives

433. For paradigm of these see § 74, 6.

434. The possessive pronouns (adjectives) in the 1st and 2nd persons singular are inflected in gender and number, according to the nouns they are attached to: *min hat, mit hus, mine børn, dine huse.* In the 3rd person this applies only to *sin: sin hat, sit hus, sine huse*, the others are uninflected: *hans, hendes hat, hus, huse, dens, dets hale, haler, hoved.*

The 1st person plural may be inflected in gender and number, but in modern colloquial Danish there is a tendency to use *vores* throughout, as always in the 2nd and 3rd persons: *jeres, deres: vores (vor) ven, vores (vort) hus, vores (vore) børn, jeres bøger, deres mand.*

435. *Deres* (capital *D*) is used in polite address, corresponding to *De, Dem: Her er Deres pas*—Here is your passport.

436. The possessive pronouns in Danish are used corresponding both to Engl. possessive adjectives and pronouns, i.e., both dependently and independently: *min bog*, my book; *bogen er din*, the book is yours.

437. Notice the use of possessive pronoun instead of personal pronoun, as in Engl., in expressions such as: *din slyngel* [sløŋ'əl], you rascal.

Note. In some cases Danish does not use possessive pronoun where Engl. does: *Kan du finde vej?*—Can you find your way? For use of Danish definite form for Engl. possessive adjective, see § 357.

438. The reflexive possessive *sin, sit, sine* is used in the 3rd person instead of *hans, hendes, dens, dets* when referring to the subject: *Han (A) tog sin (A's) hat*—He took his (own) hat. But: *Han (A) tog hans (B's) hat*—He took his (i.e., somebody else's) hat. *Han tog hendes hat*— . . . her hat. Cf. examples § 163.

439. *Sin*, etc., cannot be used if there is a reference to a subject in the plural; in such cases *deres* has to be used: *Børnene tog deres bøger og gik*—The children took their books and left. But: *Barnet tog sin bog. De gik deres vej*—They went away. This also applies to *De* in address: *Har De Deres bøger?*—Have you (singular and plural) got your books?

Note 1. *Hans hat er sort*—His hat is black. *Hat* is here the subject of the sentence, but it does not require *sin*, because it is not the correlate (i.e., the word to which the pronoun refers) of the pronoun, which is contained in the context outside the sentence. Thus also: *Han og hans datter var der*—He and his daughter were there. But: *Han var der med sin datter*—He was there with his daughter.

Note 2. *Sin*, etc., is also used in sentences such as: *Jeg så ham tage sine bøger*—I saw him taking his books, where *sine* refers to the logical subject *ham*, cf. *Jeg ser, at han tager sine bøger*. Notice *sin*, etc., in general or indefinite expressions such as: *Det er morsomt at glæde sine venner*—It is fun to make one's friends happy. Cf. *Man vil gerne glæde sine venner*.

440. *Sin*, etc., is used in comparative sentences: *Han er større end sin broder*.

441. Notice the expressions: *det tager sin tid*, it takes time; *i sin tid*, formerly.

Reflexive Pronouns

442. *Sig* is used as a reflexive in the singular and the plural, corresponding to Engl. oneself, himself, herself, itself, themselves: *Peter slog sig*—P. hurt himself. *De hævner sig*—They revenge themselves. *Man må hjælpe sig som man kan*—One must help oneself as best one can.

In many cases *sig* is used where Engl. has a personal pronoun: *Han havde en bog med sig*—He carried a book with him. *Han bad mig hjælpe sig*—He asked me to help him.

443. In the 1st and 2nd persons the personal pronoun in the object case is used as the reflexive: *Jeg slog mig. Har du taget bogen med dig?*

444. When *De* is used in address it functions as the 2nd person and takes *Dem* instead of the reflexive: *Slog De Dem?*—Did you hurt yourself? Cf. *Slog du dig?* and *de slog sig.*

445. A number of Danish verbs are constructed reflexively corresponding to the Engl. use of an intransitive verb:

> *åbne sig*, open: *Døren åbnede sig*, but *jeg åbnede døren.*
> *barbere sig*, shave: *Jeg barberer mig med maskine*—I shave with a safety razor.
> *bevæge sig*, move
> *bryde sig om*, care for: *Bryder du dig ikke om vin?*
> *forandre* [fɔr'an'drə] *sig*, change.
> *gifte sig*, marry. Also constructed with the passive: *Hun blev gift i går*—She was married yesterday. *De skal snart giftes*—They are going to be married soon.
> *glæde sig*, look forward to
> *kede sig*, be bored
> *lægge sig*, lie down, go to bed
> *more sig*, be amused, enjoy oneself
> *opføre sig*, behave
> *overgive sig*, surrender
> *rejse sig*, get up—from a chair; cf. *stå 'op*, get out of bed
> *skamme sig*, be ashamed
> *skynde sig*, hurry
> *sætte sig*, sit down
> *tænke sig*, imagine
> *udvikle sig*, develop
> *vaske sig*, wash (oneself)

446. The demonstrative *selv* may be added to the reflexive: *Planen gik i sig selv*—The plan came to nothing. *Gården ligger for sig selv*—The farm is situated by itself (cf. § 453, 3). But with reflexive verbs only for emphatic purposes: *Jeg barberer mig selv*—I shave myself. *Kan du vaske dig selv?*—Can you wash yourself (i.e. without any help)? Notice: *Han stopper selv sine strømper*—He mends his own stockings.

Paradigms for Possessive and Reflexive Pronouns

447. *jeg tog min gård, mit hus, mine huse i besiddelse*
[be'sið'əlse], possession

{ *du tog din gård, dit hus, dine huse i besiddelse*
{ *De tog Deres gård, Deres hus, Deres huse i b.*

han
hun } *tog sin gård, sit hus, sine huse i besiddelse*
den

det tog sin tid

man tog sin gård, sit hus, sine huse i besiddelse

vi tog vores (vor) gård, vores (vort) hus, vores (vore)
   huse i besiddelse

{ *I tog jeres gård, jeres hus, jeres huse i b.*
{ *De tog Deres gård, Deres hus, Deres huse i b.*

de tog deres gård, deres hus, deres huse i b.

448. *jeg slog mig*

{ *du slog dig*
{ *De slog Dem*

han
hun
den (katten) } *slog sig*
det (dyret)

vi slog os

{ *I slog jer*
{ *De slog Dem*

de slog sig

Reciprocal Pronouns

449. *hinanden*, genitive *hinandens*, each other: *Børnene
legede med hinanden*; *de gemte hinandens legetøj*, toys.

Hverandre, each other, may be found in books, but is
obsolete.

Demonstrative Pronouns and Adjectives

450. *Den, det, de* when used emphatically as determinatives
before nouns correspond to English " that ", " those": *Tag
'den bog*—Take that book. *Når så du 'de mennesker?*—When
did you see those people? When used independently as
demonstratives, the adverb *der* is often added: *Hvad er 'det
der?*—What is that? *Jeg tager 'dem (der)*—I will take those.

451. For the unstressed determinative *den*, etc., functioning
as " definite article ", see § 351.

Different from Engl. usage, the demonstrative pronoun
(adjective) *den*, etc., instead of the definite form is used with a

noun before a restrictive relative or another determinative clause: '*Den herre, (som) vi mødte, er min bror*—The gentleman whom we met; '*den morgen, (da) jeg ankom, var det snevejr*, the morning (when) I arrived it snowed.

452. *Denne, dette, disse* correspond to English " this ", " these "; they are rather stiff literary forms, and are in colloquial language replaced by *den(ne) her, det(te) her, de her, disse her*: *Du burde læse denne bog*, or *den her bog*, or *denne bog her*—You ought to read this book.

Note 1. *Denne*, the latter, belongs to literary style only: *A. talte med B.*; *denne sagde*, . . .

Note 2. The equivalent of English " in this country " is: *her i landet*; " in this area ", *her på egnen*.

453. The following words are on the border between being adjectives and pronouns:

1. *Sådan, sådant, sådanne*, such: *Et sådan(t) dyr har jeg ikke set før*. In colloquial speech *sådan* comes before the article: *sådan et ur*.

2. *Samme*, same, may be used with or without " article ": *(den) samme aften kom han tilbage*.

3. *Selv, selve*, -self, is uninflected in: *Jeg kom selv*, I came myself; *de kom selv*. The inflected form is used before a noun: *Han kom på selve dagen*—He came the very day. Cf. *direktøren selv*, the manager himself, and *selve direktøren*, the latter expression containing an aspect of awe and reverence.

Selv is used as a noun in: *mit selv*.

For the use of *selv* after *sig*, see § 446.

4. *Egen* [aiən], *eget, egne*, own, resembles an adjective, but it has no definite form, *egne* being used only in the plural: *min egen dreng, mit eget hus, natten er vor egen, vore(s) egne venner*. As a noun it is seen in: *vore egnes bedrifter*, the feats of our own people (soldiers, etc.).

454. *Sikken (en), sikken et (sikket), sikke (nogle)*, what (a), is colloquial and used in exclamations: *Sikken et hus at bo i!*— What a house to live in! It is derived from *se hvilken (hvilket, hvilke)*, cf. §457, Note 1.

Interrogative Pronouns and Adjectives

455. *Hvem*, who, whom; *hvad*, what; *hvis*, whose.

Hvem, both subjective and objective case, is used substantively of persons both in the singular and the plural: *Hvem kommer der ?*—Who is coming there? *Hvem mødte du ?*— Who(m) did you meet?

Hvis is the corresponding genitive, used both dependently and independently: *Hvis bog er det?*—Whose book is that? *Hvis er den bog?*—Whose is that book?

Hvad is used both as a noun and as an adjective: *Hvad gør du her?*—What are you doing here? *Hvad nyt?*—What news? *Hvad slags sprog er det?*—What kind of language is that? Colloquially *hvad* is often supported by the adverb *for*: *hvad for (en, et, noget, nogle)*, what (sort of): *Hvad er det for en bog?*—What book is that? *Hvad for mennesker kommer i aften?*—What sort of people are coming to-night? *Det er en bekendt sag, hvad for en isbjørn provsten er. Hvad for noget!*— What on earth!

Note. In subordinate clauses *hvem* and *hvad* when subject must be connected with the adverb *der*:

> *Ved du, hvem der kommer?*—Do you know who is coming?
> *Ved du, hvad der skete?*—What happened?

456. *hvem der end*, whoever; *hvad der end*, whatever.

457. *Hvilken, hvilket, hvilke*, which, is used both substantively (before *af*) and adjectivally; it belongs to more formal speech. The distinction in English between " who " and " which " is only partly reflected in the use of Danish *hvem, hvad* against *hvilken (hvad for)*: *Hvem havde du til bords?*— Who did you take in to dinner? *Hvilken af damerne havde du til bords?*—Which of the ladies . . . ? But also: *Hvem af jer har set mine briller?*—Which of you has seen my glasses? *Hvad venter du af mig?*—What do you expect from me? *Hvilken (hvad for en) bog vil du helst have?*—Which book would you prefer?

Note 1. *Hvilken*, etc., in exclamations is literary and old-fashioned: *Hvilken udsigt! = sikken (en) u.*—What a view! Cf. § 454.

Note 2. A preposition governing an interrogative pronoun is usually left until the end of the sentence:

> *Hvem venter du på?*—Who are you waiting for?
> *Hvilken bog læser du i?*—Which book are you reading?
> *Hvad kommer det af?*—What is the cause of that?

In more formal speech preposition + *hvad* is replaced by a compound adverb *hvor* + prep.: *Hvoraf kommer det?* Cf. § 404.

Relative Pronouns

458. The interrogative pronouns may be used as relatives: *hvem*, who, whom; *hvis*, whose; *hvilken*, etc., which; *hvad*, which, what. Apart from certain exceptions, however, they belong only in literary style. The exceptions are:

1. When the relative pron. is a genitive, *hvis* must be used: *Hr. Petersen, hvis broder forsvandt i Amerika*—Mr. P., whose brother disappeared in America. *Kirken, hvis tårn man kan se.*

2. When the relative does not refer to a single word but a whole sentence or context, *hvad* or *hvilket* must be used: *Poesien er gået tabt, hvad (hvilket) mange beklager.* If *hvad* is the subject, *der* must be inserted: *Peter kom for sent, hvad der var synd*—Peter was late, which was a pity.

3. When the relative has an indefinite or general meaning, *hvem, hvad, hvilken* (or *hvad for,* etc.) may be used: *Tag hvem du vil med*—Bring along whom you wish. *Gør hvad du vil*—Do what you like. *Hent hvilke (hvad for) bøger du har lyst til*—Fetch which books you fancy. If the relative is the subject of the clause, *der* must be inserted: *Hvem der ikke vil høre, må føle*—He who will not hear must feel. Notice the use of *hvad* after *alt*: *Jeg har set alt, hvad du gjorde*— . . . all that you did.

Note. In literary style the relatives may be preceded by a preposition: *Hans er en ven, på hvem man kan stole*—H. is a friend who you can rely on. Usually, however, the preposition is left till the end of the clause: *En ven, hvem man kan stole på.* Cf. below under *som* and *der* and § 597.

Instead of a preposition + *hvad* or *hvilken*, a compound adverb *hvor* + prep. is commonly used: *Kirken, hvoraf vi blot kunne se tårnet*—The church of which we could only see the tower.

459. *Som* and *der.* In most cases no relative pronoun is used in Danish relative constructions; instead, the conjunction *som* is used to connect a clause with the principal clause, but except when the (omitted) relative would be the subject of the clause, *som* may also be left out: *På markerne vokser roer, som bruges til foder. Alle de gårde, (som) jeg kender.* A preposition cannot precede *som*: *Hans er en ven, (som) man kan stole på.*

If the (omitted) relative would be the subject of the clause, the unstressed adverb *der* may be inserted instead of *som*: *Her er drengen, der reddede sin søster fra at drukne*—Here is the boy who saved his sister from being drowned. Or: *. . . som reddede . . . Der* cannot be preceded by *og*: *Damen, der (som) besøgte os i går, og som smilede så venligt*—The lady who came to see us yesterday, and who smiled so kindly.

Indefinite Pronouns

460. *Man,* one: *I Zoologisk Have finder man endnu flere dyr.* It is also used for Engl. passive constructions: *Du må svare, når man taler til dig*—You must answer when you are spoken to, and for " they, people ": *Man (de) siger, at der er sket en ulykke*.

The object form of *man* is substituted by *en*, the genitive by *ens*: *Der er altid folk, der vil hjælpe en. Det er en stor oplevelse for ens børn;* but reflexive: *Man må ikke overanstrenge sig eller overvurdere sine kræfter*—One must not overstrain oneself or overestimate one's strength.

461. The numeral *en* [e'n] may be used emphatically in the sense of " a certain one ": *Der stod en uden for gadedøren*—Somebody was standing outside the front door. *Hvad er du for en ?*—What sort of fellow are you? *Du er en køn en*—You are a pretty one.

462. The numeral *anden, andet, andre* is also used as indefinite pronoun " other ": *Prøv en anden gade*—Try another street. Its inflection corresponds to *egen* (§ 453, 4); *den (en) anden, det andet, de andre*.

463. *En eller anden, et eller andet*, some(body), something: *han sagde et eller andet*.

464. *Den ene—den anden*, one—the other: *Den ene kom efter den anden*.

465. *Nogen, noget* in the singular corresponds both to Engl. " some (somebody, something) " and " any (anybody, anything) ", used both substantively and adjectivally: *Er her nogen ?*—Is anybody here? *Har du nogen avis? Her er noget arbejde. Vil du give mig noget vand ?*—Would you give me some water? Notice the use of *noget* quantitatively also before nouns of common gender: *noget hostesaft*, some cough medicine.

The plural *nogle* corresponds to Engl. " some "; it is usually pronounced [nɔːn] like *nogen*, which form is used in the plural, too, corresponding to " any ": *Nogle fugle er trækfugle. Der er ikke kommet nogen (mennesker) endnu*—No people have arrived yet.

Note. When used substantively, *nogen*, etc., takes -*s* in the genitive: *Efter nogles mening*—According to the opinion of some people. *Noget* is used adverbially in *noget bleg*, somewhat pale.

466. *Ingen, intet*, nobody, nothing, no, none. The form *ingen* is used in the plural as well as in the singular common gender. It is used both substantively and adjectivally: *Der er næsten ingen (storke) tilbage. Er her ingen lærer ?*— . . . no teacher. *Der var intet at se*, nothing to be seen. *Ingen* may occur in the genitive: *Hvis er det ?—Ingens*—Whose is this?—Nobody's.

467. *Ikke nogen, ikke noget* are more colloquial forms for *ingen, intet*: *Jeg kender ikke nogen (ingen), der morer sig mere. Er her ikke noget (intet) bord?*

468. *Ingenting*, nothing, similarly, is used for *intet* in substantival function: *Han har jo ingenting på*—He has got nothing on.

469. *Al, alt, alle,* all, everything, everybody: *Al maden var spist. Alt stort,* everything great; *alle børn(ene),* all (the) children; *alle ved det,* everybody knows it.

470. *Begge,* both: *begge drenge(ne).*

471. *Hver, hvert, enhver, ethvert,* every, each, anybody: *Hver dag er en gave*—Each day is a gift. *De kom hver for sig,* each on their own. *(Et)hvert barn ved det. (Alle og) enhver ved det*—Everybody knows it.

Numerals

Cardinals

472. For list of these see §§ 61,8, 95,6, 145,5 and 189,2.

473. *Nul,* o, may be treated as a noun: *et nul, to nuller* [nol'ər].

474. The numeral *en,* one, is spelt with an accent *én* (formerly double *ee : een*) to distinguish it from the article and the pronoun. In cases where no mistake is possible, the accent is left out: *Han har kun én krone tilbage*—He has only one *krone* left. *Vil du have en eller to?*

En is inflected according to gender, *et,* and has the definite form *ene : den ene arm.* The neuter form is used in expressions such as: *Klokken er et; nummer et; linie et,* number one tram or bus; *et ettal,* a figure one, and as the last part of a compound numeral: *Side 201—to hundrede (og) et, nummer 301.* Notice *enogfyrre,* etc., but *et hundrede, et tusind.*

475. Differing from Engl. usage, the units come before the tens in Danish: *treogtredive,* thirty-three.

476. *Note.* The numerals 20–40 are constructed as multiples of 10: *tyve,* two tens; *tredive,* three tens. In *fyrretyve,* four tens, the ending has in time been confused with *tyve,* twenty.

The numerals 50–90 are constructed as multiples of 20: *tresindstyve* literally means " three times twenty ", *firsindstyve,* four times twenty. *Halvtredsindstyve* is "half third (i.e., $2\frac{1}{2}$) times twenty ", *halvfjerdsindstyve,* $3\frac{1}{2}$ times twenty; *halvfemsindstyve,* $4\frac{1}{2}$ times twenty.

477. The long forms *fyrretyve, halvtredsindstyve,* etc., are archaic and literary for *fyrre, halvtreds,* etc., but may be used for emphatic purposes.

478. *Hundrede and tusind(e)* are neuter nouns. They may occur in the plural form: *der var hundreder af mennesker,* hundreds of people, but *fem hundrede kroner.*

479. *Million, milliard* are nouns and always put in the plural after numerals: *fem millioner kroner.*

480. *Note 1.* 1932 is read:

    1. In accounts: *et tusind ni hundrede (og) toogtredive.*
    2. As a year: *nitten hundrede (og) toogtredive.*
    3. As a telephone number: *nitten toogtredive.* Further as telephone numbers: 107—*et hundrede (og) syv,* 3709—*syvogtredive nul ni,* 10 347 *ti tusind tre hundrede syvogfyrre,* 98 39 91 —*otteoghalvfems niogtredive enoghalvfems.*

Note 2. Cardinal numbers used as nouns are inflected in the genitive: *de fems rejse,* the journey of the five (explorers, etc.). They are put in the plural in cases such as:

    Tilbage til halvfemserne!—Back to the nineties!
    En mand i fyrrerne—A man in his forties.

Ordinals

481.—For list of these see § 197,2.

482. The ordinals are derived from the cardinal numbers together with the endings -*(en)de* and -*te,* with certain irregularities. Notice in particular: 1–4, 6, 100 and 1000.

Note. When written with figures, ordinals are indicated by a full stop after the figure: *2. april,* or addition of -*de,* -*te,* etc.: *19de, 6te, 1ste.*

483. The ordinals 40–90 are formed on the basis of the long cardinal numbers.

484. The ordinals are not inflected except *anden,* which has the neuter *andet*: *(det) andet hus på venstre hånd,* the second house to the left. Cf. §462.

485. The ordinals may take the " definite article ": *den tredje aften.* They may form the genitive: *Christian den Fjerdes datter.* Notice: *det 19de århundrede,* nineteenth century, or *18hundredtallet.*

486. Notice different from Engl. the ordinal in cases such as: *hver femte time,* every five hours.

487. Fractions are formed from the ordinals, adding *-del(e)*:
⅙, *en sjettedel; ⅜, tre ottendedel(e)*. Exceptions: *en halv*, half;
en kvart, quarter, besides *en halvdel* (used only as a noun:
Halvdelen af haven er ukrudt—Half of the garden is weeds) and
en fjerdedel.

Note. 1½ = *halvanden* besides *en og en halv*. 3½ = *tre og en
halv*, archaic *halvtredje* (§ 476). In Danish a comma is used for the
Engl. "point" in decimals: 0,75 = *nul komma syv fem*.

488. Nouns derived from numerals are: *en tier*, (1) a ten-
kroner note, (2) a number ten tram or bus; *en femmer*.

et ottetal, nital, etc., figure eight, etc.

et par, pair; *et dusin*, dozen; *en snes*, twenty: *Der var en
snes stykker*, about twenty.

Note. Engl. once, *en gang*; twice, *to gange*.

Verbs

489. According to meaning and construction some verbs are
transitive, i.e., they may be connected with an object: *spise*
(*mad*). Others are *intransitive*, i.e., they cannot normally take
an object: *tale, sove, gå*.

Note. Compare: *sidde, ligge*, intransitive; *sætte, lægge*, transitive:

Jeg sidder på stolen—I am sitting on the chair.
Jeg ligger i sengen—I am lying in bed.
Jeg sætter hatten på hovedet—I put my hat on my head.
Jeg lægger bogen på bordet—I am putting the book on the
  table.

Cf. *hænge*, past tense *hængte*, transitive; *hænge*, past tense *hang*,
intransitive.

490. The verbal forms may be grouped into two categories:

1. Finite forms of purely verbal function, i.e., (*a*) the *present*
and *preterite*; (*b*) the two voices, *active* and *passive*; (*c*) the
moods, the *indicative*, the *imperative* and the *subjunctive*.

2. Infinite forms, i.e., the *infinitive* and the *participles*, both
of restricted verbal function; in meaning and function these
forms are related to nouns or adjectives.

A. Finite Forms

The Present Tense

491. The present tense is formed by adding *-r* to the in-
finitive, the form in which verbs are quoted in dictionaries, etc.
(see § 520): *hedder, kalder, lever, bor.*

There is no inflection of person or number in the present tense:

jeg
du
han, hun, etc.   } *hedder, kalder*
vi
I
de, De

492. The present tense of *gøre,* do, *vide,* know, and the auxiliaries *kunne, skulle, ville, burde, turde, måtte* is irregular: *gør, ved, kan, skal, vil, bør, tør, må.*

493. Notice also the present tense of the auxiliaries *være,* be, and *have,* have: *er, har.*

Use of the Present Tense

494. The present tense form is used as in English: *Hvad hedder din kone? Jeg møder hver dag hr. Petersen uden for stationen, . . .* outside the station, but it is also used for Engl. continuous tense: *Jeg tænker på, hvad jeg skal gøre*—I am thinking of what I am going to do. Cf. § 536.

495. Further, the present tense form is used in Danish to indicate future, not only in clauses such as: *Når jeg kommer hjem, skal jeg spise,* but also in sentences and principal clauses: *Vent lidt, så kommer vi,* especially in connection with an indication of time: *Jeg møder ham nok i morgen. Jeg kommer snart.* Cf. also § 516.

Note 1. Present tense form may be used as " historic present " in narrative style about the past: *En handelsrejsende kører i tog og snakker . . .* Cf. also: *Jeg kommer for at sige, at jeg har det bedre*— I came to say that I am feeling better.

Note 2. In Danish there is no equivalent to the English construction with " do " in interrogative and negative sentences:

Går du i skole hver dag?—Do you go to school every day?
Jeg går ikke i skole mere—I do not go to school any more.

The Preterite

496. The preterite (past tense) is formed differently for *weak* and *strong* verbs.

The weak verbs add *-te* [tə] or *-ede* [əðə] to the stem of the verb (i.e., the infinitive minus *-e*): *spiste, levede, boede.*

Note 1. No clear rules can be given as to which weak verbs take which of the two endings. *-te* is added to the majority of verbs with a single consonant (except *v*) after a long vowel: *hørte, følte,* *søgte spiste*, but *svarede, levede.   -ede* is used in most other cases, and is altogether the more common form: *vaskede, plejede.*   Notice in particular verbs of French origin: *studerede, passerede.*

Note 2.   The following verbs combine vowel-change with the ending *-te*:

følge—fulgte	*sætte—satte*
række—rakte	*træde—trådte*
smøre—smurte	*(for)tælle—(for)talte*
spørge—spurgte	*vælge—valgte*
strække—strakte	irregular: *bringe—bragte*
sælge—solgte	

Vowel-change in connection with the ending *-ede* and loss of *e* is seen in: *lægge—lagde*; *sige—sagde.*

Note 3.   Other irregularities are seen in: *dø—døde*; *gøre—gjorde*; *vide—vidste.*

Note 4.   The preterite of the auxiliary *have* is *havde.*

Note 5.   The preterite forms of the auxiliaries *kunne, skulle, ville, burde, turde, måtte* are identical with the infinitive.   Before the spelling reform 1948 the preterite forms of *kunne, skulle, ville* were spelt *kunde, skulde, vilde* but pronounced in the same way as now.

497. The strong verbs add no ending in the preterite, but in most cases there is a change of the stem-vowel: *hjælpe—hjalp, se—så.*

Exceptions: *-t* is added in: *falde—faldt, holde—holdt, binde —bandt, finde—fandt, vinde—vandt.*

Other irregularities are seen in: *gå—gik, ligge—lå, slå—slog, stå—stod.*

498. The preterite of *være* is *var.*

499. *Note.*   The strong verbs may be grouped according to the type of vowel change (including the past participle form):

   1. Two alternating stem vowels:

      (a) *bide—bed—bidt*
      (b) *blive—blev—blevet*

   2. Three alternating vowels:
      drikke—drak—drukket

   3. No vowel-change:
      komme—kom—kommet

500. A list of the most important strong (and other irregular) verbs is given in § 624.

501. The preterite is like the present tense in having no inflection in person or number.

Use of the Preterite

502. The preterite is used almost as in English. It has taken over some of the functions of the subjunctive (cf. § 519): *Var der ellers noget? Jeg ville gerne have et rugbrød.*

503. Notice in particular the use of preterite form in exclamations: *Det var da morsomt at træffe provsten her. Det var kedeligt*—That is a pity.

504. For the use of the preterite in relation to the perfect tense, see § 545.

505. Danish past tense is used also where Engl. requires continuous tense: *Her lå en and på sin rede*—Here a duck was lying on her nest. Cf. § 536.

The Future

506. There is no special future form of Danish verbs. Future tense may be expressed by the present tense (§ 495) or by auxiliaries: *skulle, ville* (§§ 553 ff.), *få* (§§ 551–552), and *komme til at*: *Du kommer (nok) til at ligne din far*—You will become like your father. *Du kommer til at gå nu*—You will have to go now. Cf. § 516.

The verb *blive*, become, contains futuric sense, and replaces the missing future tense of *være*: *Mon han bliver rask?*—I wonder whether he will recover. *Det bliver nødvendigt at standse maskinen*—It will be necessary to stop the engine.

The Perfect and Pluperfect

507. These tenses are expressed by the auxiliaries *have* and *være* + the past participle, see § 543.

All the forms described above represent the active voice.

The Passive Voice

508. In Danish the passive voice may be expressed either —as in Engl.—by an auxiliary *blive* + the past participle, see below § 547, or by inflection of the verb.

509. The inflected passive is formed by the ending *-s*, and occurs only with the infinitive, present and past tense. For exceptions see below § 513, Note.

Passive infinitive and present tense are identical in form, *-s* being added to the active infinitive: *Kan æblet spises?* —Can the apple be eaten? *Moser og enge er ved at udtørres. Huset ejes af hr. Petersen*—The house is owned by Mr. Petersen. With futuric sense: *Maden serveres om en time*—Food will be served in an hour.

510. In the past tense -*s* is added to the active past tense form of the weak verbs and strong verbs ending in a vowel: *Begivenheden huskedes længe*—The event was long remembered. *Hr. Petersen sås ofte på gaden uden hat*—Mr. Petersen was often seen in the street without a   hat.   -*es* is added to the past tense of strong verbs ending in a consonant: *Soldaterne holdtes i fangenskab i tre år*—The soldiers were kept in captivity for three years.

511. With transitive verbs there is usually a personal subject for the passive, identical with the direct object in active voice: *Døren åbnedes af en tjener*, cf. *tjeneren åbnede døren.* With intransitive verbs, the adverb *der* takes the place of the subject: *Der snakkes meget*—Much talk is going on.

512. With some verbs, the passive *s*-form may indicate a medial voice with reciprocal (both active and passive) or intensive-neutral (neither active nor passive) meaning:

active: *Jeg følger dig til toget*—I will see you to the train. *Dette hus minder mig om min bedste ven*—This house reminds me of my best friend.

passive: *Torden følges* [føləs] *ofte af regn*—Thunder is often followed by rain. *Her mindes vi om Danmark*— Here we are reminded of Denmark.

medial: *Lad os følges* [føl's] (*ad*) *til stationen* (reciprocal)— Let us go together to the station. *Jeg mindes ikke at have set Dem før* (intensive)—I do not remember having seen you before.

Other verbs of this kind are: *kysse*(*s*), kiss; *møde*(*s*), *slå*(*s*), *se*(*s*), *finde*(*s*), *gifte*(*s*), *glæde*(*s*), *hænde*(*s*), happen; *nøje*(*s*), be content; *skylde*(*s*), owe, be due to; *skænde*(*s*), quarrel; *syne*(*s*).

Note.   slås is pronounced [slɔ's] in passive meaning: *Sømmet skal slås fast*—The nail has to be fixed, but [slɔs] in medial sense: *Drengene slås*—The boys are fighting.

513. Some verbs occur only in the passive form and medial sense (deponent verbs): *enes*, agree; *færdes*, move, travel; *lykkes*, *længes*, *mislykkes*, fail; *trives*, thrive: *De kan ikke enes. Jeg længes efter Danmark.* Notice the impersonal constructions with *lykkes* and *mislykkes*: *Det lykkedes ham ikke at finde vej*—He did not succeed in finding his way. *Det mislykkedes for ham*—He failed.

Note. Only the medial can be used in the imperative: *Slås ikke*— Do not fight, and in the perfect and pluperfect:

Vi har mødtes flere gange—We have met several times. *Jeg har længtes efter dig*—I have been longing for you.

514. For use of the passive voice, including the relation between passive form (*s*-form) and periphrastic passive, see § 549.

The Moods

The verbal forms described above all belong to the indicative.

The Imperative

515. The imperative form is identical with the stem of the verb: *kom, gå, sæt, tæl. Sov godt; værsågod.*

Note. Normally no subject is connected with the imperative. If so, it is placed after the verb: *Kom du bare her*—You just come here.

516. Imperative mood may also be expressed by other forms or auxiliaries: (present tense) *Du venter her = Vent her*—Wait here. *Du må (skal, kan) blive her. Kan (vil) du så komme*—Come on, then. *Kan du komme af sporet!*—Get out of the track! *Du kommer til at gå nu.* Cf. § 506.

517. A prohibition may be expressed by *ikke* + infinitive: *Ikke røre!*—Don't touch!

The Subjunctive

518. The subjunctive form is identical with the infinitive, indicating present tense only: *Kongen leve!*—Long live the King! *Gud bevare Danmark!*

The form now survives only in certain set phrases: *Ske din vilje*—Thy will be done. *Fred være med dig!*—Peace be with you! *Takket være*, thanks to; *velbekomme* (§ 225).

519. Subjunctive mood is in modern Danish expressed by means of the adverbs *gid, bare* (to express wish), the conjunction *hvis* (for the conditional) or the past tense (to express politeness, the hypothetical or a wish): *Gid han kommer (kom)* —I wish he would come. *Hvis han var mere flittig, kunne han få en god eksamen (= var han mere flittig . . .). Kunne du hjælpe mig et øjeblik?*—Would you help me one moment, please? *Han opfører sig, som om han ejede hele byen*—He behaves as if he owned the whole town. *Var jeg bare hjemme igen*—I wish I were back home again.

B. Infinite Forms

The Infinitive

520. Most Danish verbs end in unstressed *-e* in the infinitive, i.e., the stem + *e*: *spise, sove.*

Consonants preceded by a short vowel are doubled before the ending: *komme, takke.*

If the stem ends in a stressed vowel no *-e* is added, the infinitive being identical with the stem as well as the imperative: *bo, gå, se.*

521. The infinitive mark is *at,* to, pronounced [ad], colloquially [ɔ], and therefore often confused with *og* [ɔ]: *Glem ikke at komme* ['glɛm' 'egɔ ɔ 'kɔmə]—Don't forget to come. *I må gå ned* $\substack{at \\ og}$ *lege. Værsågod at komme indenfor* (= ... *og kom indenfor*).

Use of the Infinitive

522. The use of the infinitive with or without *at* roughly corresponds to Engl. usage. Exceptions will appear from the examples below.

523. In verbal function the infinitive usually occurs without *at,* thus as the main verb after the auxiliaries *kunne, skulle, ville, burde, turde, gide*: *Du kan blive oppe. Jeg gider ikke spise*—I do not bother to eat.

Note. The infinitive may be omitted: *Hvor vil du hen?* i.e. *gå hen. Kan De dansk?* i.e. *tale dansk?*—Do you know Danish? *Vi skal (gå) over gaden*—We must cross the street.

524. Some verbs, in particular verbs of perception like *se, høre, mærke, lade, bede,* are connected with an object + infinitive: *Jeg så ham komme*—I saw him coming. *De lod uret ligge. Han bad mig vente*—He asked me to wait.

525. In nominal function the infinitive usually takes *at: Jeg lærte at tale dansk. Det er et smukt syn at se bøgen springe ud. Han har en vanskelig opgave at løse*—He has a difficult task to solve. *Bogen er ikke værd at læse,* worth reading. *De er ude at danse. Han kørte til byen for at sælge grønsager.*

526. As seen from the above examples, Danish may use the infinitive for Engl. ing-form, both in verbal and nominal function.

527. In Danish a preposition may precede an infinitive: *Er du glad for (ved) at være i England?*—Are you glad to be in England? *Jeg holder af at læse*—I love reading. *Han fik mig til at le*—He made me laugh.

528. In a number of cases Danish will use a clause for Engl. infinitive construction: *Jeg ønsker, at du går nu*—I want you to go now. *Jeg ved ikke, hvad jeg skal gøre*—I do not know what to do.

529. For the use of Danish active infinitive where Engl. has the passive, see § 550.

The Participles

The Present Participle

530. The present participle has the ending *-ende* [ənə] added to the stem of the verb: *løbende, stående.*

Use of the Present Participle

531. The main function of the present participle is adjectival: *Stigende temperatur. Hun sad grædende ved bordet. Det lyder tillokkende. På lignende måde*, in a similar way.

Substantivized, it may occur in the genitive: *De rejsendes opmærksomhed henledes på*—The attention of travellers is called to the fact . . .

532. The verbal function is seen in constructions such as: *Jeg fandt bogen liggende på bordet. Kan du have mig boende en uge?*—Can I stay for a week? As a kind of main verb in: *Han kom gående. Drengen blev liggende*—The boy remained in bed— Notice uses like: *Jeg fik bogen forærende*—I was given the book.

533. But the verbal function of the present participle is much more restricted than that of the Engl. ing-form: *Drengen stod foran vinduet, stirrende på legetøjet*—The boy stood before the window, staring at the toys, is preferably rendered less formally as *Drengen stod . . . og stirrede på legetøjet.*

Further examples where the present participle should not be used in modern Danish are: *Han stod og så på mig*—He stood (was) looking at me. *Jeg lå på ryggen og så på stjernerne over mig*—I lay on my back, looking at the stars above me.

534. In a number of cases Danish uses a clause corresponding to an Engl. construction with the ing-form: *Her er en bog, som indeholder hele beretningen*, a book containing the whole story. *Idet hun vendte ham ryggen, gik hun hurtigt ud af stuen*— Turning her back on him, she quickly left the room. *Undskyld, at jeg har ladet Dem vente*—Excuse me for having kept you waiting. *Før jeg rejste, gik jeg ind og sagde farvel*— Before leaving . . .

535. Often the infinitive is used in Danish for the Engl. ing-form, see §§ 524 ff.

536. It should be particularly noticed that the present participle is not used in Danish with the auxiliary *være* equivalent to the Eng. continuous forms with " be " + ing-form: *Jeg arbejder nu*—I am working now. Instead of simple present tense, various circumlocutions may be used in Danish to express the durative aspect in such cases: *Jeg er i færd med; jeg er ved at. Jeg sad og skrev, da han kom ind*— I was writing when he entered.

The Past Participle

537. The past participle ends in *-et* [əð] or *-t* [d]. Most strong verbs take *-et* (cf. below § 540), usually combined with change of the stem-vowel: *bundet* (infinitive *binde*), *gået, givet, ligget, været. -et* is also used with the weak verbs of the group that form the past tense in *-ede: levet, boet.*

-t is used with the weak verbs that take *-te* in the past tense, in a few cases combined with vowel change (§ 496, Note 2): *spist, rejst, smurt* (infinitive *smøre*). A few strong and other irregular verbs also belong here: *bidt, set, skudt* (infinitive *skyde*), *gjort* (infinitive *gøre*), *sagt* (infinitive *sige*). The past participle of *have* is *haft.*

Note. In *dø* the past participle is missing and replaced by the adjective *død: Hun er død*—She has died, she is dead.

Use of the Past Participle

538. The past participle may function both adjectivally— *et brugt lommetørklæde*, a used pocket handkerchief—and verbally in connection with auxiliaries: *Jeg har brugt lomme-tørklædet*—I have used the handkerchief.

539. When used adjectivally, the past participle may be inflected in number and definite form as an adjective, cf. §§ 383 ff., adding *-e*, and changing *t* to *d* in case of the participles *-et* from weak verbs in: *en bidt hund*, a bitten dog, *den bidte hund; et kogt æg*, a boiled egg; *kogte æg*, boiled eggs; *en malet dør*, a painted door, *de malede døre.*

540. The past participle in *-et* of certain (transitive) strong verbs may be inflected according to gender, taking *-en* in common gender: *en bunden hund*, a tied dog, *et bundet dyr*. In this group of participles the plural and definite form are based on the common gender form: *den bundne hund, (de) bundne hunde.*

541. In modern Danish there is, however, a tendency to avoid inflection of the past participle in gender and—in predicative use of both strong and weak verbs—number: *en* *bundet hund, hunden er bundet, hundene er bundet*; *æblerne er spist, hænderne er løftet*, but attributively: (*de*) *bundne hunde, de spiste æbler, løftede hænder.*

Note 1. In some cases a past participle in *-en* has become a proper adjective and then adds *-t* in the neuter: *et voksent menneske.*

Note 2. If a past participle is used as a substantive it may occur in the genitive: *den dræbtes broder*, the brother of the killed man.

542. In verbal function the past participle is uninflected and used together with the auxiliaries *have, være, blive, få* to form the compound tenses: the perfect and the pluperfect (§ 543), and further the passive voice (§ 547) and the future (§ 551).

The Perfect and Pluperfect

543. *Have* and *være* in the present and past tense + the past participle are used in active voice to express perfect and pluperfect tense.

Have is used: (1) with transitive verbs: *Jeg har* (*havde*) *spist* (*maden*); (2) with intransitive verbs in imperfective sense (i.e., indicating unlimited action): *Jeg har* (*havde*) *sovet længe. Vi har* (*havde*) *danset hele natten.* Notice: *har haft*, have (has) had; *har været*, have (has) been.

Være is used for Engl. " have " with intransitive verbs in perfective sense (i.e., indicating limited action), in particular with verbs of movement: *Byen er* (*var*) *forsvundet. Han er* (*var*) *gået, kommet, faldet.* Notice: *er blevet*, have (has) become.

Note 1. *Komme* is used transitively in: *Han har kommet sukker i kaffen*—He has put sugar in the coffee.

Note 2. Some intransitive verbs may be used both in imperfective and perfective sense. They take *have* and *være* accordingly: *Jeg har rejst meget i Skandinavien*—I have travelled (been travelling) much in Scandinavia. *Hr. X. er rejst til Danmark*—Mr. X has gone to Denmark.

Jeg har løbet hele vejen—I have been running all the way.
Hunden er løbet bort—The dog has run away.

Note 3. The Danish equivalent of " I have finished " is: *Jeg er færdig.*

544. A perfect infinitive is seen in: *Han må have spist. Kan han være gået?*—May he have left?

Use of the Past and Perfect Tense

545. In principle, the preterite (imperfect) and perfect tenses are used in Danish as in English, with the imperfect, for action concluded in the past (e.g., indicated by a date) the perfect for action seen in relation to the present moment: *Jeg boede flere år i Danmark før krigen*—I lived for several years . . . *Jeg har ofte besøgt England*—I have often visited England. But sometimes usage differs in the two languages with a preference in Engl. for the imperfect: *Hvem har lært dig engelsk?*—Who taught you English? *Hvem har skrevet Kong Lear?*—Who wrote King Lear? *Jeg har sagt dig . . .*—I told you . . . *Mange år efter at jeg havde fortalt ham historien*—Many years after I told him the story.

546. In connection with the adverbs *altid, aldrig*, perfect tense is used in Danish: *Jeg har aldrig set noget lignende*—I never saw the like. *Jeg har altid været glad for mad*—I was always fond of food.

The Passive Voice Expressed by Auxiliaries

547. *Blive* and *være* + the past participle are both used for Engl. " be " to express the passive voice, besides the inflected passive form (§§ 508 ff.).

Blive [1] is used when action is emphasized: *Æblet bliver spist*—The apple will be eaten; *æblet blev spist, . . .* was eaten.

Være is used to express the result of an action or a fact: *Fyrretræ er meget anvendt til tømmer*—Pine-wood is much used for timber, and the meaning of the participle here approaches that of an adjective: *Æblet er spist*—The apple is eaten, i.e., it is gone. Cf. *drengen blev syg*, fell ill, and *drengen var syg*, was ill.

Note 1. With intransitive verbs the passive constructions have to be impersonal:

> *Der blev talt længe om sagen*—The matter was discussed for a long time.
> *Der er ofte talt om denne sag*—This matter has often been discussed.

Cf. § 511.

Note 2. Especially in the past tense, Danish with the two auxiliaries is able to distinguish between: (1) passive action: *Ringen blev stjålet*, and (2) passive result: *Ringen var stjålet*, which in Engl. are both rendered " The ring was stolen ". Engl. " has been " may accordingly be translated *er blevet* when action and verbal function of the participle should be emphasized: *Døren er blevet malet*—The door has been (i.e., become) painted, and by *har været* when result,

---

[1] Besides being used as an auxiliary, *blive* has the full meaning of " stay, remain ": *Bliver du til middag?*—Will you stay for dinner? *Han blev liggende*. And " become ": *Han blev læge*—He became a doctor. *Hvornår bliver du voksen*—When will you grow up? Cf. § 506.

state or condition is indicated: *Døren har været malet*—The door
has been or was painted once, i.e., but now the paint is worn off.
Cf. *drengen er blevet syg*, has fallen ill, and *drengen har været syg*, has
been ill.

Note 3. The following verbs form only the *s*-passive, and cannot
be constructed with *blive* or *være*: *behøve(s)*, need; *få(s)*, get, to be
had; *have(s)*, *mene(s)*, be of opinion; *skylde(s)*, be due to, *tænke(s)*.

548. Notice the difference between Danish *jeg er født i 1922*
and Engl. I was born in 1922. One may say both *Shakespeare
er født i Stratford-on-Avon* and *S. blev født i S-o-A*.

Use of the Passive Voice

549. With the choice in Danish of two expressions for the
passive voice, the *s*-form is used in general statements and
about actions repeated, customary or of long duration (un-
limited action): *Der må ikke ryges i teateret*—Smoking is not
allowed in the theatre. *Rigsdagen samles på Christiansborg
slot. Huset ejedes af hr. Petersen.*

The constructions with *blive* (*være*) are used with reference
to isolated actions or events of short duration (limited action):
*København blev grundlagt i middelalderen. Nu bliver drengene
kaldt op.*

The distribution is not too strictly observed, and there is a
tendency to prefer the periphrastic passive in colloquial
language, the *s*-form being felt to belong to formal or literary
style—e.g., in public notices and recipes!

550. Notice the following Danish active constructions
corresponding to Engl. passive: *Han druknede*—He was
drowned (but: *Hunden blev druknet*—They drowned the dog).
Huset brændte—The house was burned down (but: *Bogen blev
brændt*—The book was burned).

Notice also the active form with passive function in the
following infinitive constructions: *Tyrannen lod sin fjende
dræbe*—The tyrant had his enemy killed. *Hun var ikke til at
se*—She was not to be seen. *Jeg har hørt fortælle*—I have
heard it said. *Han er let at kende*, easily recognizable.

Other Auxiliaries

551. *Få*[1] + the past participle, besides indicating future,
also implies the meaning "manage to, get": *Vi får snart
spist (den mad)*—We shall soon get that (bit of) food eaten.
Han fik kun lige råbt—He just managed to shout.

In connection with verbs taking two objects, *få* may be

[1] Independent meaning "get": *Jeg fik en æske (box) chokolade.*

considered as having passive function: *Jeg fik opgivet forkert adresse*—I was given a wrong address. Cf. *De opgav mig forkert adresse.*

Auxiliaries with the Infinitive

552. *Få* may be combined with the infinitive to express future: *Vi får se*—We shall see.

553. *Skulle* and *ville* are used as in Engl. " shall " and " will " to indicate future, but to a greater extent than in Engl. they modify the purely futuric sense according to their full meaning, and they are both used in all three persons: *Vi vil tænke på dig i morgen*—We shall think of you to-morrow. *Hvor skal I holde ferie?*—Where are you going to spend your holiday?

554. *Skulle* is combined with the idea of force, command, determination: *Du skal gå nu*—You must go now. *Vi skal køre kl. 4*—We are leaving at 4 o'clock.

In other cases the idea of promise or assurance is implied: *Jeg skal (nok) komme i morgen*—I will come to-morrow. *Du skal ikke være bange*—Don't be afraid.

Notice the expression: *Han skal være en flink fyr*—He is said to be a nice chap.

555. In the past tense *skulle* is " ought to ": *Du skulle gå en tur*; or it is used as Engl. " should " about possibility: *Hvis fjenden skulle komme til landet.*

556. *Ville* has very nearly pure futuric sense in: *Han vil savne hende*—He will miss her, but normally it is connected with the idea of will or wish: *Han vil ikke gå*—He will not go. *Jeg vil(le) gerne blive lidt længer*—I would like to stay a little longer.

557. *Kunne* covers the meaning of both " can " and " may " in English: *Jeg kan ikke spise mere. Man kan sige, at hr. Nielsen er lidt uhøflig*—One may say that Mr. N. is rather uncivil.

Note. Kunne also covers English " know ": *Jeg kan ikke dansk.* Cf. § 523.

558. *Måtte* covers both " may " and " must "; to avoid ambiguity, *gerne* or *godt* may be inserted in connection with *kunne* and *måtte* in the sense of " may ": *Du må (kan) gerne (godt) komme ind*—You may come in. *Må jeg (gerne) gå nu?*—May I go now? But: *Du må holde op med den støj*—You must stop that noise.

559. *Gøre* is not used in Danish as an auxiliary like its English equivalent " do ", see § 495, Note 2. Apart from its full meaning: *Det må du ikke gøre*—You must not do that, it is used to replace another verb in cases such as *Peter kommer i aften—Gør han?* With the auxiliaries that take the infinitive, the auxiliary itself is repeated in similar cases: *Jeg kan godt læse brevet selv—Kan du?* The emphatic use of " do " is in Danish replaced by stress: *Da han (endelig) ¹kom, . . .* —When he did come, . . .

For *reflexive verbs*, see § 445.

For *compound verbs*, see §§ 607 f.

Word-order

560. Sentences or principal clauses in Danish are introduced by:

    1. A co-ordinative conjunction: . . . *og (eller, men) han kommer i morgen*; OR

    2. The subject: *Han kommer i morgen. Peter er blevet stor*; OR

    3. Any other part of the sentence, e.g., (*a*) the object: *Hvem vil du besøge? Ham bryder jeg mig ikke om*—I do not care for him, (*b*) the predicate: *Stor er han ikke*—He is not big, or (*c*) adverbial parts: *Hvornår kommer du hjem? I dag har jeg ikke spist til middag.*

561. It is more usual in Danish than in English to introduce a sentence with another part than the subject for the purpose of emphasis.

Note. Emphasis may also be achieved through " split sentences ". These are very common in colloquial Danish. Splitting with *det* is used to emphasize any part of the sentence, this being even more effective than placing the part first: *Det er mig, han vil tale med* from: *Han vil tale med mig. Det er her, vi skal af*—This is where we are getting out. Splitting with *der* is used corresponding to Engl. "there": *Der er mange, der gerne vil med*—There are many who would like to join.

562. The finite verb comes first only in interrogative sentences without an interrogative pronoun or adverb: *Kommer han i morgen?* or in the imperative: *Kom nu!* Cf. § 569.

563. Special attention must be drawn to the fact that the normal sequence subject + finite verb is inverted—not only as in English in interrogative sentences: *Har du nogen søskende? Kommer du snart? Hvem ser du?* and after unstressed *der*: *Der er mange mennesker her*, but always when a sentence is

introduced by a part other than the subject (ignoring a
possible conjunction): *Så siger vi goddag*—Then we say hello.
Det har han efter sin far—He has got that from his father.
Nu er han gået—Now he has left. After *mon, gid, bare, blot*
there is no inversion, cf. § 571.

Further, inversion is found in a principal clause when it is
preceded by a subordinate one: *(Når vi går ud,) plejer fruen
ved siden af at se efter børnene.* Cf. also after direct speech:
" *Kom nu,*" *sagde jeg*; " *Godt,*" *siger Peter*.

Finally, inversion is found in rare cases of imperative
sentences, cf. § 515, Note, and in some of the phrases where the
subjunctive has survived: *Leve kongen!* or *kongen leve! Ske
din vilje*—Thy will be done. Cf. § 518.

564. Objects, predicates and long or heavy adverbial parts
(for light adverbs see below §§ 570 f.) are placed after the verb
(in compound tenses after the infinitive or participle): *Vi
besøgte familien Hansen i går.*

Exceptions are:

    (a) A negative object or predicate is put between the
    verbs in compound tenses: *Drengen havde ingen mad
    fået hele dagen.* Cf. *drengen havde ikke fået mad.*

    (b) An unstressed object may be placed immediately
    after a simple verbal form where a stressed object would
    be postponed: *Jeg kender dig ikke*, but: *Jeg kender ikke
    Peter. Jeg skar mig ikke*, but with a compound form: *Jeg
    har ikke skåret mig.* Cf. *I dag skar jeg mig ikke.*

565. If there are two objects in a Danish sentence or clause
the indirect object always goes before the direct object: *Jeg
gav ham bogen*—I gave him the book. *Jeg gav ham den*—I
gave it him.

566. In Danish a dative object is often used for Engl.
preposition " to ": *Jeg gav drengen bogen*—I gave the book
to the boy.

567. It is difficult to give any rules for the sequence of the
adverbial parts (if there are several of them) which follow the
objects at the end of the sentence or clause. Those closely
connected with the verb come first: *Jeg skal gå i skole i Eng-
land.* Indications of time often follow indications of place:
Kommer du til Danmark i år? but also: *Han kommer daglig
til byen.*

568. Subordinate clauses are usually introduced by a sub-
ordinative conjunction: *Da jeg kom hjem*, or another part
which serves to connect it with the principal clause: (pronoun)

Jeg ved ikke, hvad han mener; (adverb) *jeg ved, hvornår det skete. Det var mig, der faldt i vandet.*

The conjunction may be left out in certain cases: *Jeg håber, (at) du kan komme i aften. Her er drengen, (som) du mødte i går. Den dag, (da) de skulle fiske.*

569. Normally it is not possible to place any part of a sub-ordinate clause at the beginning (after the conjunction) for the purpose of emphasis with subsequent inversion verb + subject, as for sentences and principal clauses. Only in the following exceptions does one find a word-order which otherwise is typical of sentences and principal clauses:

(*a*) In conditional clauses without conjunction: *Kommer han ikke snart, bliver jeg vred* (= *hvis han ikke . . .*)—If he does not arrive soon, I shall get angry.

(*b*) Sometimes after *at*: *Jeg synes, at du skulle ikke rejse endnu. Der står, at her må man ikke ryge*—It says that smoking is not allowed here.

570. The normal word-order in Danish subordinate clauses differs in yet another respect from that of sentences and principal clauses, namely in the sequence of the verb and certain light and short adverbs such as *aldrig, altid, netop, dog, jo, ofte,* and above all the negation *ikke,* as distinct from the long and heavy adverbs referred to in § 564. The difference from English usage should be noted:

571. In principal clauses these adverbs are placed AFTER the finite verb (i.e., in compound tenses between the auxiliary and the infinitive or participle): *Han kom ikke. Han vil ikke komme. I dag kommer han ikke* (cf. § 564b), but BEFORE the verbal forms in subordinate clauses: *Da han ikke kom, . . . Da han ikke ville komme,* whereas in English the adverbs of this type are always, in both principal and subordinate clauses, placed before single verbal forms: He often came at night; . . . that he often came at night, but between the auxiliary and the main verb in compound tenses: He will not come; . . . that he will often come.

Exception: Only in sentences beginning with *mon, gid, bare, blot,* an adverb may be placed between the subject and the verb; this is otherwise impossible in principal clauses in Danish: *Mon han ikke kommer?*—I wonder if he won't come? *Bare han altid var rask*—I wish he would always be well.

572. Sometimes adverbial parts may EITHER be placed in connection with the verb OR left till the end of the sentence

(clause): *Hvem vil nu have æblet?* or *Hvem vil have æblet nu?*
Danmark måtte efter krigen afstå Sønderjylland til Tyskland, or
Danmark måtte afstå S. til T. efter krigen.

573. The sequence of objects, predicates and long adverbs
is otherwise identical in principal and subordinate clauses.

574. Sometimes a part which belongs to a subordinate clause
may be found in the principal clause:

(*a*) The negation: *Jeg håber ikke, at han kommer for
sent*—I hope he won't be late.

(*b*) For purpose of emphasis, a part from the sub-
ordinate clause may be placed first in the principal
clause: *Ham tror jeg du vil synes om = jeg tror, du vil
synes om ham. Sommeren vil sikkert de fleste mene er den
bedste tid af året = de fleste vil sikkert mene, at sommeren . . .*

575. Adjectives are normally placed before the noun they
qualify: *den gamle mand.*

Notice the position of the adjective in relation to the article
in expressions like: *en halv time,* half an hour; *det dobbelte
antal,* double the number. One may say *så stor en mand* as
well as *en så stor mand,* such a big man; *sådan en bandit* as well
as *en sådan bandit,* such a rascal; *en alt for lille kage* and *alt
for lille en kage,* much too small a cake. Cf. § 453, 1.

576. As regards the position of prepositions see §§ 596 ff.

Prepositions

577. The most important Danish prepositions are the
following: *ad, af, efter, foran, fra, før, gennem, hos, i, langs, med,
mellem, (i)mod, om, omkring, over, på, til, under, ved.*

578. The use of prepositions differs in Engl. and Danish.
Some of the more important differences will appear from the
examples below:

579. " About " covers Danish—

*om: Fortæl mig lidt om din ferie
      en bog om fugle*
over: klage over en, complain about somebody
*ved: Hvad er der morsomt ved det?
      Vi kom hjem ved 5-tiden
      i går ved denne tid*

580. " At " covers Danish—

   ad : Han ler, smiler ad dig
           en ad gangen, one at a time

Note. Ad because of its colloquial pronunciation [a] is often mixed up with *af.* Cf. under " of ", § 587.

   efter : kaste sten efter hinanden
   hos : Du kan købe cigaretter hos købmanden
   i : Vi bor i præstegården, the vicarage; *i nr.* 6
           Han holdt ferie i Roskilde
           Peter er i skole, i kirke
           i en alder af, i det mindste, at least; *i hvert fald,* at any
               rate, *i øjeblikket,* at the moment
   om : om natten
   på : Jeg venter på hjørnet
           Far er på kontoret
           Vi kan lade bagagen blive på hotellet, på stationen
           Det banker på døren, somebody knocks
           Se på mig
           på den tid, på (lang) afstand, at a distance
   til : æbler til 1 krone pundet, a pound
           Han ankom til byen kl. 3
           til sidst
   ved : Hr. Jensen sidder ved bordet
           Vognen holder ved døren
           ved midnat, ved juletid

581. " by " covers Danish—

   ad. : Tyven krøb ind ad vinduet
   af : Min ven blev kørt over af en bil, run down . . .
           Huset er bygget af min far
           Det er omgivet af en mur
           Han lever af sin pen
           en bog af Dickens
   hos : Kom og sid hos mig
   med : Er du kommet med toget ?
           sendt med posten, luftpost
           10 divideret med 5 er 2
           Hvad mener du med det ?
   ved : Han sad ved vinduet
           Jeg slap bort ved at krybe over muren, I got away by
               climbing the wall
           ved hjælp af, by

Note. Du må være tilbage før (til) kl. 6, by 6 o'clock; *udenad,* by heart; *apropos,* by the way.

582. " During " covers Danish—

 i: i det sidste døgn
 under: under krigen

583. " For " covers Danish—

 for in most cases: *Han åbnede døren for mig*
       Det er let for os
 af: Hun græd af glæde
   Han er lille af sin alder
   af den grund
 efter: Skal jeg gå efter mælk ?
    Hvad leder du efter ?
    længes efter, long for
 i: Jeg har kendt ham i mange år
 om: Han bad om noget at spise
   anmodning om hjælp
   spille om penge
 på: Han venter endnu på svar, håber på
   ringe på tjeneren, kalde på
 til: Her er et brev til dig
   Hvad skal vi have til middag ?
   Huset er til salg

584. " From " covers Danish—

 fra in most cases: *Han rejste sig fra stolen*
 af: Jeg lånte cyklen af en kammerat
   Han taler af erfaring
   Min kone lider af hovedpine
 for: Hun ville skjule sig for mig

585. " In " covers Danish—

 i in most cases: *Hvor mange børn er der i klassen ?*
      i London, i Vestergade
      i de lange vinteraftner
 efter: efter min mening
 med: en herre med duffel-coat
   med tiden, in course of time
 om: Jeg kommer om en time
   Er her megen sne om vinteren ?
   om aftenen, om morgenen
 på: Kornet vokser på marken
   Der er mange stjerner på himlen
   Vi bor på landet (but: *Der er mange byer her i landet,*
    in this country)
   her på egnen

Jeg traf ham på gaden, på Rådhuspladsen, på Strand-vejen

Min kone er født på Fyn

Du kan læse bogen på en time

på mine gamle dage

på restaurant, på kontoret, på hotel

Det går ikke på den måde

på en måde, in a way

tro på Gud

til: *Vi ankom til London kl. 5*

til minde om, in memory of

under: *Han levede under dronning Elizabeths regering*

ved: *Han omkom ved en ulykke*—He was killed in an accident

586. " Into " covers Danish—

(*ind, ned*, etc.) *i*: *Han sprang (ned) i vandet*
  Vi gik ind i haven
  Hun delte kagen i tre dele

til: *Vandet blev lavet til te*
  Vil du oversætte dette til dansk

587. " Of " covers Danish—

ad: *se ud ad vinduet*, look out of the window

af: *Han tog bogen op af æsken*
  Huset er bygget af træ
  ejeren af bogen
  Det er pænt af dig
  den ældste af brødrene
  Hvad blev der af pigen?—What became of the girl?
  på denne tid af året

for: *Han blev anklaget for tyveri*—He was accused of theft
  frygt for straf, fear of punishment
  glad for, sekretær for, secretary of; *i stedet for*, instead of, *bange for*

i: *vinduerne i huset*

om: *Har du hørt noget nyt om de forsvundne?*
  til minde om, minde om, remind of
  drømme om, dream of

over: *et kort over Danmark*

på: *Hvad er titlen på denne bog?   Navnet på en skole*
  taget på huset
  et brev på ti sider
  midt på dagen
  tænke på

til: Døren til stuen var lukket
  grunden til, have ret til
ved: slaget ved Hastings

Note 1.   For Danish *s*-genitive corresponding to Engl. construc-
tions with " of ", see § 377.

Sometimes a compound corresponds to of-constructions: *årstid
= tid på året*, time of the year; *gudsfrygt*, fear of God; *stuedør*,
door of the room.

Note 2.   In Danish, nouns are often used in apposition without
preposition, where Engl. uses " of ": *et glas vand, et par sko, en
mængde mennesker, den første april, marts måned, øen Bornholm,
Odense by, Roskilde domkirke.*

588. " Off " covers Danish—

af: tag frakken af [a']
fra: hold dig fra isen

589. " On " covers Danish—

på in most cases: *Huset ligger på en bakke*
              Billedet hænger på væggen
              på fredag
              på den anden side gaden, but *køre i
                venstre side*
af: Storken lever af frøer
i: i telefonen, on the 'phone, *i radioen*
om: et foredrag om H. C. Andersen
      om mandagen
til: Huset ligger til højre
ved: Newcastle ligger ved Tyne
      ved kysten
      ved stranden
      ved (den) lejlighed

590. " Till ", " until " covers Danish—

til: Du må vente til i morgen
før: Han kom ikke før kl. 6

591. " To " covers Danish—

til in most cases: *Jeg gik hen til døren*
              fra 3 til 4
              Giv det til din far
              Gå til højre
efter: efter min smag, taste; *tilpasse efter*, adapt to
for: Læs lidt for mig
      Blev damen præsenteret for Dem? introduced
      Det er af interesse for mig

Jeg foretrækker vin for øl, prefer
for en stor del, to a great extent

i: i dag, i morgen
i teat(e)ret, i biografen
gå i skole, i seng
Klokken er fem minutter i et

hos: Han er på besøg hos sin tante
Han er tjener hos kongen

med: Han har været gift med hende i 2 år
tale med en

mod: høflig, venlig (i)mod

på: gå hen på posthuset, stationen, en restaurant, kontoret,
arbejde

ved: holde fast ved, stick to

592. " With " covers Danish—

med in most cases: *Hunden løb med kødbenet*
Kom med os
Jeg skar brødet med min kniv

af: Han var bleg af frygt

hos: Han bor hos sine forældre
Kan du spise hos os i morgen?
Kortet er hos tjeneren

på: Er du vred på mig?

593. Danish may use a preposition where Engl. does not,
and vice versa:

A. *være i familie*, be related
ryste på hovedet, shake one's head
to gange om dagen, twice a day
have råd til, afford
ved siden af, beside; *på grund af*, because
lægge mærke til, notice
Jeg er sikker på, at, I am sure

i sommer, this summer; *i går*, yesterday

Verbal idioms such as: *gå med*, wear; *hilse på*, greet;
holde ʼaf, like; *komme til at*, happen to; *synes ʼom*,
like; *røre ved*, touch.

B. *Det faldt mig ind*, it occurred to me
Skete der ham noget?—Did anything happen to him?
Nævn mig nogle retter—Mention some dishes to me
Cf. dative object, § 566.

et glas vand, etc., see § 587, Note 2.

> Indications of time and place such as: *den gang*, at that
> time; *næste morgen*, on the next morning; *(den)
> følgende dag*, on the following day; *det er tåge
> mange steder*, in many places; *lørdag eftermiddag*,
> on Saturday afternoon(s).

594. Differing from Engl. usage, a preposition may precede
an infinitive in Danish, see § 527.

595. Similarly, a preposition may in Danish precede a
clause: *Marie var glad for, at hendes broder var hjemme igen*—
Marie was glad that . . . *Jeg tænker på, om vi ikke burde gå
hjem*—I am thinking whether we ought not to go home.

596. Normally a preposition is placed before its object,
but in certain expressions it may follow: *Han gik meget
igennem*—He suffered much. *Han blev natten over*—He
stayed overnight. *Skibet stod havnen ind*—The ship went into
the harbour. Cf. also adverbial compounds such as *hvoraf,
herfra, derpå*, § 404.

597. It is quite common in Danish to separate a preposition
from its object, leaving it until the end of the sentence (clause):

A. Like English: *Hvad ser du på?*—What are you looking
at? *Her er den bog, jeg ledte efter*—Here is the book I was
looking for.
B. Unlike English: when a sentence begins with a part
other than the subject: *Ham kan man ikke stole på*—You cannot
rely on him. *Dette brev har jeg ikke set på*—I have not looked
at this letter.

Conjunctions

598. Conjunctions are used to connect words, sentences and
clauses. They are *co-ordinative* such as *og, eller, men*—or *sub-
ordinative* such as *at, end, som, om*.

Note. *At* is pronounced [a], introducing a clause. For pro-
nunciation before the infinitive, see § 521.

599. A great number of prepositions and adverbs may
function as conjunctions, such as *efter, for, fra, før, inden,
me(de)ns, om, til*; *da, der, hvis, når, så*.

600. *Note* 1. Engl. " when " covers Danish—

> *da* referring to one single event, usually in the past: *Da jeg
> kom til København, tog jeg til Missionshotellet.*
> *når* about repeated events in the past and present: *Når jeg kom
> til København, plejede jeg at bo på hotel. Når vi har spist,*

skynder børnene sig i skole. Når is used referring to a single event only in the future: *Du skal få bogen, når jeg har læst den.*

Note 2. " As " covers Danish—

da to indicate cause: *Da jeg ikke havde frakke på, blev jeg våd.*
som in comparisons: *Som du ved*, as you know

Note 3. " If " covers Danish *hvis* and *om* in conditional clauses: *Jeg kommer, hvis (om) jeg kan.* Only *om* can be used in interrogative clauses (= whether): *Han spurgte mig, om jeg havde set hunden.*

Word Formation

Compounds

601. Compounds are words whose elements may be analysed as syntactic units, written together in one word, and which represent most parts of speech: *rødvin* (substantive), *blågrå* (adjective), *hjemsende* (verb), *derfra* (adverb).

The meaning of the compound differs from that of the components written separately, e.g., *rød vin*, red wine; *rødvin*, claret.

602. In Danish, compounds are more frequently written together as one word than in English: *centralvarme*, central heating.

The hyphen is rarely used in Danish except in cases such as *dansk-engelske forhandlinger*, Danish–British negotiations.

For stress in compounds, see §§ 36 f.

603. Danish compounds often correspond to different Engl. syntactic constructions:

1. Simple word: *ungdom*, youth; *tilføje*, add.
2. Adjective + noun: *heltesagn*, heroic legend; *naturforhold*, natural conditions.
3. Prepositional phrase: *gudsfrygt*, fear of God.

604. Characteristic of Danish are very long compounds such as *skrivemaskineforhandler*, which is, however, quite easily separated into the component parts *skrive-maskine-forhandler*, dealer in typewriters; *centralarbejdsanvisningskontoret*, the central office for labour exchange.

605. Compounds are constructed in the following ways:

1. Without any connecting sound: *husmand*, small-holder, *sommerferie*, *tilbringe*, spend. A verb in the first part of a compound is used in the infinitive: *skrivebord*, desk.
2. With -s- as connecting sound (in nominal compounds;

originally a genitive): *årstid, gårdsplads*.   Cf. *landmand* and
landsmand, § 133.

3. With *-e-*: *hestevogn, storebror.*

4. With *-er-*: *wienerbrød, -en-*: *risengrød, -t-*: *nytår.*

606. For inflection of compounds, see § 369.

607. A special group of compounds are the verbal com-
pounds, consisting of a noun, adjective, adverb or preposition
+ verb, e.g., *deltage*, take part; *fastgøre*, fix; *hjemsende*, send
home; *udsætte*, postpone.

In some cases the compound verbs cannot be separated,
e.g., *overnatte*, stay over night; *sammenligne*, compare.   In
most cases, however, the components also occur separated,
the first part being placed after the verb (and the object):
tilhøre, høre til, belong to; *hjemsende, sende hjem: Soldaterne
blev hjemsendt.   Læreren sendte drengen hjem fra skole.*

608. Often it makes no difference whether the compound or
the separated form is used: *deltage, tage del*; *fastgøre, gøre fast*;
renskrive, make a clean copy, *skrive rent*, but usually they
indicate a difference in either usage (*hjemsende*), style or mean-
ing.   The compound form is literary or formal style in: *Man
fratog ham kørekortet*—His driving licence was confiscated.
Hermed tilsender jeg Dem et udvalg—I hereby forward a selection
for you; the separated form colloquial: *Hun tog kørekortet fra
mig*—She took my driving licence from me.   *Har du sendt
brevet til din mor?*—Have you sent the letter to your mother?

Difference in meaning—compound form in figurative or
transferred sense, separated form in direct meaning—is seen
in: *Læreren blev afsat*—The teacher was dismissed.   *Pas-
sageren blev sat af ved stationen*—The passenger was dropped
at the station.   *Kan du ikke indse det?*—Can't you realize that?
Du må ikke se ind i stuen—You must not look into the room.
Cf. also *grundlægge*, found; *lægge grund*, form a basis.

Note.   In the past participle the separated form cannot be used
as an adjective before a noun: *Huset blev revet ned*, but *det nedrevne
hus.*

Derivatives

609. Derivatives were originally compounds, but one
component gradually lost its independent meaning, and its
function was reduced to a mere *prefix* or *suffix*.

Note 1.   Old derivatives without visible prefix or suffix are not
considered here: *barn* (from *bære*), *fald* (from *falde*).

Note 2.   Both prefixes and suffixes may be either stressed or
unstressed, see § 37.

610. A *prefix* alters the meaning of the basic word. Negative (stressed) prefixes are *u-* (not added to verbs), *van-*, *mis-*, *und-* (only added to verbs): *uven*, enemy; *ubevidst*, unconscious; *vanære*, dishonour; *misfornøjet*, dissatisfied; *misforstå*, misunderstand; *undgå*, avoid.

611. The unstressed prefixes *be-*, *er-*, *for-*, added to verbs alter the meaning—*tale*, *betale*, pay; *kende*, *erkende*, realize; *tælle*, *fortælle*, tell—or make an intransitive verb transitive: *se*, *bese*, inspect.

Note. *For-* may occur both as unstressed prefix: *forstå*, and as an adverb " before " in compounds; in the latter case it is stressed and alternates with *fore-*: *formiddag*, forenoon; *forberede*, prepare; *foregå*, take place.

612. Other prefixes are (stressed): *an-*: *andel*, share; *bi-*: *bifald*, applause; (unstressed) *ge-*: *gebyr*, fee.

613. Most of the prefixes mentioned above are of German origin, and are often found in pure loan-words such as *begynde*, *erklære*, declare; *forkert*, wrong.

614. *Note.* Derived verbs are always inseparable, cf. compound verbs, § 607.

615. A *suffix* serves to alter the meaning of the basic word, but at the same time transfers it to another word class:

A. Nominal Suffixes

616. *-inde*, *-ske* are added to nouns to indicate feminine gender: *veninde*, *lærerinde*, *sygeplejerske*, nurse.

Note. *-inde* sometimes indicates the profession of a woman: *værtinde*, sometimes that she is the wife of someone holding a position: *pastorinde*, Mrs. Reverend.

617. *-e*, *-de*, *-me*, *-dom*, *-hed*, *-skab* are added to nouns or adjectives: *vrede*, anger; *højde*, height; *sødme*, sweetness; *ungdom*, *dumhed*, stupidity; *venskab*, friendship.

-ling indicates diminutive: *ælling*, *yngling*, young man.

618. The following suffixes are primarily added to verbs: *-en* preserves much of the verbal meaning and function: *galen*, crowing; *råben*, shouting. *-(n)ing*: *læsning*, *skrivning*. *-else*, *-sel*, *-eri*: *ledelse*, management; *færdsel*, *fiskeri*. *-er* indicates an agent: *læser*, reader. Derived from adjectives are: *tykkelse*, *dansker*, *englænder*.

619. Other nominal suffixes are: *-ert*: *kikkert*, telescope. *-ner*: *portner*, door-keeper. *-st*: *ankomst*, arrival. *-ads*: *sejlads*, sailing.

-tøj has nothing to do with " clothes ": *syltetøj*, preserves; *legetøj*, toys; *utøj*, vermin.

B. Adjectival Suffixes

620. *-et, -mæssig* are added to nouns: *snavset, regelmæssig,*
regular. *-agtig, -en, -(l)ig, -(i)sk* are added to most word
classes: *barnagtig,* childish; *voksen,* grown up; *kærlig,* loving;
krigerisk, warlike; *fynsk,* Funen, adj. *-bar, -som, -vorn* are
added mostly to verbs: *holdbar,* durable; *glemsom,* forgetful;
slikvorn, with a sweet tooth.

C. Adverbial Suffixes

621. *-e, -en, -s, -vis*: *længe, sønden,* southerly; *ime(de)ns,
heldigvis,* fortunately.

D. Verbal Suffixes

622. Usually the infinitive *-e* is added to a nominal stem:
lande, huse. *-n-* may be inserted to indicate transition: *sortne,*
get black. *-s-* to indicate repetition or intensity: *rense,* clean.
-ere, -ige occur in loan-words: *telefonere, afskedige,* discharge.

623. *Note* 1. Derivations may be combined of several prefixes
and suffixes: *u-for-skam-met,* impertinent; *u-be-skrive-lig,* inde-
scribable; *mis-for-stå-else,* misunderstanding.

Note 2. Derivatives may be derived from compounds: *over-
drivelse* from *overdrive,* exaggerate; *seværdighed,* place of interest,
from *seværdig,* worth seeing. Sometimes derivations are based
upon a group of words which are not written together: *lyshåret*
from (*som har*) *lyst hår, brevskrivning* from *skrive brev(e), grønthandler*
from *handle med grønt(sager).* These formations are a combination
of composition and derivation. A group of words without deriva-
tive endings may be regarded in the same way: *indkøb* from *købe
ind,* buy; *pålæg,* sandwich spread; *eftersyn,* inspection; *tusindfryd,*
daisy.

624. LIST OF STRONG AND OTHER IRREGULAR VERBS

Infinitive	Present tense	Past tense	Past participle
bede, ask [be:ðə, be']	*beder* [be:ðər, be'r]	*bad* [ba'ð]	*bedt* [be'd]
betyde, mean [be'ty'ðə]	*betyder* [be'ty'ðər]	*betød* [be'tø'ð]	*betydet* [be'ty'ðəd]
bide, bite [bi:ðə]	*bider* [bi'ðər]	*bed* [be'ð]	*bidt* [bid]
binde, tie [benə]	*binder* [ben'ər]	*bandt* [ban'd]	*bundet* [bonəð]
blive, become [bli:(v)ə, bli']	*bliver* [bli'vər, bli'r]	*blev* [ble'(v)]	*blevet* [ble:(v)əð]
(-)*bringe*, bring [brenə]	*bringer* [bren'ər]	*bragte* [bragdə]	*bragt* [bragd]
bryde, break [bry:ðə]	*bryder* [bry'ðər]	*brød* [brø'ð]	*brudt* [brud]
burde, ought [bordə]	*bør* [bœr]	*burde* [bordə]	*burdet* [bordəð]
(-)*byde*, offer [by:ðə]	*byder* [by'ðər]	*bød* [bø'ð]	*budt* [bud]
bære, carry [bɛːrə]	*bærer* [bɛːrər]	*bar* [ba'r]	*båret* [bɔːrəð]
drikke, drink [dregə]	*drikker* [dregər]	*drak* [drag]	*drukket* [drogəð]
dø, die [dø']	*dør* [dø'r]	*døde* [dø:ðə]	*død* [dø'ð]
falde, fall [falə]	*falder* [fal'ər]	*faldt* [fal'd]	*faldet* [faləð]
finde, find [fenə]	*finder* [fen'ər]	*fandt* [fan'd]	*fundet* [fonəð]
flyve, fly [fly:və]	*flyver* [fly'vər]	*fløj* [fløi']	*fløjet* [fløiəð]
forstå, see *stå*			
forsvinde, disappear [for'sven'ə]	*forsvinder* [for'sven'ər]	*forsvandt* [for'svan'd]	*forsvundet* [for'svon'əð]
fryse, freeze [fry:sə]	*fryser* [fry'sər]	*frøs* [frø's]	*frosset* [frosəð]
følge, follow [følyə, følə]	*følger* [følyər, følər]	*fulgte* [fuldə]	*fulgt* [ful'd]
få, get [fɔ']	*får* [fɔ'r]	*fik* [feg]	*fået* [fɔːəð]
give, give [gi:və, gi']	*giver* [gi'vər, gi'r]	*gav* [ga'(v)]	*givet* [gi:vəð, gi:əð]
gribe, catch [gri:bə]	*griber* [gri'bər]	*greb* [gre'b]	*grebet* [gre:bəð]

207

Infinitive	Present tense	Past tense	Past participle
græde, cry, weep [grɛːðə]	*græder* [grɛˈðər]	*græd* [grɛˈð]	*grædt* [grɛd]
gælde, be worth, hold good [gɛlə]	*gælder* [gɛlˈər]	*gjaldt* [gjalˈd]	*gjaldt* [gjalˈd]
gøre, do [gœːrə]	*gør* [gœr]	*gjorde* [gjoːrə]	*gjort* [gjoˈrd]
gå, go [gɔˈ]	*går* [gɔˈr]	*gik* [gig]	*gået* [gɔːəð]
have, have [haːvə, haˈ(')]	*har* [haˈr]	*havde* [haːðə]	*haft* [hafd]
hedde, be called [heðə]	*hedder* [heðˈər]	*hed* [heˈð]	*heddet* [heðəd]
hjælpe, help [jɛlbə]	*hjælper* [jɛlˈbər]	*hjalp* [jalˈb]	*hjulpet* [jolbəð]
holde, hold [holə]	*holder* [holˈər]	*holdt* [holˈd]	*holdt* [holˈd]
hænge, hang intr. [hɛŋə]	*hænger* [hɛŋˈər]	*hang* [haŋˈ]	*hængt* [hɛŋˈd]
komme, come [komə]	*kommer* [komˈər]	*kom* [komˈ]	*kommet* [koməð]
krybe, creep [kryːbə]	*kryber* [kryˈbər]	*krøb* [krøˈb]	*krøbet* [krøːbəð]
kunne, can [kunə]	*kan* [kan, ka]	*kunne* [kunə, ku]	*kunnet* [kunəð]
lade, let [laːðə, la]	*lader* [laˈðər, lar]	*lod* [lo(ˈð)]	*ladet* [laːðəd]
le, laugh [leˈ]	*ler* [leˈr]	*lo* [loˈ]	*let* [leˈd]
lide, suffer [liːðə] [liˈ] like	*lider* [liˈðər] [liˈr]	*led* [leˈð]	*lidt* [lid]
ligge, lie [legə]	*ligger* [legər]	*lå* [lɔˈ]	*ligget* [legəð]
lyde, sound [lyːðə]	*lyder* [lyˈðər]	*lød* [løˈð]	*lydt* [lyd]
lægge, lay, put [legə]	*lægger* [legər]	*lagde* [laː]	*lagt* [lagd]
løbe, run [løːbə]	*løber* [løˈbər]	*løb* [løˈb]	*løbet* [løːbəð]
modtage, see *tage*			
måtte, may, must [mɔdə]	*må* [mɔˈ]	*måtte* [mɔdə]	*måttet* [mɔdəð]
nyde, enjoy [nyːðə]	*nyder* [nyˈðər]	*nød* [nøˈð]	*nydt* [nyd]
ride, ride [riːðə]	*rider* [riˈðər]	*red* [reˈð]	*redet* [reːðəd]
rive, tear [riːvə]	*river* [riˈvər]	*rev* [reˈv]	*revet* [reːvəð]

Infinitive	Present tense	Past tense	Past participle
ryge, smoke	*ryger*	*røg*	*røget*
[ry(:)ə]	[ry'ər]	[rɔi']	[rɔiəð]
række, pass, hand	*rækker*	*rakte*	*rakt*
[rɛgə]	[rɛgər]	[ragdə]	[ragd]
se, see, look	*ser*	*så*	*set*
[se']	[se'r]	[sɔ']	[se'd]
sidde, sit	*sidder*	*sad*	*siddet*
[seðə]	[seð'ər]	[sa'ð]	[seðəd]
sige, say	*siger*	*sagde*	*sagt*
[si(:)ə]	[si(:)ər]	[saː]	[sagd]
skrige, scream	*skriger*	*skreg*	*skreget*
[sgri(:)ə]	[sgri'ər]	[sgrai']	[sgraiəð]
skrive, write	*skriver*	*skrev*	*skrevet*
[sgri:və]	[sgri'vər]	[sgre'v]	[sgre:vəð]
skulle, shall	*skal*	*skulle*	*skullet*
[sgulə, sgu]	[sgal, sga]	[sgulə, sgu]	[sguləð]
skyde, shoot	*skyder*	*skød*	*skudt*
[sgy:ðə]	[sgy'ðər]	[sgø'ð]	[sgud]
skære, cut	*skærer*	*skar*	*skåret*
[sgɛːrə]	[sgɛːrər]	[sga'r]	[sgɔːrəð]
slide, wear	*slider*	*sled*	*slidt*
[sli:ðə]	[sli'ðər]	[sle'ð]	[slid]
slippe, let go	*slipper*	*slap*	*sluppet*
[slebə]	[slebər]	[slab]	[slobəð]
slå, strike	*slår*	*slog*	*slået*
[slɔ']	[slɔ'r]	[slo']	[slɔːəð]
smøre, spread butter	*smører*	*smurte*	*smurt*
[smœːrə]	[smœːrər]	[smo(:)rdə]	[smo'rd]
sove, sleep	*sover*	*sov*	*sovet*
[souə]	[sou'ər]	[sou']	[souəð]
springe, jump	*springer*	*sprang*	*sprunget*
[sbreŋə]	[sbreŋ'ər]	[sbraŋ']	[sbroŋəð]
spørge, ask	*spørger*	*spurgte*	*spurgt*
[sbœryə, sbœrɑ]	[sbœr']	[sbo(:)rdə]	[sbo'rd]
stige, rise	*stiger*	*steg*	*steget*
[sdi(:)ə]	[sdi'ər]	[sde'y]	[sde:yəð]
stikke, prick, stick	*stikker*	*stak*	*stukket*
[sdegə]	[sdegər]	[sdag]	[sdogəð]
stjæle, steal	*stjæler*	*stjal*	*stjålet*
[sdjeːlə]	[sdjɛ'lər]	[sdja'l]	[sdjɔ(:)ləð]
strække, stretch	*strækker*	*strakte*	*strakt*
[sdrɛgə]	[sdrɛgər]	[sdragdə]	[sdragd]
(-)*stå*, stand	*står*	*stod*	*stået*
[sdɔ']	[sdɔ'r]	[sdo'ð]	[sdɔːəð]
synge, sing	*synger*	*sang*	*sunget*
[søŋə]	[søŋ'ər]	[saŋ']	[soŋəð]
synke, sink, swallow	*synker*	*sank*	*sunket*
[søŋgə]	[søŋ'gər]	[saŋ'g]	[soŋgəð]

Infinitive	Present tense	Past tense	Past participle
sælge, sell [sɛlyə, sɛlə]	*sælger* [sɛl'yər, sɛl'ər]	*solgte* [soldə]	*solgt* [sɔl'd]
sætte, set, put [sedə]	*sætter* [sedər]	*satte* [sadə]	*sat* [sad]
tage, take [ta('')]	*tager* [ta'r]	*tog* [to']	*taget* [ta:ð]
tie, be silent [tiə]	*tier* [tiər]	*tav* [tau']	*tiet* [tiəð]
træde, tread [trɛ:ðə]	*træder* [trɛ'ðər]	*trådte* [trɔdə]	*trådt* [trɔd]
træffe, meet [trɛfə]	*træffer* [trɛfər]	*traf* [traf]	*truffet* [trofəð]
trække, pull [trɛgə]	*trækker* [trɛgər]	*trak* [trag]	*trukket* [trogəð]
turde, dare [to(:)r(d)ə]	*tør* [tœr]	*turde* [to(:)r(d)ə]	*turdet* [to(:)r(d)əð]
tælle, count [tɛlə]	*tæller* [tɛlər]	*talte* [taldə]	*talt* [tal'd]
vide, know [vi:ðə]	*ved* [ve'ð]	*vidste* [vesdə]	*vidst* [vesd]
ville, will [velə]	*vil* [vel, ve]	*ville* [vilə]	*villet* [veləð]
vinde, win [venə]	*vinder* [ven'ər]	*vandt* [van'd]	*vundet* [vonəð]
vælge, choose [vɛlyə]	*vælger* [vɛlyər]	*valgte* [valdə]	*valgt* [val'd]
være, be [vɛ:rə]	*er* [ɛr, ɛ, ə]	*var* [var]	*været* [vɛ:rəð]

KEY TO EXERCISES

58. Manden hedder Jens Hansen.—Hans kone hedder Lise.—De har tre børn.—Ja, de har to fætre.—Nej, jeg er ikke i familie med dem.

62. Barnet, fætteren, mennesket, navnet, pigen, sønnen.

63. Brødre, familier, koner, mænd, navne, ord, sønner, søstre.

64. Der er tre børn. Han er min onkel. Hun er en pige. Han har to brødre.

66. Jeg hedder Jens. Jeg er gift. Jeg har fem børn, to piger og tre drenge. Min kone har en søster. Hendes mand er død. Hun har en søn, men ikke nogen døtre. Han er fætter til mine børn. Mine forældre lever endnu.

71. Hr. Hansen (or: han) er ung (or: ikke gammel).—Fru Hansen (or: hun) hører til de tynde.—Ole er hr. og fru Hansens dreng.—Hans ansigt er rundt med røde kinder.—Hans frakke er grøn, halstørklædet gult, bukserne blå, vanterne gule, skoene brune og huen hvid.

75. Vore drenges kusiner. Pigens tante. Børnenes forældre. Små børns tøj. En lille drengs krop. En ung kvindes mand.

76. De er unge. Deres mødre er raske. Øret er lille. Vi har brune og sorte sko på.

77. Hr. Hansen er ikke gammel. Fru Hansens halstørklæde er rødt. Han har mørkt hår. Små børn er raske.

78. Goddag. John (Jens) er gammel og tyk. Han har en lille dreng. Drengens ansigt er morsomt. Peters kone har en brun frakke og sorte vanter. Har du (De) et hvidt (hals)tørklæde? Kommer du (De, I) i morgen?

84. Der er 4 værelser (2 værelser og 2 kamre) i familien Hansens lejlighed.—Det er en moderne lejlighed.—De fleste mennesker i København bor i lejligheder.—Familien Hansen (or: de) vil nyde den friske luft i deres have.

88. Hun er i den store stue. Hun er i den gamle have. Det røde hus har kakkelovne. Hvor er drengens hvide halstørklæde? Hvor er din mor, Peter? Kan du komme?—Ja. Er du ikke glad?—Jo. De lange frakker; frakken er lang; en lang frakke. Det runde (lille) bord; bordet er rundt (lille); et rundt (lille) bord. Den (min) gule vante; vanten er gul; en gul vante. Den gammeldags (moderne) lejlighed; en gammeldags (moderne) lejlighed.

89. Kaffen er god; den gode kaffe. Kammeret er lille; de fleste værelser. Øjet er blåt; de brune øjne; det hvide tørklæde.

90. I må gerne være oppe. Du kan hjælpe mig med at dække bord. De skal se vores hus. Vil du komme ind? Må vi gå ud og lege?

91. Vi har en lejlighed i København. Den har tre gode værelser. Der er centralvarme i den. Min broder (bror) bor i et hus med have i en provinsby. Jeg ville gerne være der i den friske luft om

sommeren. Vil De (du, I) gerne se børnenes ny(e) værelse? Vores
egne børn. Hvor er det varme vand? Når jeg bliver gammel,
kommer jeg til at ligne min mands mor (moder). Nu siger vi
farvel.

96. Barnet, benet, broderen, fruen, gaden, hovedet, huset, kinden,
køkkenet, manden, navnet, sønnen, tøjet, vandet, øret.

97. Ansigter, arme, børn, borde, byer, damer, danskere, døtre,
englændere, fædre, frøkner, hår, haver, hoveder, huse, kamre, mødre,
køkkener, onkler, ord, sko, studenter, somre, søstre, tyve, vintre,
vægge, år.

98. En rød bog. Et hvidt stykke papir. Den gule pen. De
sorte, blå blyanter.

99. Manden er høj. Huset er stort. Børnene er små.

100. blå—blåt—blå
        let—let—lette
        frisk—frisk—friske
        gammel—gammelt—gamle
        rask—rask—raske
        tyk—tykt—tykke

105. Jeg står op klokken 7 om morgenen.—Jeg spiser havregrød
og drikker et par kopper kaffe med brød.—Jeg kommer hjem fra
arbejde klokken 5.—Lørdag eftermiddag tager familien Hansen i
skoven.

109. Vi har spist morgenmad. Han er ikke gået endnu. Ole er
blevet vasket. Har I sovet længe i dag?

110. Kender De (du, I) hr. Hansen og hans familie? Ved De
(du, I), at de står op klokken 7 hver morgen? Børnene er gået i
skole. Hr. Hansen må gå til sit kontor (på kontoret). De kommer
hjem, når de har været i skole eller er færdige med deres arbejde.
Vi står sent op om søndagen. De fleste mennesker er søvnige om
morgenen. Det er det andet stykke brød, du har spist.—Jeg
skynder mig. Han vasker sig. Klæder du dig på (De—Dem, I—
jer)? De barberer sig.

113. Familien H. spiste til middag kl. 6.—Efter middagen vaskede
fru H. op, og hr. H. hørte presse i radioen.—De går også en gang
imellem i biografen om aftenen.—Fruen i lejligheden ved siden
af plejer at se efter børnene, når hr. og fru H. går ud.

117. Hvem kommer hjem fra arbejde? Hvad så I i biografen?
Hvis dreng er du?

118. Begyndte, dækkede, kaldte, kørte, lukkede, lærte, læste,
mødte, svarede, øvede, åbnede.

119. Jeg kendte en familie H. Hr. H. havde en søn, der hed O.
De boede i København. Var du i skole i går? Børnene plejede at
høre radio, medens de vaskede op.

120. I aften spiste vi til middag kl. 6. Efter at vi havde spist,
læste jeg en historie for børnene. Så gik de i seng. Skal vi gå i
biografen i aften? sagde jeg til min kone. Hvis vi går, vil fru J. se
efter børnene i stedet for en baby-sitter. Vi gik i teateret for to
uger siden. I morgen. I morges. Om aftenen (natten). På
søndag. Om eftermiddagen.

123. Hr. og fru H. var ude at (og) danse.—Hr. H. gik til ballet for sin kones skyld.—Hr. H. skar sig, da han barberede sig.—Hans kone lo ad ham.—Ballet var livligt.—Hr. H. fik en forskrækkelse (blev forskrækket), fordi han havde glemt sin nøgle.—Hr. H. vil give sig bedre tid i fremtiden, når han skal ud.

126. Cf. § 448.

127. Gav, gjorde, hed, kom, lo, lå, sagde, skrev, tog.

128. Hvornår gik du? Han hjalp sin kone. Vi så en god film.

129. Foreningen holder bal. Jeg gør det for min kones skyld. Han ler ad mig. Jeg skærer mig ofte. Jeg kan ikke få slipset til at sidde. Vi går hjem. Han siger ikke, hvad han hedder.

130. Det er ikke en vane hos mig at gå til bal. Hun fortjener ikke at komme ud at (og) more sig. Jeg skar mig ikke, da jeg ikke var sent på den. Det ærgrede mig ikke, at min kone ikke lo ad mig.

131. Forleden dag var jeg ude at (og) danse. Det var en uheldig aften. Jeg skar mig, da jeg barberede mig, og jeg kunne ikke rede mig, fordi jeg ikke havde nogen kam. Jeg havde glemt den på kontoret. Det ærgrede mig, at min kone lo ad mig og sagde: "Hastværk er lastværk." Det var et livligt bal; der var mange mennesker. Da vi kom hjem, så jeg, at jeg havde glemt min nøgle. Men heldigvis havde min kone en ekstra (en) i sin taske.

136. Nej, jeg har ingen familie på landet (Ja, jeg har en onkel, broder på landet).—En dansk bondegård ligger i reg(e)len for sig selv, omgivet af sine marker. Den er velholdt og som oftest hvid. Nogle gamle gårde er af bindingsværk og har stråtag.—Bygningerne ligger gerne i en firkant omkring gårdspladsen.—På en bondegård er der f.eks. heste, køer, svin og høns.—De danske landmænd producerer mælk, smør, ost, flæsk og æg. De dyrker også korn og kartofler og roer til foder.

139. Min broders gård er større end min. Det er morsommere at bo i byen end på landet. Det bliver lettere og lettere. Det er den mest velholdte (moderne) gård, jeg har set. Det er bedre at køre i bil. Ved tidligere lejlighed.

140. Drengen, der (som) boede på landet. Bonden, som (hvem) vi mødte. Manden, hvis hat jeg så. Gården, (som) vi kan se på lang afstand.

141. Jeg plejer at tilbringe min sommerferie på en gård på landet. Den tilhører min broder, som er landmand. Gården er ikke lille, men den er heller ikke den største i sognet. Den har fire bygninger af bindingsværk, som er hvide. Min broder har 12 køer og 20 svin, men ingen heste, hvad der ærgrer mig, fordi jeg gerne vil(le) ride. Han dyrker selv korn og kartofler på sine marker. Hvem der ikke vil køre, må gå. Gør, hvad du vil.

144. Storken havde lært ægyptisk af sin moder.—Anden lå på sin rede, fordi den skulle ruge ællinger ud.—Den var ked af det, fordi det varede så længe. Ællingerne rappede, da de kom ud af æggene.—Herregården lå midt i solskinnet med dybe kanaler rundt om; fra muren og ned til vandet voksede (der) store skræppeblade.

146. Peter kom ind. Anna sidder inde i stuen. Anden svømmer nede i søen. Solen står op. Er mor oppe endnu? Han gik bort. Bogen er borte. Er der nogen hjemme? Hvor skal du hen?

147. Der er mange gårde på landet. Det er som oftest varmt om sommeren. Er du ked af det? Der kom mange ællinger ud af æggene. Det knager. Så du, hvem der kom? Er det let at lære dansk?

149. Det var ude på landet. Der var store grønne skove rundt om markerne, og det grønne er godt at se på. Ved den gamle herregård lå (sad) en ung and på sin rede. Den (hun) rugede ællinger ud, men det varede længe, før de kom ud. De gamle ænder svømmede om (rundt) i kanalerne eller spiste og ville ikke komme og snakke med den (hende). Den unge var meget ked af det.

152. Hunde, katte, heste, køer, høns og ænder.—I skoven lever f.eks. egern, hjorte og ræve, samt mange fugle.—Jeg kender f.eks. gråspurve, svaler og måger.—Jeg kender sild, torsk, rødspætter og laks.—Folk hjalp i gamle dage storken med at bygge rede ved at sætte et gammelt vognhjul op på taget af deres hus.—Der er ikke så mange storke tilbage i Danmark, fordi de har svært ved at finde føde.

156. I Zoologisk Have er der f.eks. ulve og bjørne, løver, tigre, elefanter og krokodiller.—De morsomste dyr at se på dér er aberne. Hanen ville ikke hjælpe ræven, fordi den havde taget så mange koner (høns) fra hanen (den).

159. Mon der er nogen hjemme? De er nok gået ud. Det nyttede dog (nok, nu, jo, vel) ingenting. Du har vel (da, jo, nok) været i Zoologisk Have. Ræven er jo kendt for sin listighed. Det var da mærkeligt.

160. Fortæl mig noget om dyrene. Det ved jeg intet (ingenting, ikke noget) om. Kender du nogen (nogle) fabler? Nej, jeg kan ingen fabler om dyr. Det var ikke nogen lang samtale. Giv mig noget mælk at drikke. Her er nogle flasker mælk.

161. Bortset fra husdyr som hunde og katte, finder man de fleste dyr på landet: på markerne og i skovene. Der er blandt andet mange fugle. I tidligere tid (I gamle dage) var der mange storke i Danmark, men nu er der kun få tilbage, fordi de har svært ved at finde føde her.—Der er altid noget morsomt at se på i Zoologisk Have. Hvert bur har et interessant dyr, som man ellers ikke ser her i landet: en løve, en tiger, en krokodille eller en isbjørn. Aberne er dog ofte den største oplevelse for både børn og voksne.

164. Hunden tænkte: Det er nok en anden hund.—Hunden tabte sit kødben, fordi den snappede efter den fremmede hunds kødben.—Løven var større og stærkere end de andre dyr.—Rævene og harerne blev bange, fordi de ikke vidste, at brølet kom fra et æsel.

167. Han har et bedre kødben end jeg. Jeg er stærkere end dig (du). Det var hende, der fangede ræven.

168. Er det din(e) (Deres, jeres, hans, etc.) hund (hunde)? Hunden tabte sit kødben. Løven talte om sit brøl. Løven talte om sine kløer. Dyrene var bange for deres ven. Æslet spurgte: " Blev du bange for mit brøl? " Hun er smukkere end sit spejlbillede. Hans venner delte med ham.

169. Hunden tabte sit ben til sit eget spejlbillede, for(di) hvis man vil have alt, får man ingenting. Løven tog alle fire dele af hjorten, som den (han) havde dræbt, fordi det var den (ham), der var den stærkeste. De andre dyr var bange for at føle dens (hans) kløer. Æslet brølede. Rævene og harerne flygtede til alle sider, og det ville jeg også have gjort, hvis jeg ikke vidste, at skrålet kom fra et æsel. Det undrede ikke løven (løven undrede sig ikke over det).

172. I broderens have er der en græsplæne med en høj flagstang. Rundt om græsplænen er der blomsterbede. Der er også mange buske.—I køkkenhaven vokser der alle slags grøn(t)sager.—Det er godt at have en køkkenhave på landet, fordi der er langt til grønthandleren (butikker).—I jordbærsæsonen spiser man jordbær med fløde.—(See vocabulary.)

176. Ude i naturen vokser der f.eks. bøgetræer, egetræer, gran og fyr.—Fyrretræ bruger man som tømmer og til møbler.—Grantræerne bruger man til juletræer.—(See vocabulary.)

179. Træet kan anvendes. Jordbær spises med fløde. Fyrretræ anvendes af snedkerne. Egen fortrænges af bøgen.

180. Snedkerne kan bruge fyrretræ til møbler. Det er smukt at have blomster i sin have. Vi vil gerne spise jordbær. Jeg så ham hejse flaget i søndags. Han kom for at sælge frugt. Jeg holder af at synge. Har du fået nogen kirsebær at spise?

181. Jeg fortalte dig, hvad du skal gøre, når du besøger min broder om sommeren (til sommer). Du må spise alle hans jordbær. Han vil sige, at du kun kommer for at spise jordbær. På landet er der mange vilde planter at se på. Jeg holder af den danske bøgeskov, når den lige er udsprungen (sprunget ud) i maj. Hvis jeg var digter, ville jeg synge om det danske landskab (den danske natur). Har du (De, I) været i Danmark ved juletid og set et juletræ pyntet med flag og lys?—Der er mange træer i skoven. Snedkeren bruger meget træ.

183. Klokken er 7 (8, et kvarter over 3, etc.).—Ja, mit ur går rigtigt (Nej, mit u. går forkert).—Jeg går (i reglen) i seng klokken 11 (om aftenen).

187. . . . fordi de aldrig havde set et lommeur før.—Molboerne blev bange, fordi det tikkede i uret.—Han knuste uret med en sten. —Jeg har et lommeur (armbåndsur).

190. Syvogtredive. Fyrre. Seksogtres. Niogfirs. (Et)hundrede (og) to. To hundrede seksogtredive.—Sytten hundrede tredive; et tusind syv hundrede tredive; sytten tredive. Fjorten hundrede (og) otte; et tusind fire hundrede (og) otte; fjorten nul otte. Tre hundrede kroner.

191. See § 624.

192. Hvad er der i vejen? Klokken er et. Mange mennesker venter. Halvdelen af dem har været her i to timer. Mit ur går lidt for stærkt desværre. Jeg må stille det tilbage. Den (Klokken) er lige omkring halv et nu. Det er sent. Molboerne fandt et ur på vejen. De havde ikke set sådan en ting (sådan noget) før. De blev bange og turde ikke røre (ved) det. En af dem knuste uret med en sten og var meget stolt, fordi han fik det til at holde op med at tikke.

194. (See vocabulary.)—Der er 365 dage i et år.—Et døgn er en

nat og en dag.—Et kvartal er tre måneder, et kvarter er 15 minutter.
—I dag er det den (fjerde april).

198. Elizabeth den Anden, Christian den Femte, det nittende
århundrede. En halv. En kvart (en fjerdedel). To tredjedel(e).
Syv ottendedel(e).

199. See § 624.

200. I dag, i morgen, om morgenen, i aften, i nat, om søndagen,
om sommeren, ved juletid.

201. Folk, som er født den 29. februar har kun fødselsdag hvert
fjerde år. Hvordan finder man (du, I, De) ud af, hvad klokken er?
Man ser på sit ur (jeg ser på mit ur, vi . . . vores). Det ur går
forkert. Taleren holdt op med sin tale, da han mærkede, at hans
publikum var træt(te), men den havde varet $2\frac{1}{2}$ time.

203. Jeg hygger mig inden døre (i de lange vinteraftner).—
Børnene leger i sneen om vinteren.—Om vinteren falder jul(en), om
foråret påske(n) og pinse(n).—Det plejer først at blive rigtig varmt
i maj (måned).

206. De fleste mener sikkert, at . . ., fordi det bliver varmt, og
man får sommerferie.—I Danmark har alle, der arbejder, ret til
ferie i vore dage.—Jeg rejser på landet i min sommerferie.—Sankt
Hans aften tænder man bål på landet og ved stranden.—Om
efteråret tager dagene af, og det bliver tidlig(t) mørkt om aftenen.

208. Væggen, menneskene, studiet, englænderne.

209. Han gik til byen. Publikum var træt. Har du været i
Zoologisk Have? Hvad koster pærerne stykket? Det var første
gang, de så uret. En del af os kan stå på ski. Vi har ret til at arbejde.

210. See § 624.

211. Vi bor på landet. Vi bader ved stranden. Bladene på
træerne. Sommeren er den bedste tid af (på) året. Lad os håbe
på en mild vinter. Jeg er glad for mine skøjter.

212. Vinteren kommer snart (Det bliver snart vinter). Synes
De om (Holder De af) vinteren? Nej, jeg synes ikke om den, men
det kan også være en smuk årstid. Ellers er det svært at sige, når
naturen er smukkest. Hvor skal De tilbringe (Hvor tilbringer De)
julen i år? Det varer ikke længe, før sommeren kommer (før det
bliver sommer). Til sommer rejser vi til udlandet. Vi rejser altid i
vore(s) ferier. Lige nu rejser min broder (omkring, rundt) i England.

214. Englænderne taler mest om vejret.—Det danske klima er
omskifteligt og lunefuldt.—Sommertemperaturen er gennemsnitlig
16 grader celsius.—Den laveste vintertemperatur ligger omkring
frysepunktet.—Det besværliggør i høj grad skibstrafikken, når de
danske farvande fryser til.

218. Fru Lind spurgte provsten, om han ville (komme) med ind
og varme sig på en kop kaffe.—Provsten syntes, vejret var varmt.—
Fru Lind sagde først, at det var temmelig køligt. Senere sagde hun,
at det var en varm eftersommer.—Fru Lind kaldte provsten en
isbjørn.—Ja, provsten modtog tilbudet.—Overlæreren mente, at
det var mildt.

221. Provsten kom gående. Sneen bliver nok liggende. Der
kan ventes faldende temperatur. Det lyder ikke tillokkende.
Min kone har kaffen stående parat til os.

222. See § 624.

223. Det fryser i lange perioder om vinteren. Der er udsigt til frost om (i) nogle dage. Han beder om hjælp. Det er på en måde godt, at det sner. Det har været mildt i den sidste tid. Om foråret, til foråret. I vinter, til vinter.

224. Det danske klima er omskifteligt. Sommeren kan være varm, men det regner ofte (tit). Vintrene var koldere i gamle dage, men selv nu fryser de danske farvande undertiden til og besværliggør trafikken. Fru Lind stod og talte med provsten. Hun bad ham komme ind og få en kop kaffe. Før han gik, sagde han tak. Vinden begyndte at blæse (Det begyndte at blæse) for en time siden, og det blæser endnu stærkt. Vi har ikke nogen varm sommer (det er ikke nogen varm sommer, vi har). Jeg glæder mig til min kaffe.

226. Man siger om danskerne, at de er glade for mad og spiser meget.—Man plejer kun at spise ét varmt måltid.—Til frokost spiser man smørrebrød.—Man siger tak for mad, når man har spist.

231. Jeg husker f.eks. øllebrød, kærnemælkssuppe, gule ærter og rødgrød.—Rødgrød er en dessert, lavet af ribs- eller hindbærsaft.— Man laver æblekage af kogte æbler, rasp og syltetøj med flødeskum på.

233. Æblerne kogtes til mos. Kartoflerne serveredes skrællede. Drengene sloges. Børnene sås ikke mere. Suppen smagtes til med sukker.

234. Jeg kan lave mad. Skal hun ikke lave mad? Jeg vil gerne have pandekager. Han vil ikke drikke hvidtøl. De må smage denne ret. Fik du spist de gule ærter op? Fru H. kommer til middag i aften. Gør hun? Vi får se. Du skal ikke være bange. Hun skal være ganske sød. Du må gerne komme ind. Jeg vil selv åbne pakken. Vil du?

235. Tror De ikke, (at) danskerne er glade for mad? De holder af at spise smørrebrød til frokost hver dag. De spiser ikke mange grøntsager. Hvad vil De (gerne) have: suppe eller grød? Og til dessert: budding eller æblekage? Hvordan laver De øllebrød? Jeg laver den af rugbrød, vand, øl og sukker, og jeg serverer den med flødeskum. Der laves mad i køkkenet. Maden serveres af husmoderen. Har vi mødtes før? (mødt hinanden). Kommer De her i morgen?

237. Man går på restaurant for at spise under lidt festligere former end hjemme.—Der findes dyrere og billigere restauranter, f.eks. mælkerier og kantiner.—Mange mennesker, studenter og ugifte, spiser alle deres måltider på restaurant.

239. En høflig overtjener.—Bordene var ikke tilfredsstillende.— Hr. M. så efter de retter, der ikke fandtes på spisekortet.—De blev til sidst enige om at spise smørrebrød.—De syntes, det var en dårlig betjening.—Jeg synes, hr. og fru M. var vanskelige (og uforskammede) gæster.

241. Vi besøgte en bedre kafé. Der er flere mennesker, der spiser på mælkerier. Hvem var mon vanskeligst, tandlægen eller hans kone? Der kom en ældre herre sammen med en yngre dame. Tjeneren modtog dem med de høfligste ord.

242. See § 624.

243. Midt på dagen. Øllebrød laves af øl og brød. Jeg gik i

teateret. Han gik på kontoret. Hvad fik I til middag? Spise-
kortet er hos tjeneren.

244. Jeg gik på (til) en bedre restaurant for at få et måltid (mad).
Men den var for dyr, så jeg gik min vej og tog (gik) til en billigere,
et mælkeri. Jeg må spise alle mine måltider ude og (må) nøjes
med, hvad jeg har råd til. Hr. og fru Melvad var vanskelige gæster.
De syntes ikke om de borde, som tjeneren anviste dem. De ville
ikke spise retterne på spisekortet, men blev enige om, at de hellere
ville bestille smørrebrød med øl. De fandt betjeningen uforskammet
dårlig, men det var dem (selv), der var mest uforskammede.

246. Man køber mælk i mejeriudsalget, brød hos bageren, sukker
hos købmanden og kød hos slagteren.—Hos manufakturhandleren
køber man tøj, hos boghandleren bøger, hos isenkræmmeren værktøj
og køkkenudstyr og på apoteket (køber man) medicin.

248. Hos bageren kan man købe rugbrød, franskbrød, wienerbrød,
kringle og mange slags kager.—Der er (jeg kender) f.eks. fløde-
skumskager, lagkage og småkager.—

252. Mine penge. Dine møbler. Han tog sit værktøj og gik.
Hun har store indtægter. Denne bogs indhold er dårligt.

253. Boghandlerens bøger. Denne kages navn. Denne årstid.
Spisestuedøren. Kagerne hos bageren. Døren til forretningen.
En kage til 50 øre.

254. Jeg gik hen til isenkræmmeren efter noget værktøj. Jeg gik
hen på apoteket efter medicin. Jeg stod hos bageren. Jeg købte
medicin på apoteket. Jeg blev klippet hos (af) frisøren.

255. Har De penge nok (nok penge) til at købe, hvad De vil
(ønsker) i butikkerne? Har De været hos købmanden og på
apoteket? Købte De nogen medicin? Ja, flasken kostede 3½
krone. Har De købt nogen nye møbler? Nej, men ieg har lavet
en stol med mit eget værktøj. Jeg ville gerne have et stykke
smørrebrød og et wienerbrød. Ja, det vil vare (tage) en times tid,
før det er bagt; men De kan få en flødeskumskage eller nogle
småkager nu, hvis De ønsker det (hvis De vil).

257. Hr. Hansen har (fået) influenza.—Han har 38,5 (i feber).—
Lægen skriver en recept.—Patienten må stå op, når han er helt
feberfri.—Lægen siger " God bedring ", da han går.

260. Lægen er kommet. Patienten har ikke sovet om natten;
han har hostet hele tiden. Sygdommen har varet længe nu. Har
patienten været oppe endnu? Nu er lægen selv blevet syg. Er hr.
Hansen ikke gået endnu? Læreren sagde, at han aldrig havde
slået børnene. Hr. M. havde rejst meget, før han kom til Amerika.

261. Hvad er der sket? Hr. H. er syg og ligger i sengen. Jeg
tror bare, (at) han er blevet forkølet. Lægen (doktoren) har været
(for) at besøge ham (været på besøg, været for at se til ham, for at
aflægge et besøg). Hvem er hans læge? Lægen gav patienten
nogle piller mod (for) hans hovedpine og for at få feberen ned.
Han sagde, at det ville nok vare en uge, før han kunne stå op igen.
Hvilken seng vil du helst have? Der er mange syge i øjeblikket.
Det bryder jeg mig ikke om.

263. København har over en million indbyggere.—K. blev
grundlagt i den tidlige middelalder.—K. betyder købmændenes

havn.—Navnene Østerport, Vesterport og Nørreport, samt Kastellet,
Søerne og Christianshavns volde.—Man kan kende det gamle K. på
de gamle huse og de smalle, snoede gader.—Universitetet, Vor Frue
kirke, Rosenborg, Runde Tårn, m.m.

265. Rådhuspladsen er K.s trafikcentrum. Her ligger rådhuset.
—K.s forlystelsescentrum er Vesterbrogade nærmest Rådhuspladsen.
—Strøget forbinder Rådhuspladsen og Kongens Nytorv.—Nyhavn
er søfolkenes forlystelseskvarter.—Den danske rigsdag samles på
Christiansborg.

267. K. har altid spillet en stor rolle i Danmarks historie. Det
oprindelige K. lå inden for de gamle volde. Byen blev grundlagt
i middelalderen.

268. Folketinget samles altid på C. K. blev bombarderet af
englænderne 1807. Gaderne mellem R. og K.N. kaldes Strøget.
Huset blev bygget på én dag, . . . Slottet ejes af kongen. Den
gamle by kendes pa sine smalle gader.

269. See § 624.

270. Hr. N. rejste ved 8 tiden om aftenen. K. ligger ved Sundet.
Byen er omgivet af volde. Der er altid mennesker på R. Kongen
bor på slottet. Hvad er grunden til hans rejse? Jeg bor i Strand-
gade. Jeg bor på Aldershvilevej.

271. København blev grundlagt af biskop A. Den udviklede sig
til (at blive) en vigtig handelsby. Den var også en fæstning, men
voldene er (blevet) revet ned og voldgravene (blevet) lavet til søer.
Den oprindelige del af K. er let at kende på sine smalle, snoede
gader. Man kan ikke nu se (Det kan ikke nu ses; det er ikke til
at se nu), at byen brændte næsten ned i 1728.

273. Fordi folk skal skynde sig til og fra arbejde.—Fodgængerne
går på fortovet.—Man kører i højre side af vejen i Danmark.—
Gartneren væltede med sin bil, fordi han mistede herredømmet over
den i et sving.

276. Museer, film(s), fakta, studier, sømænd (søfolk), bondegårde
(bøndergårde), ministerier.

277. Byen er omgivet af parker. Det genopførte slot. En
kendt bygning. Det kendte slot. De kendte slotte. Slottene er
kendt. De forbundne have. Havene er forbundet med hinanden.
Et nedrevet hus. En nedreven by. De nedrevne volde. Byerne
er nedrevet.

278. Trafikken på gaden er stærk. Han kørte i venstre side af
vejen. De skal køre til højre for at nå byen.

279. Trafikken i en storby er især stærk i myldretiden. I Dan-
mark har de fleste mennesker cykel. I de sidste år er antallet af
biler vokset enormt. Man skal holde til højre i Danmark. Manden
kørte i grøften med sin bil, fordi han skulle skynde sig. Den lille
dreng slog hovedet. Slog du dig (De—Dem, I—jer)? Kan du
De, I) ikke finde vej?

281. Jægersborg Dyrehave ligger nord for København ved
Klampenborg.—Der kan man se Landbrugsmuseet og Frilands-
museet.—Langs Strandvejen ligger der mange flotte villaer og
landsteder.—Man kan nemt komme fra D. til S. med en færge fra
Helsingør.

283. Gerne, ude, siden.

284. Han stod bagest. Det er min eneste blyant. Hvem er den forreste? Det er selveste kongen, der kommer. Du må først og fremmest se Kronborg i Helsingør.

285. Sidste søndag tog børnene og jeg en tur (ud) til Klampenborg med S-toget. Vi kørte tidlig(t) om morgenen, og vi badede i Øresund (Sundet), før vi spiste vores (vort) smørrebrød, som vi havde med os i en pakke. Efter frokost gik vi gennem Dyrehaven, hvor vi så nogle tamme hjorte. Vi havde tænkt (på) at tage til Lyngby, men det var for langt at gå for børnene; det ville have taget os over (mere end) en time. Så vi vendte tilbage til Klampenborg. Vi ville hellere tage til Lyngby en anden søndag og til Frilandsmuseet, helst når der er en opvisning af folkedans, fordi vi gerne vil(le) se det. De burde se det indre af Kronborg slot. Det rummer også et museum.

287. Bornholm ligger i Østersøen.—Man kommer dertil med skib fra København; man kan også rejse over Sverige eller tage med flyvemaskine.—Den blev ikke afstået til Sverige i 1660.—Naturen på B. minder meget om Sverige; undergrunden består af granit, og mange steder er der smukke klippepartier.—M. A. Nexø er en berømt dansk forfatter; han levede største delen af sin barndom på B. og tog sit navn efter byen Nexø derovre.

289. (a) De følges, fulgtes ad. Danskerne slås, sloges ikke mere med s. Jeg mindes, mindedes ikke at have set ham før. De ses, sås ikke mere.

(b) Det lykkedes mig ikke at komme til Bornholm. Jeg længes efter mine venner. Jeg synes ikke om øllebrød.

290. Det er af stor interesse for mig at høre. Der er en bog til Dem. Læs brevet højt for mig. Han rejste til E. med flyvemaskine. Jeg tænker på at tage på landet. Drengen længes efter sin mor.

291. Vi skal tilbringe vor(es) ferie (holde ferie) på Bornholm i år. Hvor skal I tilbringe jeres (du—din, De—Deres)?—Jeg ville gerne rejse til England, men jeg er bange for, at jeg ikke har råd til det lige nu. Men jeg håber, det vil lykkes mig engang at komme der(til). —Jeg synes, du burde begynde at spare sammen nu.—Vær ikke bange. Jeg er begyndt allerede (allerede begyndt).—Jeg er sikker på, at De (du, I) vil synes om Deres (din, jeres) ferie på Bornholm. Skønt (selv om) øen ligger i Østersøen, er der kun en nats sejlads fra København. B. er et smukt sted. Naturen minder om Sverige og tiltrækker mange kunstnere. B. har også en gammel og interessant historie.

293. Det var dækket af store hedestrækninger.—Da kom der fart i hedens opdyrkning.—Nu er et landområde noget større end Fyn, Lolland og Falster tilsammen opdyrket.—Det kan man, hvor særlig smukke hedestrækninger er blevet fredet.—Man gav sig til at opdyrke heden som følge af, at Sønderjylland måtte afstås til Tyskland efter krigen 1864.

297. Separable: afvige, grundlægge, afstå, opdyrke, indse, forestå (stå for).

298. See § 624.

299. 'halvø', Køben'hav'n, be'ty'delig, 'opdyrke, år'hundrede, plan'tage, mo'derne, mi'nut, tra'fik.

300. H. C. Andersen skrev et digt om Jylland, hvori han fortalte hedens (hedernes) historie. Da han besøgte Jylland, var heden (hederne) der endnu, men han forudså, at den (de) snart ville blive opdyrket og lavet (gjort) til kornmarker. Efter at Det danske Hedeselskab var (blevet) grundlagt, blev store dele af heden (hederne) beplantet med træer, eller jorden blev pløjet og gødet og således forbedret. Der er nu mange gårde og husmandsbrug, hvor der tidligere (i tidligere tid, i gamle dage) kun var lyng. Man kan sige, at ved (gennem) hedens (hedernes) opdyrkning vandt Danmark indad, hvad det tabte, da det efter krigen 1864 måtte afstå Sønderjylland til Tyskland.

302. Mols er den sydlige del af Djursland i Jylland.—Molboerne er befolkningen i Mols.—De var bange for, at storken skulle træde kornet ned.—Han havde så store fødder, at han ville træde mere korn ned end storken.—Jeg mener ikke, molboens råd var godt, for seks mand ville træde endnu mere korn ned end byhyrden.

304. De ville skjule den i havet.—De ville sætte et mærke, hvor de kastede den overbord.—Det var en dårlig idé, fordi båden ikke ville blive liggende på samme sted.

306. Her er kun adgang for mænd. Arbejdet kan gøres af tre mand. Hvor mange fod er du høj? Han fik kolde fødder. Her er en kage til 15 øre. Fryser du ikke? Dine ører er helt kolde.

307. (a) Jeg morer mig altid, når jeg læser om molboerne. Molborne ville skjule klokken, da fjenden kom til landet. De vil fiske den op igen, når fjenden er borte.

(b) Jeg ved ikke, om de vil fiske klokken op igen. Molboerne bliver glade, hvis de finder klokken.

308. See § 624.

309. Befolkningen (indbyggerne) på Mols kaldes (hedder) molboer. Deres naboer anså dem (i) tidligere (tid) for at være meget dumme, og, som De kan tænke Dem (man . . . sig), latterliggjorde dem i de såkaldte molbohistorier. En af disse fortæller, hvordan molboerne jagede en stork ud af deres kornmark. Da byhyrden havde så store fødder, lod de seks mand bære ham ind i marken, idet de glemte (—og glemte), at disse seks ville træde mere korn ned end byhyrden, selv med hans store fødder. En anden historie fortæller, hvordan molboerne skjulte deres kirkeklokke, da en eller anden bildte dem ind, at fjenden var kommet til deres land, fordi de plejede at skjule deres ejendele, når der var fare på færde. De sænkede klokken i havet, og jeg ville gerne vide, om de finder den igen. Hvis de ikke havde været så dumme, ville de aldrig have mistet deres klokke.

313. De traf hinanden ved et feriekursus.—Hr. T. ville gerne besøge Danmark igen for at lære landet bedre at kende.—Hr. A. tilbyder at have ham som gæst et par uger.—Hr. T. er glad for at få et dansk brev, fordi han så får anledning til at skrive dansk.—Hr. T. er glad ved tanken om at komme til Danmark igen.—Han vil rejse i sin sommerferie.—Han ønsker, at det må være stille (vejr).

316. Gid, bare der kom et brev. Måtte der komme et brev. Kom der bare et brev.—Han længe leve. Takket være hr. X modtog jeg en indbydelse til Danmark.

317. Gav du hende det? Tjeneren bragte ham den.

318. Hvad hedder befolkningen her på egnen? Hvad er navnet på denne skole? Jeg kom til at slå koppen i stykker. Hvem er sekretær for selskabet? Det kan du ikke gøre på den måde. Du må fortælle mig historien ved lejlighed. Har du hilst på min onkel?

319. Kære hr. A! Tak for Deres brev. Jeg er meget glad for (Det glædede mig meget), at jeg må komme og bo hos Dem i (til) sommer, og jeg vil rigtignok (gerne) modtage Deres indbydelse. Hvis det er muligt at reservere en køje til den dato, kommer jeg den 6. august. Jeg håber, (at) vejret bliver smukt og ikke ødelægger vores ferie (Måtte vejret (bare) blive smukt og ikke ødelægge . . .). Hils dine forældre fra mig. Venlig hilsen, din hengivne . . .

Dansk Studieoplysningskontor.

Vær så venlig at sende (De bedes (venligst) sende) mig nogle oplysninger om feriekursus i Danmark, da jeg gerne vil(le) have lejlighed til at lære noget om dansk liv og kultur. Jeg kan lidt dansk, men jeg ville gerne lære sproget bedre at kende. Deres ærbødige . . .

321. Det koster 1 krone at sende et brev til udlandet.—Man udfylder et adressekort.—De danske postbude går med røde jakker.—Det danske postvæsen benytter rødt og gult som farver.

324. a. [ɔ], b. [ɔ], c. [ɔ], d. [a], e. [a].

325. See § 624.

326. Han er gået på posthuset med et brev. Der er kommet et kort med posten. Går du med frakke i regnvejr? Peter er gået efter frimærker.

327. Har De været på et dansk posthus? I Danmark finder man ikke små posthuse sammen med en butik som i England, men man kan købe frimærker hos boghandlere. I Danmark er det let at sende penge med posten, f.eks. gennem postkontoen " giro ", eller ved hjælp af en postanvisning, der sendes med posten (besørges af postvæsnet). Breve besørges af postbude. Hvad hedder Deres postbud? Et postbud kender gaderne i sin by og vil hjælpe Dem med at finde vej. Har De udfyldt blanketten?

331. Man kan flyve eller rejse med skib.—Sørejsen tager ca. 19 timer. Man kan sove tiden væk, eller tale med andre passagerer. Man møder altid interessante mennesker på skibet.—Når man kommer i land, skal man gennem paskontrollen og tolden.—Man kommer videre med lyntoget.—På en togrejse gennem Danmark kan man studere den skiftende natur.—Når man er nået til sit bestemmelsessted, prøver man at få fat i en drager og kører til hotellet eller den familie, hvor man skal bo.—Man føler sig ofte træt efter en lang rejse.

333. Vi kører ad en lang bro. Pigen blev trukket op af vandet. Drengene løb hen ad gaden. De så ud ad vinduet. Hvem er den ældste af jer? Vil du ikke tage frakken af? Hvad er kagen lavet af? Når vi kommer ud af byen, kan vi se skoven. I må kun komme to ad gangen. Skal vi følges ad? Hvad er du ked af?

334. See § 624.

335. Jeg vil flyve til Danmark denne gang. Jeg rejser ofte på forretninger, og jeg holder ikke af at rejse langsomt, jeg har heller ikke tid til at tale med de mennesker, jeg møder på et skib. Jeg kan ikke tilbringe tiden med at sove, fordi jeg næsten altid er søsyg. En flyvemaskine er meget hurtigere end et tog, selv et hurtigtog, skønt en flyvemaskine ikke er så hurtig som lynet. Når rejsen går så hurtigt, bliver den ikke ensformig, men man bliver træt af at rejse, og jeg holder af at hvile ud på hotellet, før jeg begynder (på) mine forretninger. Den eneste vanskelighed, når man flyver, er at man ikke kan tage megen bagage med sig.

337. Den er lidt over hundrede år gammel.—Den må ses i forbindelse med romantikkens interesse for det nationale og folkelige. —De blomstrede i slutningen af forrige århundrede.—De var oprindelig beregnet for den voksne ungdom på landet.—Hensigten med højskoleundervisningen er at give eleverne et alment dannelsesgrundlag.—Højskolerne har haft uvurderlig betydning for det høje stade, folkeoplysningen står på i Danmark.—Rødding, Askov, Den internationale Højskole.

339. Det er ikke eksamen, højskolerne lægger vægt på. Det er historie og dansk, der er de vigtigste fag. Der er nogle højskoler, der er omdannet til gymnastikhøjskoler. Det var (Der er) en særlig dansk skole, der blev udformet af K.K.

340. Har De hørt om de danske folkehøjskoler? Har De besøgt en? Det var romantikken, der så begyndelsen til denne skoleform. En mand, biskop G., udtænkte skolen, og en anden, K.K., udformede den i praksis. I det 18. århundrede modtog (fik) bønderne ingen undervisning (havde bønderne ingen undervisning fået). Folkehøjskolerne eksisterer endnu i dag. De er blevet tilpasset efter tidernes skiftende krav. Oprindelig var de beregnet for de unge på landet, men nutildags besøger byfolk også disse skoler. Folkehøjskolerne vil give deres elever en almen dannelse på kristen og national basis. Der er ingen eksaminer. Foredråg danner (er) en vigtig del af undervisningen. Sang og gymnastik er vigtige fag. Kendte De ikke denne skoleform før? Nej, jeg kendte den ikke, før jeg kom til Danmark.

342. H. C. Andersen er en dansk digter.—Han var grim og klodset som barn, og man syntes, han var underlig.—Han ville prøve sin lykke ved teateret.—Han mente, at man først går meget ondt igennem.—Hans forsøg på at komme frem ved teateret mislykkedes, men der var mennesker, der forstod, at han havde sjældne evner, og hjalp ham til at blive en berømt digter.—H.C.A. boede hos sine forskellige velyndere.—Han skrev sine eventyr både for børnene og de voksne.—Den grimme Ælling er et eventyr, hvor H.C.A. har fortalt om sit eget liv.

344. See § 624.

345. H. C. Andersen er Danmarks verdensberømte digter. Han blev født på Fyn af fattige forældre. De andre børn fandt ham temmelig (ret) mærkelig, så han legede med sig selv og udviklede en livlig fantasi. Han ville ikke være (ønskede ikke at være) skrædder, men rejste til København, da han ønskede at blive skuespiller. Han sagde, at man først må gå meget ondt igennem, før man bliver berømt. Han *blev* berømt, men ikke ved teateret. Efter at han havde (Efter at have) skrevet digte, romaner og skuespil, begyndte han at skrive eventyr for børn, men også med (de) voksne i tankerne. Eventyrene gjorde hans navn udødeligt. H.C.A. giftede sig aldrig (blev aldrig gift), men tilbragte det meste af sit liv med at rejse i og uden for Danmark. Hans eget liv var som det eventyr, han fortalte i Den grimme Ælling.

INDEX OF DANISH WORDS

Reference is given to pages.   Figures in brackets refer to grammar.

FINNISH

A. H. Whitney

This course has been divided into twenty lessons, each dealing with the key points in the construction, use and grammar of modern Finnish. Exercises are to be found at the end of each lesson and also included in the text are several reading passages from modern Finnish writings.

A lively and practical course in Finnish from which the student will emerge with a sound grasp of the language.

Published in USA by	UNITED KINGDOM	95p
David McKay Company, Inc.	AUSTRALIA	$3.05
	(recommended)	
ISBN 0 340 05782 3	NEW ZEALAND	$3.05

TEACH YOURSELF BOOKS

ICELANDIC

P. J. T. Glendening

Like English, Icelandic is a Germanic language, but unlike English it has changed very little since the ninth century. For the visitor to Iceland, a knowledge of the language is an obvious asset, but it will also enable the student to read and enjoy the incomparable *Eddas* and sagas of Icelandic literature.

This book provides a thorough and detailed course in Icelandic. The student is taken through a series of lessons which provide a complete grounding in pronunciation, grammar and vocabulary. Exercises are included to cover each stage in the course and the aim is to provide a practical series of lessons by which the student can smoothly progress, on his own if necessary, to a sound working knowledge of Icelandic.

A planned, comprehensive course in Icelandic, invaluable both to the absolute beginner and to the student of Icelandic culture and its literature.

Published in USA by
David McKay Company, Inc.

ISBN 0 340 05795 5

UNITED KINGDOM	75p
AUSTRALIA	$2.45*
NEW ZEALAND	$2.40

*recommended but not obligatory

TEACH YOURSELF BOOKS

GAELIC

R. Mackinnon

A complete course in Scottish Gaelic for beginners, consisting of a series of thirty-five carefully graded lessons, which will take the student to the point where he can confidently sit the Scottish Certificate of Education Learners' 'O' Grade examination in Gaelic.

The approach throughout the course is deliberately lively and modern, while each lesson contains both working examples and exercises, and a comprehensive scheme of pronunciation. Also included in the text are extensive vocabularies and a selection of Ordinary Grade Gaelic Examination papers.

Extremely competently done, having of the virtues of Scottish thoroughness and systematic teaching.

The Scotsman

Published in USA by
David McKay Company, Inc.

ISBN 0 340 15153 6

UNITED KINGDOM	£1·25
AUSTRALIA	$3.95
NEW ZEALAND	$3.95

* recommended but not obligatory

TEACH YOURSELF BOOKS

SOME OF THE LANGUAGES
AVAILABLE IN TEACH YOURSELF

☐ 05782 3	**Finnish** A. H. Whitney		95p
☐ 05795 5	**Icelandic** P. J. T. Glendening		75p
☐ 15153 6	**Gaelic** R. Mackinnon		£1·25
☐ 05809 9	**Norwegian** I. Marm & A. Sommerfelt		£1·25
☐ 05825 0	**Swedish** T. J. McClean		95p
☐ 21281 0	**Russian** M. Frewin		£1·95
☐ 05788 2	**German** J. Adams		60p

All these books are available at your local bookshop or newsagent, or can be ordered direct from the publisher. Just tick the titles you want and fill in the form below.

Prices and availability subject to change without notice.

TEACH YOURSELF BOOKS, P.O. Box 11, Falmouth, Cornwall.

Please send cheque or postal order, and allow the following for postage and packing:

U.K.—One book 19p plus 9p per copy for each additional book ordered, up to a maximum of 73p.

B.F.P.O. and EIRE—19p for the first book plus 9p per copy for the next 6 books, thereafter 3p per book.

OTHER OVERSEAS CUSTOMERS—20p for the first book and 10p per copy for each additional book.

Name ....

Address ....

....